李广宇作品

判词经典

从上古到南宋

李广宇 著

法律出版社
北京

图书在版编目(CIP)数据

判词经典：从上古到南宋 / 李广宇著. -- 北京：法律出版社，2022
ISBN 978-7-5197-6216-2

Ⅰ. ①判… Ⅱ. ①李… Ⅲ. ①审判—法律文书—中国—古代 Ⅳ. ①D929.2

中国版本图书馆 CIP 数据核字(2021)第 238685 号

判词经典：从上古到南宋
PANCI JINGDIAN：
CONG SHANGGU DAO NANSONG

李广宇 著

策划编辑 许 睿
责任编辑 许 睿
装帧设计 乔智炜
封底篆刻 方建勋

出版发行 法律出版社
编辑统筹 司法实务出版分社
责任校对 朱轶佳
责任印制 胡晓雅
经　　销 新华书店

开本 A5
印张 15.625　字数 373 千
版本 2022 年 1 月第 1 版
印次 2022 年 1 月第 1 次印刷
印刷 北京盛通印刷股份有限公司

地址：北京市丰台区莲花池西里 7 号(100073)
网址：www.lawpress.com.cn
投稿邮箱：info@lawpress.com.cn
举报盗版邮箱：jbwq@lawpress.com.cn
销售电话：010-83938349
客服电话：010-83938350
咨询电话：010-63939796

书号：ISBN 978-7-5197-6216-2　定价：128.00 元

目录

壹

判词之萌芽

判词出现于何时？尚无定论。但是，黄帝时期即出现了法官与诉讼活动，却有记载。《汉书·胡建传》提到过一部《黄帝李法》，其云：

> 《黄帝李法》曰："壁垒已定，穿窬不由路，是谓奸人。奸人者杀。"

"李"即是"狱官名也"。颜师古注曰："李者，法官之号也，总主征伐刑戮之事，故称其书曰《李法》。"后世的大理寺、大理院的"理"，其实就是由"李"转来。上古时期的诉讼活动，也有一些传说。你们在法院门口经常见到的独角兽，就与古代审判密切相关。独角兽的学名叫獬廌，简称廌，传说是一种能断案的神兽。《说文·廌部》说："廌，獬廌，兽也。似山牛，一角。古者决讼，令触不直。象形，从豸省。"所以獬廌也写作獬豸。

廌在中国法律文化中具有非常重要的地位。最值

黄帝像

得一提的是，它是法（灋）字的三个字素之一，并且是最为核心的字素。正如《说文·廌部》所解析的：“灋，刑也。平之如水，从水；廌，所以去不直者；去之，从去。法，今文省。”廌不仅代表了法之“去不直”的精神，也成为法律的符号和图腾。相传，在春秋战国时期，楚文王曾获一獬廌，仿照其形制成獬廌冠戴于头上，一时成为风尚；秦汉以后，獬廌冠更被冠以“法冠”之名。而且，獬廌的形象还被画在法庭的墙壁上。日本法史学家大庭脩在《秦汉法制史研究》一书中曾说：

> 在儒教成为政教中心的汉代的中央政府法庭的墙壁上，画着为儒教理想中的天子尧舜服务的法官皋陶牵着神兽廌的形象，这实在是理所当然的事。

一直到清代，司法官员所穿的补服上还绣有獬廌的图案。

传说，最早引獬廌而为神判的，是皋陶。皋陶是尧舜时期的首席法官，称为“士”，也称“大理”。《春秋·元命苞》云：“尧得皋陶，聘为大理。”《史记·夏本纪》也有记载：“皋陶作士以理民。”民国学人徐朝阳专门写过一篇《法官始祖皋陶考》，称赞皋陶“实吾国法官之始祖，吾人所最钦仰者也”。皋陶在那个时候就已具备了丰富的司法经验，据《尚书·大禹谟》记载，舜帝曾这样夸赞皋陶：

“汝作士，明于五刑，以弼五教，期于予治。刑期于无刑，民协于中，时乃功，懋哉！”皋陶的回答则是：“帝德罔愆，临下以简，御众以宽。罚弗及嗣，赏延于世。宥过无大，刑故无小。罪疑惟轻，功疑惟重。与其杀不辜，宁失不经。好生之德，恰于民心，兹用不犯于有司。”至于皋陶如何引獬廌而为神判，王充《论衡·是应》曾有记述：

> 儒者说云：“觟［䚦］者，一角之羊也，性知有罪。皋陶治狱，其罪疑者，令羊触之，有罪则触，无罪则不触。斯盖天生一角圣兽，助狱为验，故皋陶敬羊，起坐事之。此则神奇瑞应之类也。”

如果说王充的记述还属概而言之，那么《墨子·明鬼下》所记述的一则齐庄公的断案故事，则无疑是见于记载的真实案例，生动还原了神羊“触不直者”的全过程：

> 昔者齐庄君之臣，有所谓王里国、中里徼者。此二子者讼三年而狱不断，齐君由（欲）谦（兼）杀之，恐不辜；犹（欲）谦（兼）释之，恐失其罪，乃使二人共一羊，盟齐之神社，二子许诺，于是泏血，提手恶羊而漉其血，读王里国之辞既已终矣，读中里徼之辞未半也，

王充像

皋陶明刑图

羊起而触之，折其脚祧神之而槀之，殪之盟所。当是时，齐人从者莫不见，远者莫不闻，著在齐之春秋。

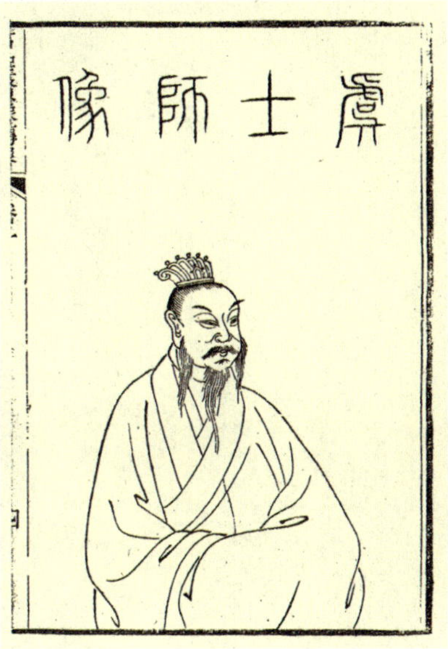

皋陶像

按照古籍当中的记载，除“一角之羊”外，“触不直者”的神兽还有牛、鹿，以及其他神兽。即使是羊，也不是总以一角的形象出现。在鲁迅收藏的汉画中，有一幅《獬豸断案》，画中有一只神羊正奋蹄挺角毫不犹豫顶向一个坏人，那只神羊就有两只角。《鲁迅藏汉画珍赏》的编著者方清刚说：“画中的神羊有两只角，有着马尾一样的尾巴，说明獬豸在汉代的造型并不是确定不变的。”总之，獬豸毕竟还只是上古时候的传说。

我国的上古史，一向以黄帝为国史的开端，司马迁的《史记》就是从《五帝本纪》开始写的。所谓五帝，从黄帝开始，黄帝之后依次是帝颛顼高阳、帝喾高辛、帝尧、帝舜。但近代疑古学派崛起，对许多古帝的存在持怀疑之论，历史学者们写上古史时，就转而以有甲骨文字出土的殷商时代为中国史的开端，夏代以前就归之于“传说时代”了。所以尧舜时代的皋陶神判，亦为传说，“属是属非，难寻确证”。不过，上古时期已经有了审判活动，却是不争的事实。就连《诗经》里都有类似诉讼过程的记录，这首诗创作于周代，叫作《行露》：

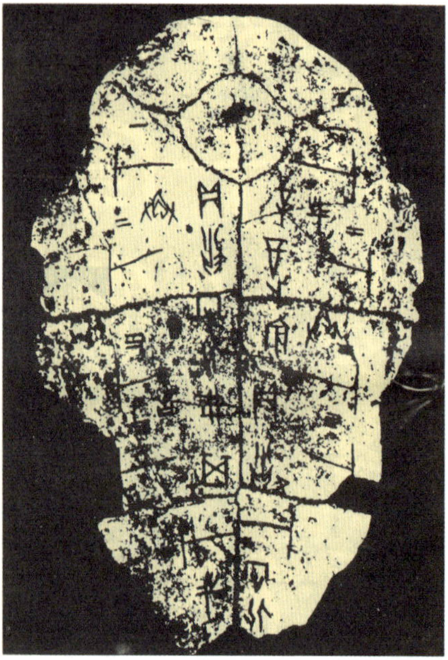

甲骨文

厌浥行露，岂不夙夜？谓行多露。

谁谓雀无角？何以穿我屋？谁谓女无家？何以速我狱？虽速我狱，室家不足！

谁谓鼠无牙？何以穿我墉？谁谓女无家？何以速我讼？虽速我讼，亦不女从！

《行露》一诗的主题背景，从古至今，聚讼纷纭，但认为是一个女子拒绝有家室男子的纠缠，而在庭上慷慨陈词，却是主流的说法。所以，周代已有比较正式的诉讼活动，大抵不差。不仅如此，当时已有判决书之制，亦无可疑。例如《周礼·秋官·小司寇》载："以五刑听万民之狱讼，附于刑，用情讯之。至于旬，乃弊之，读书则用法。"汉代郑玄注释说："读书则用法，如今时读鞫已乃论之。"唐代贾公彦疏曰："云'读书则用法'者，谓行刑之时，当读刑书罪状，则用法刑之。"这里所说的"书"，其实也就是判决书。

殷墟出土的甲骨文中，有相当于"册"和"典"的文字。陈舜臣说："'册'表示把竹简或木简串起来的形状，'典'表示把册郑重地放在台上，双手高举的样子。"据此推断，殷代已经将正式记录写在竹简或木简上，这些记录兴许就包括判词。只可惜竹简或木简太容易腐烂了，没有流传下来。而保存下来的甲骨，主要记载的是卜辞之类的东西。比较早的一次诉讼，发生于周灭殷之前的西伯昌时代，传说虞和芮的首领之间有一起纠纷，为了寻求裁断而去了周，当看到人们互相谦让的情形，两个首领都惭愧地返回，互相作了让步。关于诉讼，《史记》仅用了一个词——“有狱”。

《国语·晋语》记载的一件讼事，倒还详尽，可以还原当时宣读判决的场景。说的是晋惠公六年，一位叫作庆郑的大夫，在秦晋韩原之战中擅自进退，失次犯令，且见死不救，以致晋惠公被敌俘虏。晋惠公回国后第一件事，就是令执法官司马说将庆郑处以死刑。司马说在行刑前这样宣读判词：

> 夫韩之誓曰：失次犯令，死；将止不面夷死；伪言误众，死。今郑失次犯令，而罪一也；郑擅进退，而罪二也；女误梁由靡，使失秦公，而罪三也；君亲止，女不面夷，而罪四也。郑也就刑！

在这篇判词中，不仅有对法律依据的援引，也有对本案事实的归入，诸般罪行，逐一罗列，用法刑之，无可辩驳。结尾的那句“郑也就刑”，且具有强烈的修辞色彩。不过呢，这还不是严格意义上的书面判词，不过是对于宣读判决的记录。迄今所见最早的判词文本，是一九七五年在陕西岐山县董家村出土的《 㑷匜》。在这件西周晚期夷王、厉王时期的青铜器上，腹底和盖子上合铸着一篇长达一百五十七字的判例，完整地记载了两个奴隶主为争夺五名奴隶的所有权而争讼的过程，一位叫作伯扬父的法官经过审判，向原告牧牛宣布了判决。铭曰：

> 惟三月既死魄甲申，王在莽上宫。伯扬父乃成劾曰：“牧牛，𠭰乃苛勘。汝敢以乃师讼。汝上代先誓。今汝亦既又御誓，专格啬睦㑷，周亦兹五夫。亦即御乃誓，汝亦既从辞从誓。

倗匜铭

式苛，我宜鞭汝千，幭䵦汝。今我赦汝，宜鞭汝千，黜䵦汝。今大赦汝，鞭汝五百，罚汝三百锊。”伯扬父乃又使牧牛誓曰：“自今余敢扰乃小大事，乃师或以汝告，则到，乃鞭千，幭䵦。”牧牛则誓。乃以告吏䀄吏曶于会。牧牛辞誓成，罚金，倗用作旅盉。

里面有许多生僻字，我也不十分懂，但大略能够体会出上古时代裁判的风采。当中对于牧牛一赦再赦，且辅以令其辞誓、以观后效的方法，充分体现了“德主刑辅”思想在那个年代即成自觉。而在结构修辞方面，亦出手不凡，不仅案件事实与法律责任论列清晰，而且，第一人称的使用，也很有些“对话体”的意韵呢。想起清朝名吏樊增祥，亦喜用“汝”或“尔”直呼原告，未料竟在几千年前的上古铭文中寻到了根源。判决书首先是讲给当事人听的，所以，用第一人称进行直接对话，应当是最基本的形态，也最能发挥循循善诱的功能。只是，像僛匜铭这样的判词，究属惊鸿一瞥，待到批量出现，已经相当晚了，按照明代徐师曾《文体明辨》里的说法，那已经是汉代以后的事情了。他是这样说的：

徐师曾像

按字书云："判，断也。"古者折狱以五声听讼，致之于刑而已。秦人以吏为师，专尚刑法。汉承其后，虽儒吏并进，然断狱必贵引经，尚有近于先王议制及春秋诛意之微旨。其后乃有判词。

揣摩这话的意思，是说自打汉代实行"引经断狱"之后，才有了判词。所谓"引经断狱"，流行的称呼是"春秋决狱"，也称"春秋断狱"、"春秋决事"、"春秋决事比"等，沈家本《历代刑法考》对此考据甚详，称其"是一书而二名也"。顾名思义，所谓春秋决狱，就是将《春秋》中的经义和事例，拿来作为断案的依据。这就有必要先了解一下《春秋》。

贰

老狱吏与五经博士

春秋时期，号称有诸侯十二国。各诸侯国都编订有史书，例如晋国的史书叫《乘》，因是本自田赋、乘马等军备记录，乃有此名；楚国的史书叫《梼杌》，“梼杌”本来是一恶人名，因为那时人们认为历史主要是写恶人事的，所以采用此名；《春秋》则是鲁国的史书，相传是由孔子整理修订而成，书名也是由他定的。《孟子·离娄下》说：“王者之迹息而诗亡，诗亡然后《春秋》作。……其事则齐桓、晋文，其文则史。孔子曰，其义则丘窃去之矣。”说的是，《春秋》虽然只是一部史书，但经孔子编定之后，加入了儒家的哲理，所以就“寓义于史”了，也因此被称作《春秋经》。《春秋》虽称为经，但文字过于简约，只有区区一万六千多字，因此后来就出现了《春秋》三传，也就是《左氏传》、《穀梁传》、《公羊传》，专为《春秋》作注释，以丰富其经义。

《春秋》既是经，读经者就趋之若鹜。汉代广川人董仲舒就是靠苦读《春秋》成为“大儒”的。《太

孔子删述六经

平御览》卷八四〇引《邹子》赞曰："董仲舒三年不窥园，尝乘马不觉牝牡，志在经传也。"不过，董仲舒治的不是《左氏传》，而是《公羊传》。《公羊传》的特点是，释史十分简略，着重点在于阐释《春秋》的"微言大义"。什么是"微言大义"呢？经学家说："《春秋》有大义，有微言。所谓大义者，诛讨乱贼以戒后世是也。所谓微言者，改立法制以致太平是也。"按照《太史公自序》的说法，"《春秋》者，礼义之大宗也"。它不仅仅是一部史书，更是一部"别嫌疑，明是非，定犹豫，善善恶恶，贤贤贱不肖”的“论断之书”。

作为公羊学的第五代传人，董仲舒对于《春秋》的“微言大义”颇有心得，他所著的《春秋繁露》一书，就是专门阐发他所理解的《春秋》义理。董仲舒的理想不只是“皓首穷经”，而是“奉天法古”，“为先王立法”，他甚至希望《春秋》这部经典有一天能成为汉代的法典。但理想实现起来并不容易，他大半辈子都在读经讲经，六十以后才做官，也只混了个江都相和胶西相。等到有机会发挥“引经决狱”的专长时，已经到了“以老病免归”之后。

促成这事的人，名叫张汤，也是中国法制史上一个标志性人物。在古代司法界，有一个很流行的夸人的词：“老狱吏”。为什么老的好？清代知名法官樊增祥说过其中的道理：“作官须用老手，以其更事多也。”这里的“老”，既包括“断案老手”，又包括“文章作手”，就像樊增祥所说的：“以例案言，是刑名老手。即以文章言，亦是公牍作家。”“老狱吏”这个说法的第一次出现，就与张汤有关。但他那会儿一点儿都不老，还是个小孩子。事见《汉书·张汤传》。

> 张汤者，杜人也。其父为长安丞。出，汤为儿守舍。还而鼠盗肉，其父怒，笞汤。汤掘窟得盗鼠及余肉，劾鼠掠治，传爰书，讯鞫论报，并取鼠与肉，具狱磔堂下。其父见之，视其文辞如老狱吏，大惊，遂使书狱。父死后，汤为

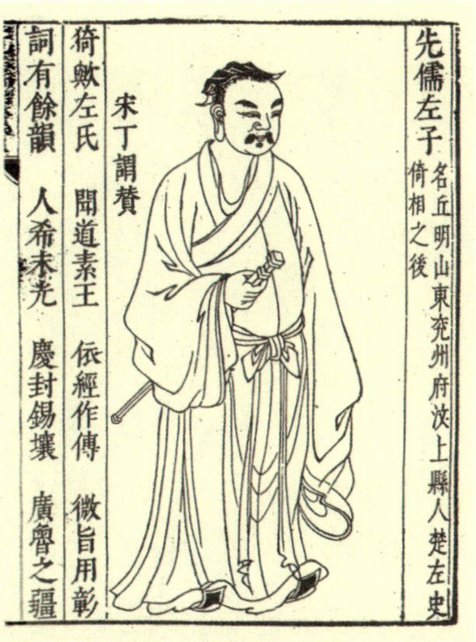

左子像

长安吏，久之。

大意是说：在张汤小时候，他那做长安丞的父亲出门，嘱他看家，回来时却发现，老鼠把家里的肉盗走了，于是大怒，狠揍张汤一顿。冤有头债有主，张汤乃挖开老鼠洞，捕获老鼠和肉，拉开架势，对老鼠进行了一场审判，郑重宣读判决之后，将老鼠执行了分尸的刑罚。他的父亲见证了这一切，惊叹这小儿写的判词直如老狱吏一般，于是就让他潜心学习此道。父亲死后，张汤果真做到了长安吏，办了很多案子。我们可以说，张汤是将个人名字与判词联系起来的第一人。由这个故事，我们也可以了解到，在汉初，人们对判词这一文体已经非常重视，尤其看重判词的“文辞”水平。

到得张汤与董仲舒交集的时候，他已经被提拔为廷尉。廷尉掌管刑狱，为九卿之一，应该是汉代的最高司法官了。《汉书·张汤传》云：“汤为廷尉，每决大狱，欲傅古文，乃请博士弟子治《尚书》《春秋》者，补廷尉史，亭疑奏谳。”张汤这样做，是奉了汉武帝的旨意的，他自己没有这个胆量。这不仅是因为刚刚灭亡的秦代曾以焚书坑儒大肆镇压儒家，即在汉初，思想主流也是黄老之学。据说窦太后就不太喜欢儒生，曾把说黄老不好的辕固生扔到野猪圈里寒碜。直到武帝即位，才开始“罢黜百家，独尊儒术”。建元五年，更置“五经博士”，从此确立儒学的官学地位。董仲舒就是五经博士中颇受武帝

董仲舒像

汉代的住宅

青睐的一个，因为他的学问以治《公羊传》为主，其理想则为大一统主义，非常适合武帝所要推行的政策。《后汉书·应劭传》载：“故胶西相董仲舒老病致仕，朝廷每有政议，数遣张汤亲至陋巷，问其得失。于是作《春秋决狱》二百三十二事，动以经对，言之详矣。”

如前所述，董仲舒作《春秋决狱》，“动以经对”。这个“经”当然不只是指《春秋》，而是包括了《诗》《书》《礼》《易》《春秋》等儒家五经，只不过以《春秋》为代表罢了。而引《春秋》，又主要是引《春秋公羊传》。有人说，公羊学“近于法家”，“西汉的现实生活也证实公羊学派崇尚法制”。这也为“儒法合流”埋下了伏笔。值得探究的是，既然崇尚法制，那为什么在律令之外还要“引经”呢？我想大致有以下三个方面的因素。

一曰儒法合流。在秦代，法家大行其道，王依法施行政治。虽然借此实现了统一大业，但始皇帝的“贵治狱之吏”、“专任刑罚”，也带来严刑峻法和横征暴敛。荀子曾经预言：“粹而王，驳而霸，无一焉而亡。”不可一世的秦王朝果然“二世而亡”。汉兴，高祖

东汉授经画像砖

蠲削烦苛，兆民大悦。但对于治理国家而言，仅只“约法三章”显然是不够用的，于是相国萧何“攈摭秦法，取其宜于时者作律九章”。不过面对秦王朝土崩瓦解的历史教训，西汉统治者也不想简单地“汉承秦制”，而是选择了儒吏并进，外儒内法。有人讲：“一个‘传统’的形成，乃至一个‘新制’的更立，需要人与时空的因缘和合。”董仲舒以儒学为基础、吸收阴阳家、法家思想而形成的“礼、法”治道观念就在这时应运而生。

二曰比附权变。汉承秦律，礼未入法，如果“遭变事而不知其权”，固守僵硬之法条，势必难以解决纷繁复杂的矛盾。正如梁启超所说：“盖法文有定，而行为之变态无穷，必有定驭无穷，势必不给，故折狱者不得不随时比附。”而讲究比附权变，恰是儒家之所长。孟子就曾说：“男女授受不亲，礼也。嫂溺则援之以手，权也。”在儒家各派中，讲究权变又是公羊学的一大特点。董仲舒就常说：“明乎经变之事，然后知轻重之分，可与适权矣。”《春秋决事比》的“比”，正是为了“权变”。

三曰经法同一。元代儒生柳赟曾云：“法家之律，犹儒者之经。”梁启超也说：“我国崇古而尊经，视经义与国法有同一之效力。”实际上，被用来决狱的经义，也被认为是法的一种形式。日本法史学家浅井虎夫尝论：“凡道德思想之著于经义而未被法典包括，或法典之所定未能符合于经义者，则经义之效力，往往等于法律且高于法律。这种情形，在去古未远的汉代，有董仲舒辈据《春秋》经义以决狱等事可为佐证。”

法史学家黄源盛感叹：“‘春秋折狱’，以儒为体，以法为用，融通了‘德礼’与‘刑罚’，这是两汉儒者通经致用最具体的表现，也是传统中国法制‘礼刑合一’很显著的象征。影响所及，几乎贯穿了整个旧律时代；暂不说为功为过，它所具之意义与价值是普遍的，而不仅是历史的。”瞿同祖则毫不掩饰地指出：董仲舒“以春秋决狱，是以儒家的经义应用于法律的第一人，以儒为体，以法为用，实是真正沟通德治、法治，融会儒法两家思想于一的实行家。”

至于董仲舒如何引经决狱，我们随后会作例举。

叁

董仲舒这样决事比

《春秋决狱》又称“决事比”。什么是“比”？《礼记》王制注云：“已行故事曰比。”颜师古曰：“比，以例相比况也，他比，谓引他类以比附之，稍增律条也。”什么是“决事比”？《周礼·秋官·大司寇》注云：“疏云，若今律其有断事，皆依旧事断之，其无条，取比类以决之，故云决事比。”这跟西方的先例制度有些相似的地方，只不过，西方依据的是先前的“判例”，我们的决事比依据的是先前的“故事”，这些“故事”主要见于《春秋》等五经，本身就包含了儒家经义对于其中的是非善恶的“论断”。董仲舒的“决事比”篇幅都很短小精悍，颇有一些“片言可以折狱”的味道。我们重点赏析现存六道当中的三道。首先来看“甲无子拾道旁弃儿判”：

时有疑狱曰：“甲无子，拾道旁弃儿乙养之，以为子。及乙长，有罪杀人，以状语甲，甲藏匿乙，甲当何论？”仲舒断曰：“甲无子，振活养乙，虽非所生，谁与易之。《诗》云，螟蛉有子，蜾蠃负之。《春秋》之义，父为子隐。甲宜匿乙，诏不当坐。”

董仲舒像

这道判词所涉及的案情是，甲没有儿子，在道旁捡到一个弃儿乙，就把他当儿子养大成人。乙长大之后，犯了杀人的重罪，就把犯罪的情形告诉了他的养父甲，甲就把他藏匿了起来。问：甲该当何罪？董仲舒在断词中援引了两条经义。其中一条是引《诗·小雅·小宛》“螟蛉有子，蜾蠃负之。”这句话说的是什么意思呢？汉代毛亨传曰：“螟蛉，桑虫也。蜾蠃，蒲卢也。”郑玄笺曰：“蒲卢取桑虫之子，负持而去，煦妪养之，以成其子。”盖古人误认为蜾蠃不产子，喂养螟蛉为子。在后世，人们就用“螟蛉”或者“螟蛉子”比喻义子。可见，董仲舒援引这个经义，是为了对“虽非所生，谁与易之”相比况，意思是说：虽然乙原为弃儿，但甲将其作为儿子养育，也就与亲生儿子没有什么不同了。厘清了“养父子即为亲父子”这一法律关系，就为后面的决狱确立了前提。

既然认可存在父子关系，接下来的问题就是，父亲藏匿犯罪的儿子，该当何罪？按照秦与汉初的法律，亲属间是不得隐瞒犯罪事实的。例如《汉书·高惠高后文功臣表》就载有一个案例：“临汝侯灌贤元朔五年，坐子伤人首匿，免。”但董仲舒并没有援引法律条文，而是援引了又一条经义：“《春秋》之义，父为子隐。”这句话见于《论语·子路》：“孔子曰：吾党之直者异于是；父为子隐，子为父隐，直在其中矣。”所谓“父为子隐，子为父隐”，体现的是儒家学说的“亲亲尊贤之道”，这与当时的法律所体现的法家的“不别亲疏，不殊贵贱，一断之于法”的思想形成鲜明对比。

“引经断狱”，有时是因为“法无明文规定”，所以“引经”，以补其白；有时虽“有法”，而仍“引经”，则是为了“权变”。权衡之后加以变通，“然后有善也”。在本案，法律本有“民人不能相为隐”的规定，如果父为子隐，则应构成首匿罪。但是，这样论罪显然有悖于儒家经义中的“亲亲原则”，如果机械司法，势必造成“骨肉之恩废，而刑罪多矣”的后果。因此董仲舒引经义而“权变”，裁判“父为子隐”的甲“诏不当坐”。虽然在今天看来，不无“违例以从情”之嫌，但在当时，统治阶级就是要以儒家经义对原本是由法家立法的秦汉之律予以“权变”，以更好地维护统治秩序。依照儒家学说，“法律本乎人情，而爱亲出乎天性，为人子者纵触法网，人父匿子之罪，情犹可恕，如此方可得法律、人情之调和。”董仲舒这道判词影响深远，到了唐朝，“亲亲相隐”的原则终于明文规定在了法典之中。

再来看“甲有子乙以乞丙判”：

甲有子乙以乞丙，乙后长大，而丙所成育。甲因酒色谓乙曰：“汝是吾子。”乙怒杖甲二十。甲以乙本是其子，自告县官。仲舒断之曰：“甲能生乙，不能长育，以乞丙，于义已绝矣。虽杖甲，不应坐。”

在此案，甲与乙是父子关系，依照汉律，子殴父应弃市。但董仲舒认为，甲既然将乙送给丙抚育成人，没有尽到亲亲之道、养育之责，两人之间的父子关系就已断绝，所以，并不知甲为生父的乙殴甲，就不应以子殴父论罪。董仲舒并没有引经义的原话，只是说“于义已绝”。据《公羊董仲舒治狱》注释者推论，此语出于《春秋》僖公五年关于“晋侯杀其世子申生”的记载，故事讲来就话长了，我们这里不展开。另外要提及的是，本案对于父子关系的解释，恰好与“甲无子拾道旁弃儿判”形成对比，一则是限缩解释，一则是扩张解释。虽然一反一正，但却殊途同归，都体现了不拘泥于成法，而是“据法执理，参以人情”。判决的结果，当然就能“上不违于法意，下不拂于人情”。

最后来看“甲父乙与丙争言相斗判”：

> 甲父乙与丙争言相斗，丙以佩刀刺乙，甲即以杖击丙，误伤乙。甲当何论？或曰：“殴父也，当枭首。”议曰：臣愚以父子至亲也，闻其斗，莫不有怵怅之心。扶伏而救之，非所以欲诟父也。《春秋》之义，许止父病，进药于其父而卒。君子原心，赦而不诛。甲非律所谓殴父也，不当坐。

本案的争点是，甲以杖击丙，原为救父，不意竟误伤己父，是否

应构成“殴父罪”？有人认为：“殴父也，当枭首。”乍一听来，这个观点非常靠谱，因为第一符合经义，《孝经·刑章》云：“五刑之属三千，罪莫大于不孝。”第二符合律例，在汉律，不孝之罪亦应斩枭。但董仲舒却另辟蹊径，讲了一个“许止父病，进药于其父而卒”的经义故事。这个故事见于《春秋公羊传》昭公十九年，说的是许止为生病的父亲进药，谁知把药服下去之后，父亲一命呜呼。按照法律，这可是弑父之罪，应当枭首，但结果他却被赦免。为什么？何休的注说得很明白：“原止进药本欲愈父之病，无害父之意，故赦之。”

本案也是如此。甲以杖击父，本意是为了救父，而非害父。所以“甲非律所谓殴父也，不当坐。”这与许止进药一样，都是经过“原心定罪”而得出的结论。所谓“原心定罪”，也称“原情定过”，是董仲舒的看家学说。《春秋繁露·精华》曾对其进行过系统阐述：“《春秋》之听狱也，必本其事而原其志。志邪者不待成，首恶者罪特重，本直者其论轻。”法史学家黄源盛解释：“所谓‘原其志’，就是要在客观事实的基础上，推究行为人有无主观恶性及其程度的深浅；而主观因素不外包括行为的意图、动机、目的等。”这就比法家不计行为动机如何、只是机械地根据行为结果定罪更具合理性。日本学者日原利国曾说：“春秋折狱最重要的一句话就是‘原心定罪’。”而本案正是运用“原心定罪”理论而决狱的典范。

末了，我们还有必要品味一下《春秋决狱》的文体价值。

文各有体。像我们日常所读的诗词曲赋，都属于不同的文体。判词也是一种独立文体。明代专门研究文体的徐师曾曾说："文莫先于辨体。""辨体"为了啥？是为了"得体"。只有了解了不同文体的源流、体制和风格，才能将其运用得更为"得体"。就文体的发生而言，汉代是一个非常重要的时期，我们今天所能见到的各类文体，几乎都可以在汉代寻到根源。正如刘师培所说："文章各体，至东汉而大备。"而决事比、春秋断狱等，均作为法律类文体为《后汉书·艺文志》所著录。

不同之文体，自有不同之构造。《春秋决狱》诸篇，尽管还不是严格意义的判词，但却型塑了判词的基本结构。虽然篇幅简短，但是你拆开来看看，基本的要素却是一样不缺。有两造，有事实，有依据，有理由，有主文。以这样的体量很小的判词作样本，我们最能直观地体会出，判词的基本要素应有几何。而在寥寥百字的小小空间里，犹能引经据典、说理论义，实足我们后世效法。

"文本于经"。在古人看来，文章的类别与文体，都可以追溯到六经。近人王棻《柔桥文钞》云："文章之道，莫备于六经。六经者，文章之源也。"又有云：文章之体有三：散文也，骈文也，有韵文也；文章之用亦有三：明道也，经世也，纪事也。以上诸般，皆本于六经。清人叶燮《已畦集·与友人论文书》云："六经者，理、事、情之权舆也。合而言之，则凡经之一句一义，皆各备此三者，而互相分明。"董仲舒既是经学大师，决狱又言必引经，因此最得文章之真传。论理则通达，纪事则简当，抒情则蕴藉。我们完全可以说，在中国古代判词史上，无论是司法理念、裁判方法，还是写作风格，董仲舒都为后世开了一个好头，称之为判词鼻祖，亦不为过。

但是，春秋决狱所收获的，并不完全是鲜花和掌声。何以致此？容后详叙。

肆

引经断狱有回响

世人论春秋决狱，常有两极化倾向，而以负面评价者居多，直到清末的章炳麟，还认其为“法之秕稗”。何以致此？法史学家黄源盛有透辟之分析。他将经义折狱分为“好的运用”与“恶的运用”两个面向。其中“恶的运用”，主要集中在“原心定罪”之滥用。因为“后来的部分舞经酷吏乘用其名，私心逞欲，过度强调行为人的主观恶性，甚而无限上纲到‘道德裁判’的层次，从而忽视甚至无视行为的客观事实，定罪量刑的基准因此模糊，冤案假案错案于焉造成。”有人将这类“恶的运用”归咎于“始作俑者”董仲舒，但黄源盛则认为，这只是一种“不正常的经义折狱”，“正常的”案例同样历历可证。我在本篇也举一些例子，以印证以引经决狱为代表的儒家思想如何“开尔后二千年来中国法律的主要精神与内容”。

在董仲舒所处的汉代，儒家既兴，儒生颇有任法吏者，他们常用经书古义来判决大案，遂形成以《春秋》断狱的风气。近人程树德《九朝律考》中专门有一篇《春

隽不疑像

秋决狱考》，从各种典籍中钩沉“汉以春秋决狱之例”甚多。例如《史记·儒林列传》记载，董仲舒弟子吕步舒，就曾“持节使决淮南狱，于诸侯擅专断不报，以《春秋》之义正之，天下皆以为是。”《汉书·隽不疑传》写始元五年京兆尹隽不疑以春秋经义化解一起疑案，“天子与大将军霍光闻而嘉之曰，公卿大臣，当用经术，明于大谊。”《后汉书·何敞传》则说：

> 敞疾文俗吏以苛刻求当时名誉，故在职以宽和为政。立春日，常召督邮还府，分遣儒术大吏案行属县，显孝悌有义行者，及举冤狱，以春秋义断之。是以郡中无怨声，百姓化其恩礼。

由何敞断狱的故事可以看出，“以春秋义断之”，精髓在于弃“苛刻”而行“宽和”。也就是说，引经决狱并非不要法律，只是反对“不任教而独任法”以及机械适法、“严法刻刑”。同时，《九朝律考》所采摭的两汉决事比佚文，还有不少这类“宽和”之断。其中司徒鲍昱两道决狱就很值得玩味。

陈国有赵祐者，酒后自相署。或称亭长督邮，祐复于外骑马将绛幡，云我使者也。司徒鲍昱决狱云，骑马将幡，起于戏耳，无他恶意。

汝南张妙，酒后相戏，逐缚杜士，捶二十下，又悬足指，遂至死。鲍昱决事云，原其本意无贼心，宜减死。

这两个案子，都是酒后游戏惹出乱子，如果苛刻用法，难免杀身之罪，但鲍昱运用“原心定罪”之法，一则认为赵祐“起于戏耳，无他恶意”，一则认为张妙“原其本意无贼心”；一则不追究，一则“宜减死”，的确做到了“宽和”而不失法度。据《东观汉记·鲍昱传》载，有鉴于“司徒词讼，久者至数十年，比例轻重，非其事类，错杂难知”，鲍昱乃“奏定词讼比七卷，决事都目八卷，以齐同法令，息遏人讼也”。又据《汉书·陈宠传》记载，鲍昱的得力助手是陈宠。“少为州郡吏，辟司徒鲍昱府，数为昱陈当世便宜，昱高其能，转为词曹，掌天下狱讼，宠为昱撰词讼比七卷，决事科条，皆以事类相从，昱奏上之，其后公府奉以为法。”像陈宠这样明经通律的人，《九朝律考·律家考》罗列甚众。

曹操像

不仅两汉，此后历朝亦不乏以《春秋》之义决狱的判例。魏晋南北朝去两汉最近，得其风尚亦最重。程树德在《九朝律考》中，曾考出这一时期诸多引经决狱的事例，包括魏五条、晋十条、后魏六条、北齐一条、后周二条。

白居易像

你们都很熟悉曹操“割发代首”的故事，在那个“案件”中，竟也用到了《春秋》之义。《魏志》卷一注引《曹瞒传》云：

> 常出军，行经麦中，令士卒无败麦，犯者死。骑士皆下马，付麦以相持。于是太祖马腾入麦中，敕主簿议罪。主簿对以春秋之义，罚不加于尊。太祖曰：制法而自犯之，何以帅下？然孤为军帅，不可自杀，请自刑。因援剑割发以置地。

曹魏之重要，不只在这一则轶事而已，“儒家有系统之修改法律则自曹魏始。”魏律制定人为陈群等人，据瞿同祖讲：“陈群奏议多引经义，亦为崇奉儒经者。魏律出于此辈儒者手中，自难怪其儒家化程度之深。”总之，“中国法律之儒家化经魏、晋、南北朝已大体完成，不待隋唐使然。”

但唐代的贡献也不容忽视。正如沈家本所言，“历代之律存于今者，唯唐律”，而“求唐律之根源”，则发现“唐律之承用汉律者，不胜枚举”。至于引经断狱，瞿同祖谓：“唐代犹有此风。”他所举的案例，是买得救父案，见于《旧唐书·刑法志》。就判词来说，《春秋决狱》的影响也还很大。就说白居易吧，他的“甲乙判”（又称“百道判”），就连以甲呀乙呀地称呼当事人，都与《春秋决狱》形似。有研究者注意到这种师承关系，陈登武就有专文论述经义折狱对于白居易判词的影响。文章指出：

> 如果将“百道判”以最大的范围区分为“触犯刑事或行政疏失”和“儒家礼教秩序”两大类，那么，可以说凡有关刑事或行政疏失类时，呈现白居易遵守法律规范的精神；若是属于儒家礼教秩序类，则又显见他对儒家理想的道德主义的用心与维护；而涉及礼法冲突的问题，从模拟“考题”的呈现到说理的论证过程，更充分展现“经义折狱”的影响。

后边我还会专章讨论白居易的判词，所以这里只分析其中一道，即“得辛氏夫遇盗而死”判，从中能明显看出董仲舒“甲有子乙以乞丙判”的影子。判题是：“得辛氏夫遇盗而死，遂求杀盗者而为之妻，或责其失贞行之节，不伏。”白居易对曰：

> 亲以恩成，有仇宁舍？嫁则义绝，虽报悉为？辛氏姑务雪冤，靡思违礼。励释憾之志，将殄萑蒲；蓄许嫁之心，则乖松竹。况居丧未卒，改适无文。苟失节于未亡，虽复仇而何有？夫仇不报，未足为非；妇道有亏，诚宜自耻。诗著靡他之誓，百代可知；礼垂不嫁之文，一言以蔽。无效尤于邾妇，庶继美于恭姜。

李善的故事

这篇判词讲的是，辛氏的丈夫被盗贼杀死，辛氏为报夫仇，以嫁之为妻作条件悬赏杀盗者。谁知这一义举反被人指责为有失贞节。白居易在判词中使用了董仲舒用过的“义绝”的概念，认为辛氏既已改嫁，与先夫即恩断“义绝”，因此报仇已无意义；但她居丧改嫁，却是违礼在先。因此，“夫仇不报，未足为非；妇道有亏，诚宜自耻。”这样一种价值取向，反映了中国古代对于复仇的态度，那就是，总是与忠孝节义纠缠在一起，在礼与律发生冲突的时候，则偏重于礼，就如《南齐书·朱谦之传》所云：“礼开报仇之典，以申孝义之情；法断相杀之条，以表权时之制。……杀一罪人，未足弘宽；活一孝子，实广风德。”

不过，古代判词也有礼教让位于法律的例子。敦煌所见唐代判词“秦鸾行盗案”就是如此。制判事实为：“奉判，秦鸾母患在床，家贫无以追福。人子情重，为计无从，遂乃行盗取资，以为斋像。实为孝子，准盗法合推绳，取舍二途，若为科结？”判词云：

秦鸾母患，久缠床枕。至诚惶灼，慎口慈颜。遂乃托志二乘，希销八难；驰心四部，庶免三灾。但家道先贫，素无资产，有心不遂，追恨曾深。乃舍彼固穷，行斯滥窃；辄亏公宪，苟顺私心；取梁上之资，为膝下之福，今若偷财造佛，盗物设斋，即得著彼孝名，成斯果业，此即斋为盗本，佛是罪根。假贼成功，因赃致福。因恐人人规未来之果，家家求至孝之名。侧镜此途，深乘至理。据礼全非孝道，准法自有刑名。行盗理合计赃，定罪须知多少，既无匹数，不可悬科，更问盗贼，待至量断。

在这个案件中，秦鸾固属孝子，本无争议，但他的孝行，却是“偷财造佛，盗物设斋”，以为患病在床的母亲追福，这就拐了一个弯儿，因此没有得到法官的宽恕。设若他是为了病重的母亲偷药，那可能就另当别论了。法官在“取舍二途”之后，最终选择准盗法以治罪，也是虑及裁判的示范效应——“假贼成功，因赃致福。因恐人人规未来之果，家家求至孝之名。”不孤立办案，重价值传导，古代法官的良苦用心，可为一叹。

当然，如果忠孝节义与律例规定两不冲突，自是美事，李善为李氏遗孤报仇雪恨的故事就是一例。事见《后汉书·李善传》：

李善字次孙，南阳淯阳人，本同县李元苍头也。建武中疫疾，元家相继死没，唯孤儿续始生数旬，而资财千万，诸奴婢私共计议，欲谋杀续，分其财产。善深伤李氏而不能制，乃潜负续逃去，隐山阳瑕丘界中，亲自哺养，乳为生湩，推燥居湿，备尝艰勤。续虽在孩抱，奉之不异长君，有事辄长跪请白，然后行之。闾里感其行，皆相率修义。续年十岁，善与归本县，修理旧业。告奴婢于长吏，悉收杀之。

回到白居易。陈登武谓：“白居易关于复仇的判文，兼具情理，同时又配合儒家教义。”那么，这些“儒家教义”又是如何体现的呢？用典。古代判词，特别是“骈判”，最喜用典，如果用的典是五经中的典故，则这种“用典”实为“引经”。在本道判词中，白居易的用典有的来源于《诗》：“诗著靡他之誓，百代可知”；有的来源于《礼》：“礼垂不嫁之文，一言以蔽。”除此之外，还引用了“郑妇”、“恭姜”的故事，点题而已，却内涵富饶。

五代十国时期又是怎样一种情形呢？由后唐长兴二年大理寺卿李廷范的一则奏札就可略见端倪：

> 格文内太和四年十二月三日，刑部员外郎张讽奏，大理寺官结断刑狱，准旧例自卿至司直诉事，皆许各申所见陈论。伏以所见者是消息律文，附会经义，以谳正其法，非为率胸臆之见，逞章句之说，以定罪名。近者法司断狱，例皆辑缀词句，漏略律文，且一罪抵法，结断之词，或生或死，遂使刑名不定，人徇其私。臣请今后各令寻究律文，具载其实，以定刑辟，如能引据经义，辨析情理，并任所见详断。若非礼律所载，不得妄为判章出外所犯之罪。

这一观点，厘清了律文与经义的关系，即前者“以定刑辟”，后者“辨析情理”，的确是非常有价值的论见。

如果说唐末五代结束了中世，宋则开创了近代。与之相随的，则是理学的应运而生。理学的集大成者是朱熹，钱穆说：“他不仅是南渡一大儒，宋以下的学术思想史，他有莫可与京的地位。后人称之为‘致广大，尽精微，综罗百代’，他实当之而无愧。”朱熹虽然旷世未闻地提出“未须理会经”，但同时却主张“义理决狱”，这又与董仲舒的“引经决狱”有一定的传承关系。他说：“凡听五刑之讼，必原父子之亲，立君臣之义以权之。盖必如此，然后轻重之序可得而论，浅深之量可得而测。”“凡有诉讼，必先论其尊卑上下、长幼亲疏之分，而后听其曲直之辞。凡以下犯上、以卑凌尊者，虽直不右，其不直者罪加凡人连坐。其有不幸至于杀伤者，虽有疑虑可悯，而至于奏谳，亦不准辄用拟贷之例。”朱熹的贡献，在于通过“理”这个核心将儒家的三纲五常上升到了前所未有的高度，这也为明清时期官方儒学走向极端埋下了伏笔。

宋代司法实践中引经或者引义理决狱的例子很多。《名公书判清明集》收录的“出继子破一家不可归宗”判就很明显。这是一宗非常复杂的立嗣与过继案，判词开篇即引《春秋》“莒人灭鄫”的故事，以为法律之补充。同样有不少判词收入《名公书判清明集》的范西堂（应铃），似乎也工于经义决狱之道。《宋史·范应铃传》称，应铃“读书明大义，尤喜《左氏春秋》。徐鹿卿曰：应铃经术似兒宽，决狱似隽不疑。”范西堂在其著名判词《因奸射射》中有一段名言：“祖宗立法，参之情理，无不曲尽。倘拂乎情、违乎礼，不可以为法于后世矣。”此语与春秋决狱之意趣可谓一脉相承。在南宋，甚至还出现了体例、书名都与《春秋决事比》相仿的著作，这就是桂万荣编著的《棠阴比事》。

明代有些特殊，礼教在人们的世俗生活中相较唐宋时代而言有所式微，体现到刑事政策与刑事立法方面，则是所谓的“重其所重，轻其所轻”。清人薛升允《唐明律合编》云：“大抵事关典礼及风俗教化等事，唐律均较明律为重；贼盗及有关帑项钱粮等事，明律又较唐律为重，亦可以观世变矣。古人先礼教而后刑法，后世则重刑法而轻礼教。唐律犹近古，明律则颇尚严刻矣。”不过，虽然明代士人官员对于研读法律更加强调，但也并不因此而贬抑“治本经”。例如曾任刑部员外郎的王樵说：“予在刑部，治律令，如士人治本经。

后两任巡抚，皆得其力。”他在《方麓集》中还有一段将医生与法官做类比的妙论：

> 治狱之难，在得情。尝譬之医，治律如按方，鞫事如诊病。有人方书虽明，而不中病，如人明法而不能得情。则所谓明，竟亦何用！又有人精于法，而易入于刻，法非使人刻也，倚法以削，则入于刻而不自知。故用心又以仁恕为本。

汪辉祖像

即使到了清代，尽管律例已成洋洋大观，引经断狱犹不绝迹。清末宗稷辰《幕学说》就曾云：“百年以前，类多引经断狱，据理原情，其文案典雅可诵。”一代师爷汪辉祖《病榻梦痕录》也记载，某岁其有乌镇之游，他的一位故友“以钞藏秘本沈棐《春秋比事》二十卷、吴澄《春秋纂言》十二卷、总例二卷赠别而去”。可见《春秋比事》在那个年代仍有市场。而汪辉祖本人，就曾深得引经断狱的便利。他在《读书》一文中讲过这样一个故事：有一次，他遇到一个疑难案件，“长夜求索”而不得解，忽忆《礼记》之文，一时茅塞顿开。兴奋之余，由衷感叹：“遇疑难大事，有必须引经以断者，非读书不可。”

伍

科举与判词的繁荣

汉以后的魏晋南北朝，虽然经历了长达四百年的大分裂，但法制却有所进步。瞿同祖云：“归纳言之，中国法律之儒家化可以说是始于魏、晋，成于北魏、北齐，隋、唐采用后便成为中国法律的正统。”不过这一时期判词传世极少，一如今人李时人所考，“《全上古三代秦汉三国六朝文》题为‘判’者仅三篇。”论者认为，现存判词主要分布在唐、宋、明、清四代。而唐代更是判词文体的确立时期，“其文体成熟和创作达到繁盛都在唐代”。

流传至今的唐判，主要有张鷟《龙筋凤髓判》、白居易“甲乙判”、敦煌《文明判集》残卷、《开元判集》残卷。此外，《文苑英华》也收录不少唐人判词。《文苑英华》是宋太宗于天平兴国年间下诏修纂的三部大书之一，另两部是《太平御览》和《太平广记》。《文苑英华》是继南朝梁昭明太子《文选》之后的又一部大型通代文学总集，多达一千卷，上起萧梁，下讫唐五代，其中唐代作品最多。文体种类几乎无所不包，

状元图考

状元图考

状元图考

状元图考

其中具有开创意义的是选入判词一〇六七道。论者谓："《文苑英华》可以说是收录唐代判词最多的集子，遗憾的是大多判词不著作者姓名。"我们且举一例，以见《文苑英华》所收判词样貌之一斑。标题为"不拘文法判"，见于卷五百三十三"为政门"，作者佚名。

甲为首，不拘文法。科其罪，曰："无为而已。"

建官惟贤，临下以简，爰合大中之道，可还淳古之风。甲委质清时，分符列郡。崇简易之道，化恰百城；削文法之苛，人安千里。如汲黯之为首，卧理淮阳；若龚遂之能官，行歌渤海。无为而理，不肃而成，固良吏之可嘉，何深文而见劾？且政有经矣，岂必拘之守常；人可化焉，自当变而至道。欲科其罪，不见其宜。

这个案件中，地方首长甲欲被科罪，罪状是"不拘文法"，其自辩曰："无为而已。"法官认可其辩解，决定不予科罪。其裁判理由主要是阐明：为政一方，必须崇简削苛。只有"崇简易之道"，才能"化恰百城"；只有"削文法之苛"，才能"人安千里"。法条繁琐，深文周纳，反会令人无所遵循；拘之守常，不知变化，反会堕入机械适法之歧途。他还援引汲黯与龚遂的掌故，说明"无为而理"反倒"不肃而成"的道理。汲黯，汉代濮阳人，《史记》本传云，汲黯迁东海太守，"治官理民好清净"，"其治，责大指而已，不苛小。黯多病，卧闺阁内不出。岁余，东海大治。"后任淮阳太守，"居郡如故治，淮阳政清"。龚遂也是汉代官吏，《汉书》本传云，宣帝时，"渤

状元及第钱

海左右郡岁饥，盗贼并起，二千石不能禽制”。宣帝欲任命龚遂为渤海太守，临行前问其“欲何以息其盗贼”？龚遂只提了一个要求：“臣愿丞相御史且无拘臣以文法，得一切便宜从事。”“便宜从事”，也就是从实际出发，灵活处置。照这个方法治理下来，渤海郡不仅“盗贼悉平”，“民安土乐业”，而且做到了“狱讼止息”。

唐代判词之繁荣，首先得益于大唐盛世法制之繁密进步。法史学家黄源盛谓：“唐朝自高祖开国，国势既盛，享祚且长，难能可贵的是，着力建制立法，奠定法制根基。”日本历史学家气贺泽保规则认为：“唐朝十分看重法律规制，唐朝之所以能维系长达三百年之久的统治，唐律的存在应该是其中一个重要的原因。”《四库提要》“《唐律疏议》”条下云：“论者谓《唐律》一准乎礼，以为出入，得古今之平，故宋世多采用之。元时断狱，亦每引为据。明洪武初，命儒臣同刑官进讲《唐律》，后命刘惟谦等详定《明律》，其篇目一准于唐。”唐代律、令之影响还远播高丽、日本、安南等亚洲诸国，中华法系之海外继受，也许正肇始于此。

另有一个原因，也直接刺激了唐代判词的繁荣，那就是科举。什么是科举？也就是设科取士。唐代杜佑《通典》谓：“夫行教化在乎设职官，设职官在乎审官才，审官才在乎精选举。”选拔人才、任用官吏的制度，代有不同。汉代的“乡举里选制”、魏晋南北朝的“九品中正制”，乃后世之“制科”的先河。科举取士首创于隋朝，兴盛于唐代，此后，绵延一千三百多年，成为士子步入仕途的必由之路。

钱穆曾谓：“科举是中国社会之特征。”“我们称唐代以前为门第社会，唐代以后为科举社会。”“唐代一确定科举制度，可以自由考试，门第就垮台了。”科举对于社会制度之影响，在宋代尤为明显。现在常有“唐宋变革说”，这变革真正实现，是在宋朝。南宋戴表元曾谓：“名卿士大夫，十有八九，出于场屋科举。”朱熹甚至还拿孔圣人来调侃：“居今之世，使孔子复生，也不免应举。”黄宽重总结道：

> 自北宋以来，朝廷透过科举扩大拔擢有志功名的士人，科举考试的公正与公开性受到社会普遍认同，成为入仕主要途径之一，借知识求取功名利禄成为社会的主流价值。印刷术发达、教育普及，欲跻身仕途以改变个人乃至家族命运者，遂积极投入举业，使得士人群体急剧膨胀。

唐以后，科举的重点是明经科和进士科，尤其是进士科，几乎成了科举的同义词。古人把进士及第形象地比喻为登龙门，说一个读书人登科后，“十数年间”就能“拟迹庙堂”，“台阁清选，莫不由兹”。张籍诗云：“二十八人初上第，百千万里尽传名”，说的是一旦金榜题名，就能名扬天下。而贾岛的“春风得意马蹄疾，一日看遍长安花”，道尽了寒士中举之后的欣喜若狂、风光无限。宋代周密《武林旧事》更是记录了新科状元诞生时万人空巷的盛况：

> 骏马快行，各持敕黄于前。黄旗杂沓，多至数十百面，各书诗句于上。……自东华门至期集所，豪家贵邸，竟列彩幕纵观，其有少年未有家室者，亦往往于此择婿焉。

但是，科举既是一条通往官位的坦途，又是一条人满为患的羊肠小道。就连大文豪韩愈，亦是屡试被黜，遍历苦辛。据说他在《送孟东野序》中大谈“物不得其平则鸣”，就是抒发科场失意的愤懑。“三十老明经，五十少进士”，尚属幸运，穷其一生、屡试不第才是普遍现象。冯梦龙《警世通言》中有一篇《老门生三世报恩》，

三报恩传奇

说的就是广西兴安县秀才鲜于同，八岁便举神童，论才学“便是董仲舒司马相如也不看在眼里”，“何期才高而数奇，志大而命薄。年年科举，岁岁观场，不能得朱衣点额，皇榜题名”。迟至六十一岁，才因知县蒯遇的“无心栽柳”，乡试、省试、会试，连中三元。所谓“三报恩”，是说他做了官之后连续三次戏剧性地报答蒯遇的知遇之恩。

在唐朝，也有许多故事，记载了科举的辛酸。《刘宾客嘉话录》载：“苗给事子缵应举次，而给事以中风语塞，而心中至切。临试，又疾亟。缵乃为状，请许入试否。给事犹能把笔，淡墨为书曰：“入！入！”其父子之情切如此。”这位给事，病入膏肓之际，已不能言，犹执笔淡墨连书两个“入”字，劝儿子不要管我，快去应试！真是道尽了父亲对于儿子入试登龙的切盼之情。至于夫妻之间，因了应试，一别经年，天涯两隔，亦是常事。五代时人王定保《唐摭言》卷八就记载了一则凄婉的故事：

公乘亿，魏人也，以辞赋著名。咸通十三年，垂三十举矣。尝大病，乡人误传已死，其妻自河北来迎丧。会亿送客至坡下，遇其妻。始，夫妻阔别积十余岁，亿时在马上见一妇人，粗縗跨驴，依稀与其妻类，因睨之不已。妻亦如是，乃令人诘之，果亿也。亿与之相持而泣，路人皆异之。

科举一途，尽管五味杂陈，但在客观上却刺激了判词的繁荣。唐代士子通过科举考试步入仕途，要经过两个阶段：先要通过礼部考试，取得做官的资格，然后才能经吏部铨选授官。那么，礼部和吏部的两次考试都要考什么呢？元代马端临《文献通考》作过详细解说：

唐取人之法，礼部则试以文学，故曰策，曰大义，曰诗赋；吏部则试以政事，故曰身，曰言，曰书，曰判。然吏部所试四者之中，则判为尤切，盖临政治民，此为第一义，必通晓事情，谙练法律，明辨是非，发摘隐伏，皆可以此觇之。

宋代洪迈的《容斋随笔·唐书判》，也对“身、言、书、判”尤其是“判”进行了具体解释。其云：

唐铨选择人之法有四：一曰身，谓体貌丰伟；二曰言，言辞辩正；三曰书，楷法遒美；四曰判，文理优长。凡试判登科谓之入等，甚拙者谓之蓝缕，选未满而试文三篇谓之宏辞，试判三条谓之拔萃。中者即授官。既以书为艺，故唐人无不工楷法，以判为贵，故无不习熟。……自朝廷至县邑，莫不皆然，非读书善文不可也。

陈登武也说："唐人有很多机会要'试判'，包括进士及第后，到吏部报到时所进行的'关试'、铨选制的平选常调、'科目考'中的'书试拔萃科'与'平判科'，都要'试判'；最后，流外入流也要'试判'。正因为唐人试判机会多，因此，相关习作范本也很多。"唐代所留下来的最著名的判词，像张鷟的《龙筋凤髓判》和白居易的《甲乙判》，莫非此类。在唐代，因为背诵判文范本还发生了不少有趣的事情，张鷟《朝野佥载》卷四就记载过武则天朝试判时的一则趣闻：

> 周天官选人沈子荣诵判二百道，试日不下笔。人问之，荣曰："无非命也。今日诵判，无一相当。有一道颇同，人名又别。"至来年选，判水硙，又不下笔。人问之，曰："我诵水硙，乃是蓝田，今问富平，如何下笔。闻者莫不抚掌焉。

死记硬背，不知变通，略有变化，瞬间发懵，能考得好才怪。更有甚者，在武后朝还出现了由他人代作试判的丑闻。杜佑《通典》卷一五载："有试判之日求人代作者。如此泛滥，不可悉数。"这种遗风甚至影响到了宋明两代。宋初曾有泗州推官侯济因坐请他人代为试判，受杖刑除名的事件。顾炎武在《日知录・判》中记载，明代科举第二场中，一些人分头背诵吏律或户律，在考场内交头接耳，结果答案大半雷同。至于清代，科场作弊更是甚嚣尘上。鲁迅小的时候为什么家道中落？就是因为他爷爷周福清科场行贿事发被判了"斩监候"。

瞿同祖《法律在中国社会中之作用》一文，曾引法人爱斯嘉拉的话说，中国考试制度摧残了专门人才，阻碍职业法学家之成立。其实，即在宋元之际，人们就已认识到这种选才方式的弊端。马端临

京师贡院

《文献通考·选举考·举官》说："今主司之命题则取诸辟书曲学，故以所不知而出其不备，选人之试判则务为骈四俪六，引援必故事，而组织皆浮词。然则所得者不过学问精通，文章美丽之士耳。盖虽名之曰判，而与礼部所试诗赋杂文无以异，殊不切于从政，而吏部所试为赘疣矣。"

在清代，袁枚《随园诗话》曾引一首徐大椿《道情诗》，道尽了以八股取士的可笑之处：

> 读书人，最不济，背时文，烂如泥。国家本为求才计，谁知道变作了欺人技。两句破题，三句承题，摇头摆尾，便道是圣门高第。可知道三通、四史是何等样文章？汉祖、唐宗是哪一朝皇帝？案头放高头讲章，店里买新科利器，读得来肩背高低、口角唏嘘！甘蔗渣儿嚼了又嚼，有何滋味？辜

负光阴，白白昏迷一世。就教他骗得高官，也是百姓朝廷的晦气。

晚清的屈辱现实使得有识之士大声疾呼社会要变革，而废除八股取士尤为当务之急。龚自珍那首《己亥杂诗》说的就是这个意思："九州生气恃风雷，万马齐喑究可哀。我劝天公重抖擞，不拘一格降人才。"光绪三十一年（1905），清德宗接受袁世凯、张之洞等朝臣"请立停科举，以广学校"的建议，颁布谕旨，次年起一律停止科举考试。至此，实行了一千余年的科举制度寿终正寝。

科举制度尽管弊端很多，但事要两面看，至少，唐代的科举试判还在一定程度上引领了朝野上下的制判风尚，也因此催生了古代历史上第一次判词的繁荣。前人尝感叹：如果"士人平日不读律，一旦作官，对于律例茫然一无所知"，便不可避免。作为后人的我们则要说：如果只读律而不习制判，一旦入职，能写出好的判词，也是难事。

陆

簪花美女、龙筋凤髓

说到唐代判词，首先要提起的必定是《龙筋凤髓判》,因为,许多专业著述,包括何勤华的《中国法学史》,都称它是“我国迄今为止完整传世的最早的一部官定判例集”。李时人在《游仙窟校注·前言》中更认为：“《龙筋凤髓判》是一部作范立则，确立‘判词’文体‘范式’的作品。”他的作者“应是当时创作最富、流传最广、影响最大的‘判词’作者”。关于此书的宗旨体例，宋代陈振孙《直斋书录解题》则云：“唐以书判拔萃科选士，此集凡百题，自省台寺监百司下及州县，类事属词，盖待选预备之具也。”《龙筋凤髓判》传世稀少,传本中以明嘉靖刘允鹏刊本最为精良,法史学家黄源盛称曾于收藏家田涛府上见示，田涛与郭成伟亦曾以此为底本校注刊行。

《龙筋凤髓判》的作者，也是一传奇人物。他叫张鷟，字文成，号浮休子，深州陆泽人，约生于唐高宗显庆三年，祖父、父亲都是下层官吏。他用作名字的“鷟”，虽说难认，却也大有来历。《旧唐书》云：

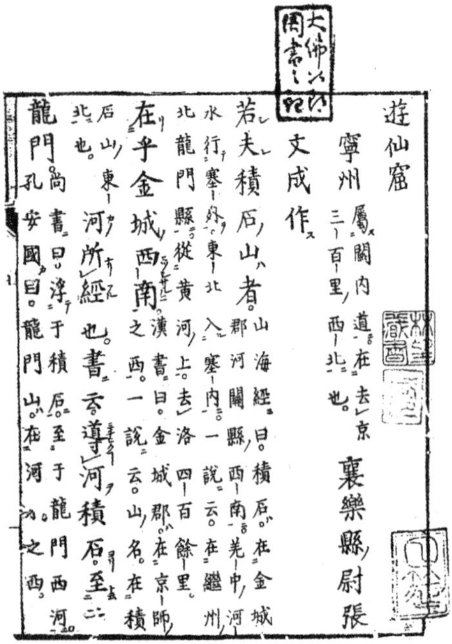

日本江户时代刊本《游仙窟》书影

张鷟“为儿童时，梦紫色大鸟，五彩成文，降于家庭。其祖谓之曰：‘五色赤文，凤也；紫文，鸑鷟也，为凤之佐，吾儿当以文章瑞于明廷。’因以为名字。”及长，果然不凡。《旧唐书》称其文章“下笔立成，大行一时，后进莫不传记”。

张鷟亦是科举取士中的无两“学霸”。《旧唐书》称：张鷟“初登进士第，对策尤工，考工员外郎骞味道赏之曰：‘如此生，天下无双矣！’调授岐王府参军。又应下笔成章及才高位下、词标文苑等科。鷟凡应八举，皆登甲科。再授长安尉，迁鸿胪丞。凡四参选，判策为铨府之最。”张鷟颇爱解梦，其曾自述获授鸿胪丞前夕的奇异梦境：“夜梦着绯乘驴，睡中自怪：我绿衣当乘马，何为衣绯却乘驴？其年应举及第，授鸿胪丞。未经考而授五品，此其应也。”他亦有《咏燕诗》自谓：“变石身犹重，衔泥力尚微。从来赴甲第，两起一双飞。”语中颇有自得，而时人无不讽咏。

试判是唐代科举选官制度的重要内容，要想金榜题名，判词定要过人。张鷟便是此中高手。《大唐新语》说：“文成凡七应举、四参选，其判策皆登甲第科。员半千谓人曰：‘张子之文如青铜钱，万简万中，未闻退时。’故人号‘青钱学士’。”他的判词结集成《龙筋凤髓判》

一百道，一时洛阳纸贵。《旧唐书》记其盛况云："是时天下知名，无贤不肖，皆记诵其文。……新罗、日本东夷诸蕃，尤重其文，每遣使入朝必出重金以购其文，其才名远播如此。"

说起来，张鷟在日本的名气真的远远超过了中华本土。清末的时候，杨守敬作为驻日公使的随员在日本访书，发现一本国内失传的唐人小说《游仙窟》，如获至宝，将其著录于《日本访书志》中。小说卷首署"宁州襄乐县尉张文成作"，那张文成正是张鷟。鲁迅也很早就注意到了《游仙窟》，并且从沈尹默那里得到一部日本元禄三年刊本。一九二八年北新书局出版的川岛校点本，就是以他所藏为底本。鲁迅还专门作序推荐，说《游仙窟》"始以骈俪之语作传奇，前于陈球之《燕山外史》者千载，亦为治文学史者所不能废矣。"回归本土的《游仙窟》人气不断蹿升，后来何满子主持编写《中国十大小说家》，竟将张文成列于首位。

我说上面这些，是为了点出判词与文学的关系。在我们传统观念中，判词属于公文书牍，与文学了无干系。但古人可不这么认为，早在十七世纪，意大利哲人维柯就曾说："古代法律是一种严峻的诗创作。"在近世的西方，更出现了所谓的"法律与文学"运动，三位最负盛名的美国法官——霍姆斯、卡多佐、波斯纳，都是此说的力倡者。波斯纳法官在研究了霍姆斯和卡多佐现象之后，得出这样一个结论："文

英文版《游仙窟》封面

学力可能是法官的优秀特征中比分析力更重要的一个特征。”而能够千古流芳的，也更是“文学性”的法官。

岩波书店版《游仙窟》插图

霍姆斯、卡多佐、波斯纳，还只是“文学性”的法官，而张鷟，却实实在在是集作家、法官于一身。在古代中国，像张鷟这样的人物还有很多。比如白居易、元稹、刘克庄、方岳、袁枚、樊增祥，就都是诗词、判词兼擅的人物。法史学家黄源盛也敏锐地注意到判词与文学的“交涉”，他在《汉唐法制与儒家传统》一书中说：“如果要追溯传统中国法律与文学的关联，‘判’是观察的重要切入点。”而他提出这一话题，正是因研究《龙筋凤髓判》而引发。他认为：“透过对《龙筋凤髓判》的研究，就会发现判文带有浓厚的文学色彩，深刻地反映出文学对判文的影响。”

张鷟的判文之所以“带有浓厚的文学色彩”，除了他本人具有极高的文学天赋，也与时代背景有关。据傅璇琮《唐代科举与文学》一书考证，“从初唐起，已经把进士科与讲究文藻词章相联系。凡是应进士科试的，必须在文学方面有相当的训练，而从开元以后，则进士举子更需要在诗赋的创作上，特别是在诗歌方面，下更大的功夫。”虽然吏部铨试选人重点在“试判”，但对“判”的评价标准则是“文理优长”，很显然，“文”仍然放在第一位。科举试判的要求显然影响了社会风气，与唐以前“质朴简约”的判词风格不同，在唐代，“‘判’则兼具实用性与文学性，俨然成为一种独特的文体”。

至于张鷟判词的文学性是如何体现的，我们可以通过“永安公主出降”这篇判词来体会一番。案件事实为：“永安公主出降，有司奏礼钱加长公主二十万，造第宅所费亦如之，群下有疑。”张鷟对曰：

金机札札，灵婺皎洁于云间；银汉亭亭，少女迤迟于巽位。故潇湘弟子，乘洞浦而扬波；巫峡仙妃，映高堂而散雨。公主浓华发彩，蕣萼延祥。六珈玉步之辰，百两香飞之日。三公主婚，鹓鸾接羽。百枝灯烛，光沁水之田园；万转笙竽，杂平阳之歌舞。玲珑玉佩，振霞锦于仙衣；熠耀花冠，点星珠于宝胜。飞鸾镜匣，向满月以开轮；仙凤楼台，映浮云而写盖。弄珠分态，江姊为之含颦；飞箭成婚，天公为之蹙笑。肃雍之制，盖异常伦；筑馆之规，特优恒典。小不加大，必上下和平；卑不凌尊，则亲疏顺序。先帝女之仪注，旧有章程；长公主之礼容，岂容逾越？

岩波书店版《游仙窟》插图

岩波书店版《游仙窟》插图

洪迈说唐判，“判语必骈俪”。这道判词，即属骈俪。什么是骈俪呢？它是与散文相对的一种文体，又称骈体、骈文、骈体文，其主要特点是，对仗工整，声律谐美，藻饰华丽，多用典故。因句式两两相对，犹如两马并驾齐驱，故被称为骈体。因以四六句式为主，遂又称“四六文”、“骈四俪六”。你们很多人可能都登过南昌的滕王阁，王勃的《滕王阁序》便是骈体文中的名篇。“落霞与孤鹜齐飞，秋水共长天一色”，即为对仗；“渔舟唱晚，响穷彭蠡之滨；雁阵惊寒，声断衡阳之浦”，便是四六。

整部《龙筋凤髓判》，都是这种文体。整个有唐一代，也难得见到散判。造成这种现象的原因不外两点：一是流风使然。骈文源于汉、魏，盛行于南北朝。“唐承南北朝之敝，一代官文书，气格卑靡。”虽有韩愈力倡古文运动，“文起八代之衰”，但真正收到效果，毕竟需要一个过程。近人许同莘云：“昌黎文章虽重于时，而唐人风尚，迄未之改。”说的就是这个意思。二是程式要求。许同莘又谓：“唐人既以科目进身，则文体随科举程文而变。……惟判词之式，必用四六，实无大益。”明知无益，也要将骈俪进行到底，因为不如此则只会落第。

再回到“永安公主出降”判。张鷟这道判词，对仗、音律、辞藻、用典，无一不美轮美奂，但除去结尾处的几句“筋节语”——“小不加大，必上下和平；卑不凌尊，则亲疏顺序”，通篇不过是罗列辞藻、“堆垛故事”而已。原因何在？主要还是文体的限制——“骈四俪六”固然华美，却不便于“蔽罪议法”。正如许同莘所说：“余尝论唐人以书判取人，而书法不合于六书，判词不切于事理。盖簪花美女、龙筋凤髓，言艺事则有余，语根柢则不足。”由唐代的骈判，我们也可以获得一些启示：判词固然应当作为“文学”来经营，但判词又不完全等同于“文学”。即使是狭义的“文学”，也并非专以华丽浮艳为能事。

说到文辞与内容的关系，孔子在《论语·雍也篇》有一段名言：“质胜文则野，文胜质则史，文质彬彬，然后君子。”说的是，内容胜过文辞，就会显得粗野；文辞胜过内容，就难免流于浮艳。只有内容与文辞并重，然后才能称为君子。《龙筋凤髓判》毕竟是“取备程式之用”，“本为吏事而作，不为定律而作”，即使有些浮艳，为害也不会太大，若是在实判当中趋末弃本，甚至会带来草菅人命的恶果。我们来看宋人罗大经《鹤林玉露》记载的一则判词：

> 张乖崖为崇阳令。一吏自库出，鬓旁巾下有一钱。诘之，云：“库钱也。”命杖之，吏曰：“一钱何足道！即能杖我，宁能斩我耶？”乖崖援笔立判云：“一日一钱，千日千钱。绳锯木断，水滴石穿！”自仗剑下阶斩之，申台省自劾。崇阳人至今传之。

这个张乖崖嫉恶如仇，应该是个好官。他援笔立判的功夫更是了得。从艺术角度来说，这十六字的判词言简意赅，振聋发聩，句句警策，形象生动。但是，它在根本上是个错案，错就错在不讲证据，主观臆测；不讲程序，不容申辩。杀无赦，斩立决，自图快意，却毁了法治。所以，徒有文采斐然，是断然不能成为好的判决的。

柒

听张鷟蔽罪议法

西人马克思·韦伯曾指摘，中华帝国的官吏是非专业性的，士大夫出任的官吏是受过古典人文教育的文人，他们接受俸禄，但没有任何行政与法律的知识，只能舞文弄墨，诠释经典。此论颇为以偏概全。程树德《中国法制史》谓："法官自古有之。"士师、秋官、大理、司寇、廷尉，均为历代法官之名也。以唐代而论，从中央到地方，广置推官，专司狱讼。内官则有刑部、御史台、大理寺；外官则有推官、牧尹刺史县令以及法曹司法参军事司法佐。其专业性不言而喻。

沈家本谓，唐、宋以前，行政与司法"其界限尚分明也"；"司法行政之混淆，盖自明始"，"州县皆躬听狱讼。此明、清两代之制所同者"。但即使是在司法行政混合为一的年代，官吏也并非个个不懂法。正如瞿同祖在《中国法律与中国社会》一书所说："地方政府自牧令至封疆大吏，都有司法的责任。""读书人应试做官后，便不能不懂法律，不应用法律。"

张鷟的《龙筋凤髓判》虽被同代人讥为"浮艳少

理政”，宋代洪迈在《容斋随笔·龙筋凤髓判》中，甚至说它“纯是当时文格，全类俳体，但知堆垛故事，而于蔽罪议法处不能深切，迨是无一篇可读，一联可味。”但据我的考索，也不能就此认定张鷟纯是纸上谈兵之辈，他也是有着比较丰富的司法实践经验的。

张鷟的做官生涯，起步于《游仙窟》署名所说的“宁州襄乐县尉”。莫休符《桂林风土记》载，张鷟“弱冠应举下笔成章，中书侍郎薛元超，特授襄乐县尉。”县尉是个什么官呢？其实就是基层的司法官。近人赖瑞和《唐代基层文官》称，在唐代，县一级的长官是县令，下来是县丞和主簿，最低层的是执行县事的县尉。县事也分六曹：功、仓、户、兵、法、士，执掌法曹的，就是“司法之尉”。

县尉是个辛苦而又辛酸的职位，但又是绕不开的仕途起步之职。唐朝很多诗人都做过县尉，包括诗圣杜甫。他的《官定后戏赠》一诗有云：“不作河西尉，凄凉为折腰。老夫怕趋走，率府且逍遥。”比之于杜甫，张鷟折腰趋走得更久，据说曾经“五为县尉”。在漫长的县尉生涯里，听讼自然会是回避不掉的日课。《疑狱集》、《折狱龟鉴》、《棠阴比事》、《太平广记》等书，记述了他任河阳县尉时的两则断案故事，一为“文成括书”，一为“张鷟搜鞍”，都很有意思。

唐张鷟为河阳尉，有吕元者，伪作仓督冯忱书，盗粜官粟。忱不认，元坚执，久不能决。鷟乃取告牒括两头留一字，问元：“是汝书，即注云‘是’，不是，即注云‘非’。”元注云：“非。”去括，乃是元告牒，遂决五十下。又取伪书括字问之，元注云：“是。”去括，乃是伪作冯忱书也。元遂服罪。

唐张鷟为河阳尉。有客驴缰断，并鞍失之。三日，访不获，诣县告。鷟推穷甚急，乃夜放驴出而藏其鞍。鷟曰：“此可知也。”遂令不秣饲驴，去辔放之。驴寻向昨夜喂处，乃搜索其家，于积草下得之。人服其智。

文成括书，展现的是识别伪证的功力；张鷟搜鞍，展现的则是勘破盗案的智慧。仅此两例，足以令人刮目相看。可惜的是，张鷟做官之后的“实判”没有流传下来，面对形形色色的真实案件，那判词写下来，肯定要比《龙筋凤髓判》更加鲜活，更接地气。不过，即使是在《龙筋凤髓判》当中，也不乏精彩的“蔽罪议法”，远非洪迈所说“迨是无一篇可读，一联可味”。我们且欣赏其中两道。

嘉慶辛未孟秋雕成
龍筋鳳髓判
蕭山陳氏湖海樓藏版

明嘉庆版《龙筋凤髓判》书影

首先来看“王秀漏泄机密”判。案情是：“中书舍人王秀漏泄机密，断绞。秀不伏，款：于掌事张会处传得语，秀合是从。会款：所传是实，亦非大事，不伏科。”大意是说：中书舍人王秀因漏泄机密罪，被判处绞刑。王秀不服，辩称：我是从掌事张会那里传来的话，跟最初泄密的张会相比，我应当属于从犯。张会也不服，辩称：我传出去的不假，但所传也不是什么大事。张鷟判曰：

凤池清切，鸡树深严，敷奏帝俞，对扬休命。召为内史，流雅誉于周年，荀作令君，振芳尘于魏阙。张会掌机右掖，务在便蕃；王秀负版中书，情惟密勿。理须克清克慎，慕金人以缄口；一德一心，仰星街而卷舌。温树之号，问且无言；恶木之阴，过而不息。岂得漏秦相之骑乘，故犯疏罗；盗魏将之兵符，自轻刑典。张会过言出口，驷马无追；王秀转泄于人，三章莫舍。若潜谋讨袭，理实不容；漏彼诸蕃，情更难恕。非密既非大事，法许准法勿论。待得指归，方可裁决。

英文版《游仙窟》插图

这道判词，开头先讲一番道理，大意是说：张会王秀，从事的都是要害工作，理当三缄其口，保守机密；怎能故犯疏罗，自轻刑典。说这番话时，张鷟频频用典，不仅说服力大增，也使得判词内涵丰富而生动。例如，“温树之号，问且无言”，语出《汉书·孔光传》。孔光字子夏，孔子十四世之孙也。“凡典枢机十余年，守法度，修故事。”他的口风极严，对待家里人也是如此。“沐日归休，兄弟妻子燕语，终不及朝省政事。或问光：‘温室省中树皆何木也？’光嘿不应，更答以他语，其不泄如是。”“恶木之阴，过而不息”，则出自西晋诗人陆机的《猛虎行》：“渴不饮盗泉水，热不息恶木阴。”表达的是在诱惑面前所应有的意志力。

讲完道理，就该“蔽罪议法”了。张鷟的判词，不仅回应两位当事人的申辩理由，而且，对于罪与非罪、主犯从犯、故意过失、科刑轻重，均有涉及。按《唐律·职制》“漏泄大事应密条”规定：“诸漏泄大事应密者，绞。非大事应密者，徒一年半。漏泄于蕃国使者，加一等。仍以初传者为首，传至者为从。即转传大事者，杖八十；非大事，勿论。”张鷟在判词中，认定张会“过言出口，驷马无追”，系初传者；王秀则系“转泄于人”。按照法律规定，如果系“潜谋讨袭，理实不容；漏彼诸蕃，情更难恕”，但在本案，“非密既非大事，法许准法勿论。”法史学家黄源盛不仅感叹：“张鷟果非熟读律文，怎能领会法意至此？”至于结尾为何云“待得指归，方可裁决”，推想是要先等权威机构的定密结论，就此而言，亦是司法谦抑原则的完美运用。

接下来看“杨珍奏状错以崔午为崔牛”判。这篇判词，说的是官员因奏状中出现文字错误而惹来一场官司。案情为：“给事中杨珍奏状错以崔午为崔牛。断笞三十，征铜四斤。不伏。”张鷟写下这样的判词：

> 沉沉青琐，肃肃黄枢。望重鸾司，任光龙作。掌壶负玺，步顿于是生光；左貂右蝉，揖让由其动价。杨珍门承积阀，荣重缙绅，趋左掖之严凝，奏上台之清切。出纳王命，职当喉舌之官；光阐帝猷，佐处腹心之地。恪勤之誉，未出于丹闱；桀缪之愆，已尘于清宪。马字点少，尚惧亡身；人名不同，难为逃责。准犯既非切害，原情理或可容。何者？宁失不经，宥过无大。崔牛崔午，即欲论辜；甲申甲由，如何定罪？

这道判词，开头一串华丽铺陈，堆砌了许多词汇掌故，无非是说杨珍所供职的岗位如何重要，而其“职当喉舌之官”，亦当勤勉谨慎为是。接着，则是直言杨珍在奏状中错把崔午写成崔牛，问题有多么严重："马字点少，尚惧亡身；人名不同，难为逃责。"意思是说，当年汉朝的郎中令石建，把马字少写了一点，犹恐惹来亡身之祸，现在你把人名都弄错了，还能逃脱罪责？引故事而话当今，援礼义而定是非，正是唐代骈判的鲜明特点。张鷟讲完故事，回到本案，却突然笔锋一转，又讲：对于杨珍来说，似乎情理可容。为什么？因为把崔午搞成崔牛，这样的错误尚不属"切害"。具体来讲，张鷟运用了类比与归谬之法——既然唐律对于"甲申甲由"这类错讹不予治罪，那么，"崔午崔牛"显然与此类似。这个法律论证方法，体现了原则性与灵活性的完美结合，不无借鉴价值。其在判词中还提出，"宁失不经，宥过无大"，则体现了"舍小过以示仁，理大罪而明义"的刑法思想，亦有值得思考玩味的地方。

《龙筋凤髓判》和《游仙窟》之外，张鷟还著有笔记小说《朝野佥载》，记叙宫廷秘闻、官吏史迹、社会生活、灾祥异变甚伙，颇具史料价值。但当时的史书对其评价非常不高，如《新唐书》谓："鷟属文下笔辄成，浮艳少理致，其论著率诋诮芜猥。"不仅如此，对其性格也多有贬抑，说他"性躁卞，傥荡无检，罕为正人所遇，姚崇尤恶之。"姚崇曾任三朝宰相，张鷟真的曾因得罪于他而险遭杀头。莫休符《桂林风土记》对此有详细记载：

> 开元中姚崇为相，污其奉使江南受遗，赐死。其子上表请代父死。黄门侍郎张廷珪、刑部尚书李日知连表称冤，遂减死，流岭南数年，起为龚州长史，卒年七十三。

大难不死，必有后福。千百年后，张鷟的判词和小说依旧风行，而那名相姚崇，却不知去了哪里。

捌

白居易与《甲乙判》

在唐代，与张鷟《龙筋凤髓判》齐名的，是白居易的《甲乙判》。一提起白居易，无人不知他是位列李白、杜甫之次的唐代大诗人。但是，要说他判词写得也好，恐怕知道的人就不多了。元稹曾说：“大凡人之文各有所长，乐天之长可以为多矣。”其中一长，即为判词。从判词发展史来看，至有唐方批量产出。在有唐，有个人判词专集行世的，亦只两人而已，而白居易又居其一。《四库全书总目提要》云：唐朝判词，“今见于《文苑英华》者颇多，大抵不著名氏。惟白居易编入文集，与鷟此编之自为一书者，最传于世。”白居易与张鷟之间，白又见长。因此，说白居易是中国判词“第一人”，亦不为过。即使白居易不写诗，仅以那一百道判词，也足可名垂青史。

时光倒回到唐德宗贞元三年。年仅十六岁的白居易怀揣进士梦想，千里迢迢赶到长安，叩请著作郎顾况举荐。顾况一眼觑到诗卷上“居易”二字，不无揶揄地说：“长安米贵，居大不易！”但当“野火烧不尽，

白居易像

春风吹又生”的诗句映入眼帘，又顿时改容：“道得个语，居亦何难，前言戏之耳。”获此肯定，白居易百感交集，一面回忆起“及五六岁便学为诗，九岁谙识声韵。十五六岁始知有进士，苦节读书”的日子，一面又对未来充满憧憬：“倚马爰来，衣锦还归去，以文得禄，亦足为荣。”讵料，长安居不易，登科第更难。此后经年，白居易“昼课赋，夜课书，间又课诗，不遑寝息矣。以至于口舌成疮，手肘成胝，既壮而肤革不丰盈，未老而齿发早衰白”。如此苦学力文，却直到二十七岁方从乡赋。

贞元十六年二月，白居易以第四名考取进士，此时他已二十九岁。不过，在同榜十七名进士中，他还算是最年轻的。“慈恩塔下题名处，十七人中最少年”，记录的就是这一荣耀时刻。又隔两年，即贞元十八年，在吏部侍郎郑珣瑜主试下，白居易试书判拔萃科，及第。为了准备这个考试，他写下大量判词，《白氏长庆集》收入一百零一道，扣除当年“书判拔萃科”试题“毁方瓦合判”，刚好一百道，因此世称“百道判”。又由于均不列当事人之名姓，概以甲乙丙丁假设，因此又称“甲乙判”。

白居易不仅凭着“百道判”成功登科，他的这些判词，更成为日后考生学习的范本。白居易《与元九书》谓：“日者又闻亲友闲说，礼吏部举选人，多以仆私试赋判传为准的。”元九即是元稹，他也是贞元十八年书判拔萃科及第，及第后又与白居易一道，同授秘书省校书郎之职，因此，元白得有“书判同年，校正同省”之缘。此后经年，金石胶漆，死生契阔。对于白居易的判词，元稹也曾由衷称赞：“新进士竞相传于京师矣。”

白居易的《甲乙判》，虽然只是准备科举的习作，但“也并非仅具空洞的程式意义”。正如谢思炜所云：“其判题除广采前代经史外，还有大量内容涉及唐代现实的法律问题，并直接反映了中唐当时的政治、经济、军事、选举、婚姻等各方面问题。”至于判词的文风与水平，洪迈《容斋随笔》则不吝赞美之词：“……若此之类，不背人情，合于法度，援经引史，比喻甚明，非青钱学士所能及也。”我们在《引经断狱有余响》当中已经先期欣赏过一道白居易的判词，这里再介绍两道。

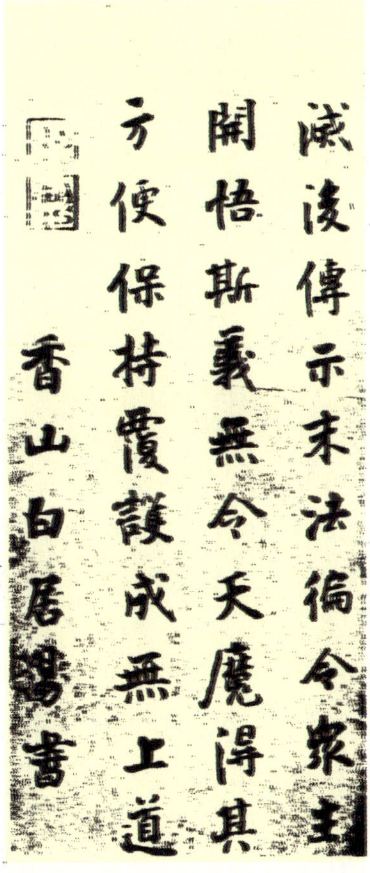

白居易手迹

首先是“冒名事发判”。案情为：“得丁冒名事发，法司准法科罪，节度使奏丁在官有善政，请免罪授真，以劝能者，法司以乱法，不许。”翻译成白话就是，查得丁冒名诈官，法司依照法律予以科罪，节度使上奏说情，称丁为官期间颇有善政，请求豁免其罪，以励能者。法司认为这样会破坏法治，不许。白居易判曰：

宥则利淫，诛则伤善；失人犹可，坏法实难。丁僭滥为心，僶俛从事。始假名而作伪，咎则自贻；及励节而为官，政将何取？节使以功惟补过，情欲劝能；宪司以仁不惠奸，议难乱纪。制宜经久，理贵从长。见小善而必求，材虽苟得；逾大防而不禁，弊将若何？济时不在于一夫，守法宜遵乎三尺。盍惩行诈？勿许拜真。

这道判词，态度极其鲜明，结论毫不含糊，那就是，必须“惩行诈”而“勿许拜真”。值得玩味的，是得出这一结论的具体过程。以下试做分析。

礼法并用，一准乎法。白居易曾云：“首句标其目，卒章显其志。”本篇判词，首句即不俗。前两句：“宥则利淫，诛则伤善”，系援引《春秋》经义，语见《左传》襄公二十六年：“善为国者，赏不僭而刑不滥。赏僭，则惧及淫人；刑滥，则惧及善人。若不幸而过，宁僭勿滥。与其失善，宁其利淫。”照此经义，赏僭与刑滥之间，无疑当选前者。事实上，白居易也一直主张“理大罪，赦小过”，“裁以法度絜以仁”。但他所讲的“赦小过”，是对黎民百姓而言，对于“真伪争进”、“巧诈成奸”的吏部之弊，则力主革除。所以，笔锋一转，又跟出了后面两句：“失人犹可，坏法实难”。意思是说，善为政者，既要“官得其才”，也要“事得其序”。“举不失德”，方能“野无遗贤”。如果赏宥过度将会败坏法治，那就宁可选择“失人”。寥寥四句，见微知著，礼与法“迭相为用”，“循环表里”。

条分件系，逐项回应。大凡诉讼，定会涉及利益攸关各方，好的判词，应对各方主张逐一回应，回应的过程，也是道理逐渐明朗的过程。在本案，白居易就是以回应各方展开法理辨析。对于当事人丁某，确认其“假名而作伪”的犯罪事实，判定其“咎则自贻”

江州司马青衫泪

的法律责任；对于奏请免罪的节使，不否认其“情欲劝能”的用心，却又提出倘如此则“弊将若何”、“政将何取”的疑虑；对于作出原判的法司，则充分认可其“仁不惠奸”的裁判观点。

小大相比，短长相较。论完个案，又延展开去，以一连串警句格言，升华出可以普遍适用的治策法理。无论是“制宜经久，理贵从长”，还是求“小善”不能影响“逾大防”，都可举一反三，用为准的；而结尾的“济时不在于一夫，守法宜遵乎三尺”，更是掷地有声，法治精神跃然纸上。

再来看“牛马相抵判”。该案的案情是：“得甲牛抵乙马死，乙请偿马价。甲云：在放牧处相抵，请赔半价。乙不伏。”白居易判曰：

> 马牛于牧，蹄脚难防。苟死伤之可征，在故误而宜别。况日中出入，郊外寝讹：既谷量以齐驱，或风逸之相及。尔牛孔阜，奋骍角而莫当；我马用伤，踠骏足而致毙。情非故纵，理合误论。在皂栈以来思，罚宜惟重；就桃林而招损，偿则从轻。将息讼端，请征律典。当赔半价，勿听过求。

甲牛抵乙马死，乙请偿马价，甲请赔半价，如何裁断？白居易作出了三个方面的考虑。

请征律典。司法之首要，在乎正确适用律典。《唐律疏议》卷十五《厩库》云：“诸犬自杀伤他人畜产者，犬主偿其减价；余畜自相杀伤者，偿减价之半。即故放令杀伤他人畜产者，各以故杀伤论。”疏云：“‘自相杀伤者’，谓牛相抵杀，马相踏死之类。假有甲家牛，抵杀乙家马，马本直绢十疋，为抵杀，估皮肉直绢两疋，是名‘偿减价之半’。”白居易“当赔半价”的结论显然符合上述规定。没有直接援引律条，纯是试判体例使然。

故误宜别。法律是死的，争端是活的，对于每项争端，均应根据具体情况，分辨区别。首先，故意和过失，法律责任就有不同。判词云，“在故误而宜别”，说的就是这层意思。“马牛于牧，蹄脚难防”，如果不幸发生了牛抵马死事件，原属“情非故纵”，自应“理合误论”。

偿则从情。判词进一步提出，赔偿之多寡，还应根据损害发生的情形加以区分，例如，“在皂栈以来思，罚宜为重；就桃林而招损，偿则从情。”本案发生在放牧的地方，显然与侵入人家的马厩有所不同，所以合应减轻赔偿。

虽然白居易的《甲乙判》与张鷟的《龙筋凤髓判》一样，都是为了应试而作，也都采用骈体，但洪迈对白居易评价更高，说：“如白乐天《甲乙判》则读之愈多，使人不厌。”《四库全书总目提要》则认为，“居易判主流利”，张鷟判“则缛丽”。之所以存在这样的差别，首先是时代环境使然。张鷟比白居易早生约百年有余，彼时的文风，尚未脱六朝遗风，体现到判词风格上，则更注重藻饰，“但知堆垛故事，而于蔽罪议法处不能深切”。白居易生逢中唐，古文运动方兴未艾，流风所致，判词风格亦向朴素实用转变。

陈寅恪《元白诗笺证稿》曾说：“其实当时致力古文，而思有所变革者，并不限于昌黎一派，元白二公，亦当日主张复古之健者。”白居易不仅创作丰富，亦有系统的文学主张，他的许多独到之见，无疑也影响了判词风格的形成。

文以载道。写文章是为了什么？白居易在《新乐府序》中自谓：“为君、为臣、为民、为物、为事而作，不为文而作也。”在《与元九书》中，他又指出：“每与人言，多询时务；每读书史，多求理道。始知文章合为时而著，歌诗合为事而作。”美轮美奂、如泣如诉的《长恨歌》、《琵琶行》固然受到热捧，朴实无华、“伤民病痛”的《秦中吟》、《卖炭翁》他也同样爱重，所谓“一篇《长恨》有风情，十首《秦吟》近正声”。他还说，若把文章比作一棵树，则“根情，苗言，华声，实义”。写《公牍学史》的许同莘对白居易佩服之至，认为他“立身本末，无不合乎道”，只是“余事作诗人耳”。并说：“诗者，载道之文言。若止嘲风雷、弄花草，则于六艺尽去矣。”

文体意识。白居易不惟能诗，亦擅各类文体。《旧唐书·白居易传》就曾说：“凡朝廷文字之职，无不首居其选。”他所撰写的各类书诏批答，“禁中号为‘白朴’”，引为矜式，“每新入学士求访，

耕织图

宝重过于《六典》”。元稹《白氏长庆集序》更详尽列举了白居易各类文体之长：“夫以讽喻之诗长于激，闲适之诗长于遣，感伤之诗长于切，五言律诗百言而上长于瞻，五字、七字百言而下长于情。赋、赞、箴之类长于当，碑记、叙事、制诰长于实，启、表、奏状长于直，书、檄、词策剖判长于尽。”这说明，白居易有着非常自觉的文体意识，他也确实在这些文体的写作上下了前人所未下的功夫。不同文体有不同文体之体制要求，要想成为文章大家，必要具备几套笔墨，做到写什么像什么才行。

文贵通俗。苏东坡曾有“元轻白俗，郊寒岛瘦”的名言。所谓“俗”，是指“通俗易懂”，这正是白居易诗文最典型的标签。王安石说：“天下俚语被白乐天道尽。”为什么要用俚语？是为了“老妪都解”。宋僧惠洪《冷斋夜话》曾说乐天：“老妪解，则录之；不解，则易之。”虽为传言，但也符合情理。“花非花，雾非雾，夜半来，天明去。来如春梦几多时，去如朝云无觅处。”似这类白话诗，老妪定是能懂。又据说，在当年，会诵白诗的歌妓身价都比别人高，她会说：“我诵得白学士《长恨歌》，岂同他妓哉！”就连宣宗皇上也说过：“童子解吟《长恨曲》，胡儿能唱《琵琶篇》。”诗歌如此，判词亦当如此。判词处理的是芸芸众生的平常故事，又是讲给形形色色的当事人听，要想让人听得懂，非明白通俗不可。

这就是白居易留给我们的遗产。

玖

元稹、王维、颜真卿

中唐诗坛，元白并驾；文学史上，元白不分。白是白居易，元则是元稹。元稹是鲜卑族，原姓拓跋氏，建魏后始改姓元，世代仕宦。元稹字微之，排行九，因称元九。自幼丧父，随母刻苦自学，十五岁即明经及第。贞元十九年，元稹考中了“书判拔萃科”的第四等，白居易与他同榜。紧接着，又一同被授秘书省校书郎，所以有“书判同年，校正同省”之谓。白居易对此亦有诗云：“忆在贞元岁，初登典校司，身名同日授，心事一言知。”

世人说元白：“生同时，仕同官，情好密笃，意气推许。”白居易《祭微之文》自谓：“贞元季年，始定交分。行止通塞，靡所不同；金石胶漆，未足为喻。死生契阔者三十载，歌诗唱和者九百章。”他们共同发起新乐府运动，有“诗到元和体变新”之谓。《新唐书·元稹传》称：“自衣冠士子，至闾阎下里，悉传讽之，号元和体。”虽然通说认为，“世称元白，元何能如白也”，但也有人认为，元稹的诗文成就并不比白居易逊色。“曾经沧海难为水，除却巫山不是云”，足可传唱千古。“寥落古行宫，宫花寂寞红。白头宫女在，闲坐说玄宗。”语少意足，人道“胜（白居易）《上阳白发人》多矣”。在传奇小说方面，元稹也是高手。大家都很熟悉的《西厢记》，就是根据他的《莺莺传》改编。林语堂称其为“中国最著名之爱情故事”，鲁迅《中国小说史略》则云：“唐人传奇留遗不少，而后来煊赫如是者，惟此篇及李朝威《柳毅传》而已。”

后人之所以轻元重白，“非独其诗之有优劣也”，更在于诗外功夫。一来是嫌其薄幸，又文过饰非。因为《莺莺传》里那个“始乱之，终弃之”的张生，实为元稹自寓，“述其亲历之境”而已。袁枚在读《莺莺传》时，就忍不住吐槽：“疑他神女爱行云，故把鸳鸯抵死分。秋雨临邛头雪白，相如终不弃文君。”二来是人们不齿于他的晚岁趋炎附势，非要在宦官支持下做那三个月的宰相。一如清代蔡世远《古文雅正》所云：“微之与乐天齐名，初年直节文章，焜耀一代，嘐嘐之志，甚是不屑。末路困于外郡法曹，思得高官，彼非贪荣者，但欲见经济以展抱负耳。不知作相仅三月，经济未见，而失身宦官，难免正人之议矣。”相反，白居易的名节就为世所称道，例如秦朝釪就说：“若白乐天性情便厚，故能始终一节。”盖中国传统讲究“道德文章”，“言为心声”。正像洪亮吉所说：“诗人不可无品，至大节所在，更不可亏。”立身不正，文章再好也要大打折扣。

话说回来，既是及第“书判拔萃科”，元稹的判词也应不俗。宋代洪迈《容斋随笔·龙筋凤髓判》谓：“元微之有百余判，亦不能工。”可见，元稹的判词数量可观，在宋代还有百余道存世。至于说他“亦不能工”，既是与白居易相对而言，亦是与张鷟相类而论。就我们于今所能见到的十一道判词而言，也并非全是泛泛之作，即如《错字判》，就颇清丽可观。案情大略是：“丁申文书上，尚书省按之。辞云：‘虽误，可行用。’”元稹援笔判曰：

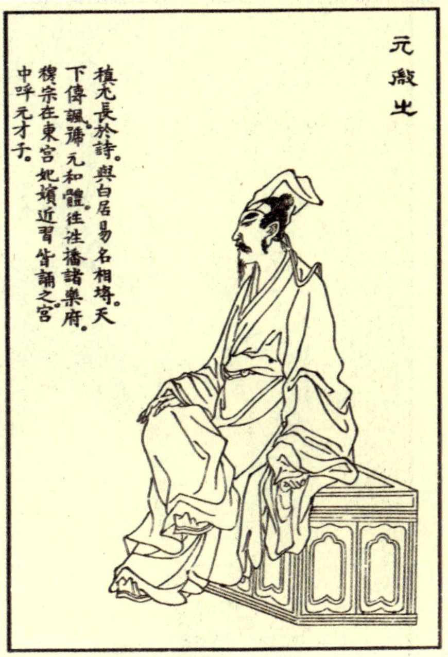

元稹像

> 文奏或差，本虞行诈。此例可办，必有原情。苟异因缘之奸，则矜过误之罚。丁也方将计簿，忽谬正名。曾不戒于援毫，遂见尤为起草。然以法存按省，误有等差。倘以百为千，比赐缣而难赦；若当五而四，纵阙马而何伤？苟殊鱼鲁，相悬宜恕，甲由未远，按其非是。虽怀三豕之疑，诉以可行；难书一字之贬，请诸会府。弃此小瑕非愚，诉人在法当尔。

在本案，丁所上呈的公文出现错字，被尚书省纠劾。丁辩称：“虽有错误，但不影响行用。”对此如何裁判，元稹提出了如下几个观点。

一是必有原情。我们之前讨论过董仲舒的“原心定罪”，不想元稹也谙此道。这也不奇怪。元稹是明经科出身，明经试的一个特点，就是要求应举者熟读儒家经典，对此韩愈在《送牛堪序》中曾云：“以明经举者，诵数十万言，又约通大义，征辞引类，旁出入他经者，又诵数十万言，其为业也勤矣。”熟读经义的元稹很自然地从“原情”

陈洪绶绘《西厢记》

武林項南洲刊

入手。他认为，惩罚奏文错误，本为防止行诈，因此就须原情，看看其用意是否在于勾结为奸。在本案，丁奏文出错是因下笔不慎所致，因此就应慎罚。

二是误有等差。对故意与过失作出区分之后，元稹继而提出，即便是过失，也有等差。“以百为千”这样的原则性错误，显然与“当五而四”这样的小差错不能相提并论；鱼鲁亥豕、甲由牛午这类错误，虽不应该，但也没有大害。既然不影响行用，尚书省就应宽恕丁的过失。

这道判词，不仅层次清晰、观点鲜明、适法精准、理念先进，就是在文风上，也比《龙筋凤髓判》直白通俗了许多。清代薛雪《一瓢诗话》云：“元白诗言浅而思深，意微而词显，风人之能事也。至于属对精警，使事严切，掌法变化，条理井然，杜浣花之后，不可多得。”赵翼《瓯北诗话》亦云：“元白尚坦易。”“坦易者，多触景生情，因事起意，眼前景，口头语，自能沁人心脾，耐人咀嚼。”就连康熙皇帝都说，元稹之文“机理淹畅，不事雕缋，唐文之又一格也。”判词是对老百姓说话，自应浅近才是。从张鷟到元白，从缛丽到通俗，正代表了判词发展的方向。

在唐代，诗人而能写判词者，不独元稹和白居易。我们所熟悉的“诗佛”王维，亦有判词行世。《集异记》说王维，“年未弱冠，文章得名。性闲音律，妙能琵琶。”除此之外，他还善画，南画一派奉其为鼻祖，名画《长江积雪图卷》，传说就是他的作品。但就是这样一个多才多艺的斜杠青年，要想科举及第，也须达官贵人举荐。明人传奇中有一出《郁轮袍》，说的就是岐王助力，为其打通公主关节的故事。按照岐王的设计，“妙年洁白，丰姿都美”的王维，假扮伶人到公主府上献奏新曲，一曲《郁轮袍》，“声调哀切，满座动容”，亦引得公主大奇。岐王不失时机地令王维出献怀中诗卷。

公主览读惊骇曰：“皆我素所诵习者，常谓古人佳作，乃子之为乎？”那结果，自然是挤掉别人，让王维作了解头，从而一举登第。

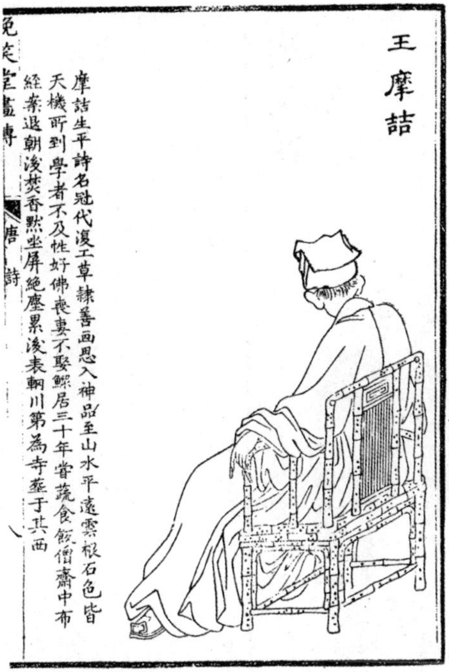

王维像

兴许是登第之路太过顺利，王维习判就不似白居易那般卖力，留下的判词不仅稀少，质量也是马马虎虎。《文苑英华》收有他的一道《宫门误不下键判》，我们看看也就得了。案情是：“安上门应闭，主者误不下键。”安上门是长安城南面三门之一，设有守门人，以掌晨昏启闭。按《唐律》，“若错符、错下键及不由钥而开者，杖一百；即应闭忘误不下键，应开毁管键而开者，徒一年。”本案就是守门人“误不下键”。王维判曰：

设险守国，金城九重；迎宾远方，朱门四辟。将以昼通阡陌，宵禁奸非。眷彼阍人，实司是职。当使秦王宫里，不失狐白之裘；汉后禁中，惟通赭马之迹。而乃不施金键，空下铁关，将谓尧人可封，固无狗盗之侣；王者无外，有轻鱼钥之心。过自慢生，陷兹诖误。而抱关为事，空欲望于侯嬴；或犯门有人，将何御于臧纥？固当无惑，必寘严科。

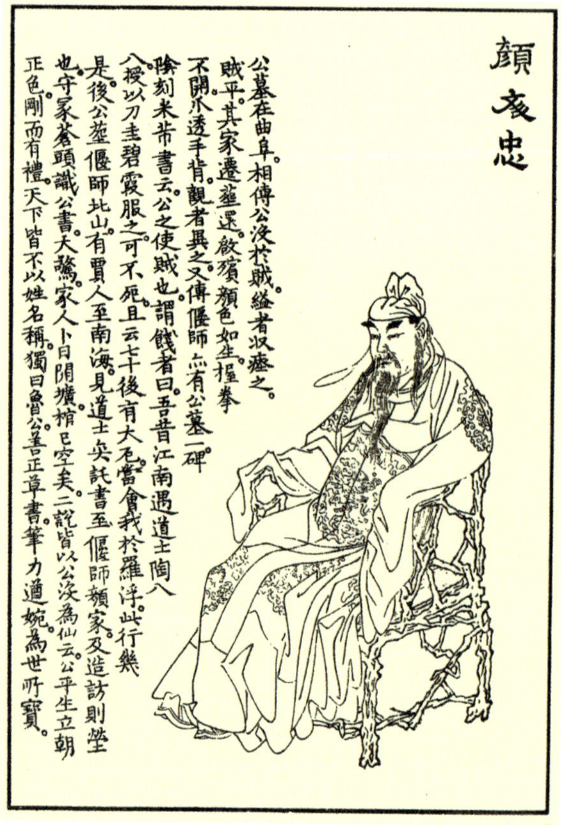

颜真卿像

从头到尾，空讲一通大道理而已。这也不能全怪王维敷衍，既是程式之文，判题本身又没有多少可以发挥的空间。而遍观《文苑英华》所收各家判词，率多类此。可以想象，针对真实案件的实判，应该鲜活许多，只可惜流传至今的实属凤毛麟角。据许同莘《公牍学史》讲，唐代见于史籍的实判，也不过一两道而已，其中唐末范摅《云溪友议》所载一道完整的实判，竟是出自颜真卿之手。作为大书法家，颜真卿的名头诸位应是耳熟能详。苏东坡曾云：“诗至于杜子美，文至于韩退之，画至于吴道子，书至于颜鲁公，而古今之变，天下之能事尽矣。”颜鲁公，也就是颜真卿。

颜真卿可不是一天到晚只会写字，他首先是一位官员，一位刚正不阿的政治家。兴元元年，他被派遣晓谕叛将李希烈，凛然拒贼，终被缢杀。身死之后，三军痛哭。那篇判词，则是作于临川（抚州旧称）刺史任上。案情大概是："邑有杨志坚者，嗜学而居贫，乡人未之知也。山妻厌其饘癯不足，索书求离，志坚以诗送之曰：'平生志业在琴诗，头上如今有二丝。渔父尚知谿谷暗，山妻不信出身迟。荆钗任意撩新鬓，明镜从他别画眉。今日便同行路客，相逢即是下山时。'其妻持诗诣州请公牒，以求别醮。"简单说就是，秀才杨志坚尽管学问不俗，但却怀才不遇，其妻不耐，要求改嫁。颜真卿判曰：

> 杨志坚素为儒学，遍览九经，篇咏之间，风骚可摭。愚妻睹其未遇，遂有离心。王欢之廪既虚，岂遵黄卷；朱叟之妻既去，宁见锦衣？恶辱乡闾，败伤风俗，若无褒贬，侥幸者多。阿王决二十后任改嫁，杨志坚秀才赠布绢各二十匹，禄米二十石，便署随军，仍令远近知悉。

判词虽短，颇可玩味。颜真卿虽然判决愚妻阿王改嫁，却以责其二十大板为条件；对于杨秀才，则又是赠以布帛米粮，又是安排随军工作。在法，尊重了妇女的婚姻自由；在理，褒贬分明，以儆侥幸；在情，彰显了对于离心背德之举的贬抑、对于笃学明经之志的褒奖。判决之外，颜真卿还特别强调，此判要"令远近知悉"，又说明，当时的法官对于发挥裁判文书的教化功能，已经达到非常自觉的程度。据称，此判一出，"江左十数年来，莫有敢弃其夫者。"

拾

敦煌《文明判集》残卷

值得说说的唐代判词，还有文明判与开元判。这两种判集都是残卷，上世纪初发现于敦煌莫高窟藏经洞，现藏于法国巴黎国立图书馆。为什么这些判词残卷流落到了巴黎？这就要从两个甲子之前那段屈辱而心碎的往事说起。

庚子（1900）孟夏的敦煌莫高窟，风沙蔽日，一片残破。来自湖北麻城的道士王圆箓云游至此，立下了为佛窟募化补修的志愿。据《大清宫大方丈道会司王师法真墓志》记载，6月22日那天，当他疏通千佛洞三层窟中流沙时，“沙出壁裂一孔，仿佛有光。破壁则有小洞，豁然开朗，内藏唐经万卷，古物多名。见者惊为奇观，闻者传为神物。”考古证据表明，此洞之封闭，当在1035年西夏侵占西陲前夕。因为洞中经卷画幅“均杂沓堆置”，“由是可见藏置时必畏外寇侵掠而仓皇出此”。战乱平定之后，逃难的和尚们不曾回来，于是这一洞的珍宝便封闭了将近千年。

发现藏经洞的消息很快报到官府，官员看到洞中

千佛洞洞窟

并无真金白银，便没了兴趣。当年的甘肃学台叶昌炽，倒是一位识货的行家。因为他有着非常深厚的金石书画和版本目录方面的造诣，所以他的《缘督庐日记》成为有关敦煌藏经洞的最早记录：

……敦煌僻在西荒，深山古刹，宜其尚有孑遗。闻此经出千佛洞石室中……

当年，他确曾建议藩台衙门将敦煌古物运至省垣保存，无奈难以筹得巨额运费，最终由甘肃省府下了一道就地封存的命令，并着王道士妥善保管。但是，零星外传的写经画像泄露了天机，一些西方探险家好似闻到了腥味儿，陆续前来探险。趁着清政府内忧外患、无暇顾及之机，一场明目张胆的掠夺在敦煌展开。

第一个到达藏经洞的西方探险家是英籍匈牙利人奥雷尔·斯坦因（Sir Aurel Stein）。他在英国和印度政府支持下，先后三次到中国新疆及河西地区进行考古挖掘，其间于1907年5月来到敦煌。他自称："有一大批古代写卷等待着去被发现的念头，像一块巨大的磁石一样吸引着我重返千佛洞。"王道士虽然恪尽职守，但也"无知而粗心"，最终没有架住斯坦因的欺骗利诱，被他掠走1万多卷经书写本、500多幅绘画、230多捆手稿。文物之巨，以至于不能用车辆载运。斯坦因后来写了一部《西域考古图记》，又在伦敦皇家地理学院作了一场报告，立刻震撼了整个欧洲学界。敦煌藏经洞从此名藻天下，形形色色的探险家亦纷至沓来。

紧随其后的是法国人保罗·伯希和（Paul Pelliot）。相比于斯坦因，伯希和更具冒险精神，他的传记作者菲利普·弗朗德兰说："伯希和不仅是学者、强盗，还是军人、政客、旅行家、赌徒、特务和殖民者。"而精通汉学以及粗通蒙古文和藏文，更成为他的天然优势，所以，他的收获丝毫不亚于捷足先登的斯坦因。

王道士像

伯希和在千佛洞

同样通过贿赂王道士，他带走了三千册汉文、印度文、藏文、吐火罗文、希伯来文写本和手卷，以及数量可观的木版画、彩幡、白画、彩绘、雕塑等。这些无价之宝分别藏于法国巴黎国立图书馆、集美博物馆和卢浮宫等地。《文明判集》与《开元判集》残卷，正是由此外流到了巴黎。

《文明判集》尚存完整判词十九道，在巴黎国立图书馆的编号为 Pel.chin.3813，Pel 就是 Pelliot（伯希和）的缩写。为什么称作文明判？刘俊文《敦煌吐鲁番唐代法制文书考释》称，此组判词写作上限为唐高宗永徽四年，下限为唐玄宗开元初年，又据其中“宋里仁判”有“方今文明御历”之语，遂断此组判词出自唐睿宗文明年间，因以《文明判集》名之。《开元判集》的编号为 Pel.chin.2593，尚存较完整判词三道。刘俊文考证，其中“月酬不与、朝详暮歌判”提到的“司录”，系开元元年才出现的官职名，据此“可知此卷所载判集当是开元元年以后之作。从残卷书风及判文内容、风格判断，亦当作于开元之时。”

胡适曾说：“伯希和是西洋治中国学者的泰斗，成绩最大，影响最广。”西人彼得·霍普科克更说：“伯希和不单是法国的第一流汉学家，而且也是所有西方的中国学专家的祖师爷。”此言真的不虚。在《伯希和西域探险日记》中，有一张烛光下蹲在藏经洞翻检经卷的照片，他就是以这样的姿态连续工作了三个星期，以每天一千卷的速度，把所有经卷都过目一遍。姜亮夫在《敦煌学概论》一书中说：“我对他很讨厌，又佩服他。”讨厌就不用说了，佩服的是什么呢？就是他的眼力。我从他挑选出来的这两组判词残卷，也深深地体会到了这一点。

比较而言，开元判篇目较少，质量也略逊于文明判。著名敦煌学家王重民《敦煌遗书总目索引》曾指出，此件所载判文体例类似《龙筋凤髓判》。但开元判也有独到之处，“双关判”就是一种独具特色的文体。所谓“双关判”，是指将两个毫不相关的案件揉入一个判词。“月酬不与、朝详暮歌判”就是如此，制判事实为：“奉判：得隰州刺史王乙妻育子，令坊正雇妳母，月酬一缣。经百日卒，不与缣。又，冯甲朝详暮歌，自云服毕仰事。”判词曰：

王乙门传钟鼎，地列子男。化偃百城，风高千里。妖妻舞雪，翠郁望山之眉；诞育仙娥，庆苻悬帚之兆。雇兹妳母，石席明言，酬给缣庸，脂膏乳哺。辍深恩于褓褓，未变庭兰；碎瓦砾于掌中，俄归蒿里。不酬妳母之值，诚是无知；既论孩子之亡，嗟乎抚育。司录论举，情状可知。足请酬还，勿令喧讼。

又，父母之丧，三年服制；孝子之志，万古增悲。朝详暮歌，是亵于礼。以哭止乐，斯慰所怀。诉词既款服终，言讼请依科断。

我们重点欣赏《文明判集》中的四道判词，以感受这些判词残卷的风采。第一道判词本无标题，姑称之为“孝妇梦合判”。前半以“奉判”开头引出制判事实，后半则是判词本文。

奉判：妇女阿刘，早失夫婿，心求守志，情愿事姑。夫亡数年，遂生一子，款与亡夫梦合，因即有娠。姑乃养以为孙，更无他虑。其兄将为耻辱，随即私适张衡。已付娉财，克时成纳。其妹确乎之志，贞固不移。兄遂以女代姑，赴时成礼。未知合为婚不？刘请为孝妇，其理如何？

阿刘夙钟深舋，早丧所天。夫亡愿毕旧姑，不移贞节。兄乃夺其永志，私适张衡。然刘固此一心，无心再醮。直置夫亡守志，松筠之契已深；复兹兄嫁不从，金石之情弥固。论情虽可嘉尚，语状颇欲生疑。孀居遂诞一男，在俗谁不致惑？款与亡夫梦合，梦合未可依凭。即执确有奸非，奸非又无的状。但其罪难滥，狱贵真情。必须妙尽根源，不可轻为与夺。欲求孝道，理恐难从。其兄识性庸愚，未闲礼法。妹适张衡为妇，衡乃克日成婚。参差以女代姑，因此便为伉俪。昔时兄党，今作妇翁；旧日妹夫，翻成女婿。颠倒昭穆，移易尊卑。据法法不可容，论情情实难恕。必是两和听政，据法自可无辜；若也妄冒成婚，科罪仍须政法。两家事状，未甚分明，宜更下推，待到量断。

这道判词，虽说仍属骈判范畴，但与张鷟《龙筋凤髓判》相比，全无藻饰堆垛，句句切中案情。与白居易《甲乙判》的古奥相比，也更直白易懂。给人印象最深的，是字里行间洋溢的那种亲和之情和仁厚之心。在本案，妇女阿刘“早失夫婿，心求守志，情愿事姑”。虽然“情可嘉尚”，但“夫亡数年，遂生一子”，却极不正常，“在俗谁不致惑”？尽管阿刘声称是“与亡夫梦合，因即有娠”，但法官却能感知，“语状颇欲生疑”。“款与亡夫梦合，梦合未可依凭。即执确有奸非，奸非又无的状。”这一对顶针句法，也充分道出了法官的心知肚明。可贵的是，法官以仁厚之心待人，决计不再深究。因为他坚信：“其罪难滥，狱贵真情。必须妙尽根源，不可轻为与夺。”

对于阿刘的哥哥，也是如此对待。其兄因此事感到耻辱，就将妹妹阿刘私自许配给了张衡，谁知阿刘“固此一心，无心再醮”，情急之下，其兄就将自己的女儿取代了姑姑，欲使其与张衡结为伉俪。这一荒唐举动自然受到法官批评：“识性庸愚，未闲礼法”，说得非常严肃；“昔时兄党，今作妇翁；旧日妹夫，翻成女婿”，话里又透着戏谑。总而言之，此等“颠倒昭穆，移易尊卑”的行为，必定是“据法法不可容，论情情实难恕”。然而，最终的裁判结果却并非简单从事，冰冷司法，而是据情处置——如果是“两和听政，据法自可无辜”；倘若是“妄冒成婚，科罪仍须政法”。鉴于“两家事状，未甚分明”，因此就作出一个中间判决。“宜更下推，待到量断”，也就是待事实查明，再据情定夺。

第二道判词是“井崩致死判”，制判事实为：“石崇殷富，原宪家贫。崇乃用钱百文，雇宪涛井。井崩压宪致死，崇乃不告官司，惧惶之间，遂弃宪尸于青门外。武候巡检，捉得崇送官司，请断。”判词曰：

> 原宪家涂窘迫，特异常伦，饮啄无数粒之资，栖息乏一枝之分。遂乃佣身取给，肆力求资。两自相贪，遂令涛井。面欣断当，心悦交关，入井求钱，明非抑谦。宪乃井崩被压，因而致殂。死状虽关崇言，命丧实堪伤痛。自可告诸邻里，请以官司，具彼雇由，申兹死状。岂得弃尸荒野，致犯汤罗？眷彼无情，理难逃责。遂使恂恂朽质，望坟垅而无依；眇眇孤魂，仰灵榇其何托。武候职当巡察，志在奉公。执崇虽复送官，仍恐未穷由绪。直云压死，死状谁明？空道弃尸，尸仍未检。检尸必无他损，推压复有根由。状实方可科辜，事疑无容断罪。宜勘问得实，待实量科。

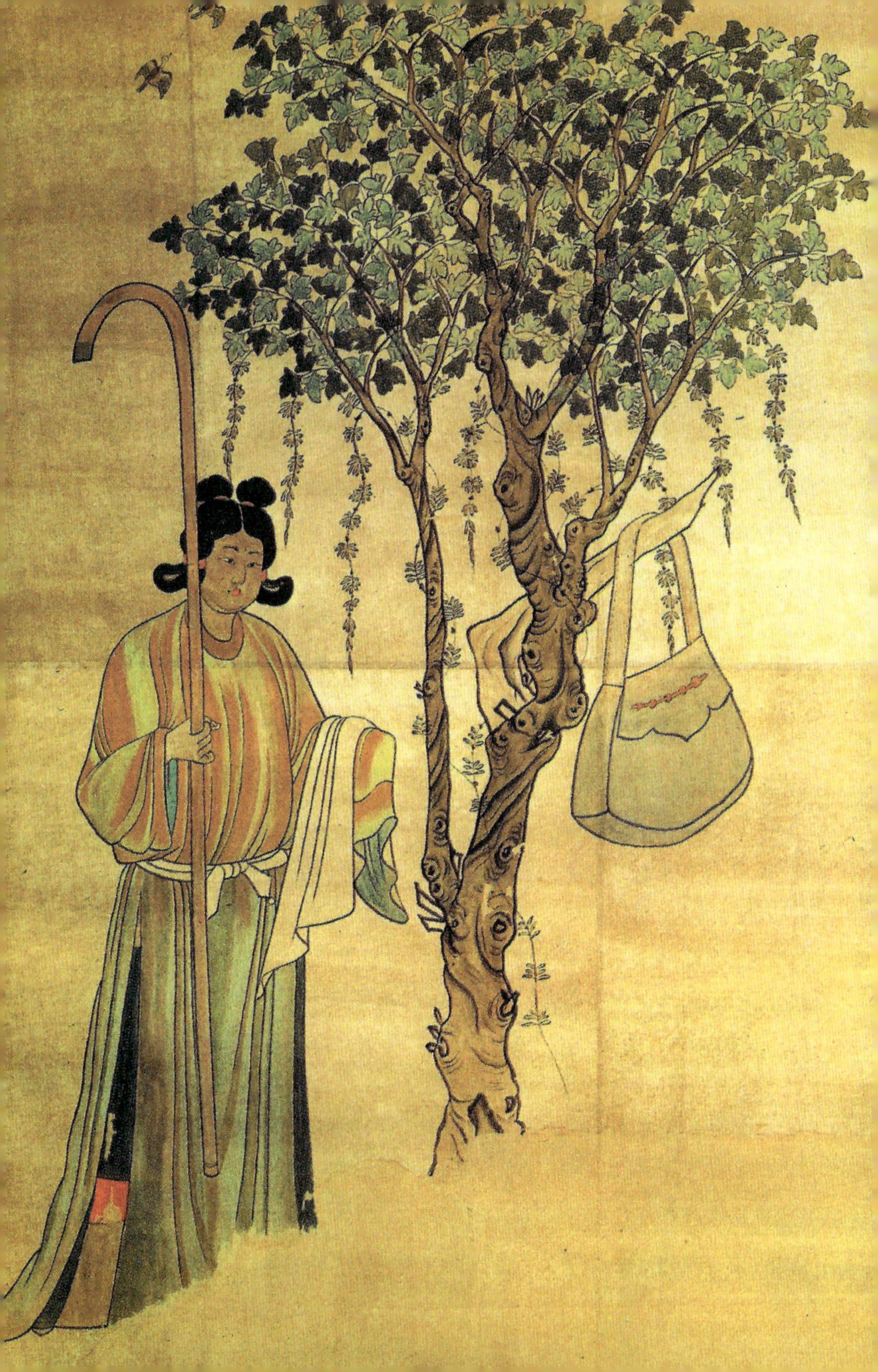

敦煌壁画《树下人物图》

这个案件，说的是家境殷富的石崇，雇佣家贫如洗的原宪为他掏井。不幸发生井崩，原宪被压致死。如果石崇及时告官，定能得到妥善处理，可是石崇惧惶之间竟将原宪弃尸于青门之外，正被巡检的武候捉个正着。法官所作的判词，依情依理，情理相融。先是以“饮啄无数粒之资，栖息乏一枝之分”、“恂恂朽质，望坟垅而无依；眇眇孤魂，仰灵榇其何托”这样颇具文学色彩的骈句，表达对于死者原宪的同情与哀矜；继而以“自可告诸邻里”，“岂可弃尸荒野”，直言石崇的行为实属“无情”，“理难逃责”。更可称道的，是“状实方可科辜，事疑无容断罪”的裁判理念，以及超强的证据意识。判词指出：虽然石崇供称是井崩致死，但也不能轻信他的一面之词。“直云压死，死状谁明？空道弃尸，尸仍未检”。因此，“宜勘问得实，待实量科”。只有“检尸必无他损”，所谓井崩导致的推压才会具有“根由”。

第三道判词是“黄门诞男判”，制判事实为：“黄门缪贤，先聘毛君女为妇，娶经三载，便诞一男。后五年，即逢恩赦。乃有西邻宋玉，追理其男，云与阿毛私通，遂生此子。依追毛问，乃承相许未奸。验儿酷似缪贤，论妇状似奸宋玉。未知儿合归谁族？”判词曰：

> 阿毛宦者之妻，久积摽梅之叹。春情易感，水情难留，眷彼芳华，能无怨旷？夜闻琴调，思托志于相如；朝望垝垣，遂留心与宋玉。因兹结念，夫复何疑？况玉住在西邻，连甍接栋，水火交贸，盖其是常；日久月深，自堪稠密。贤乃家风浅薄，本阙防闲，恣彼往来，素无闺禁。玉有悦毛之志，毛怀许玉之心。彼此既自相贪，偶合谁其限约？所叹虽言未合，当是惧此风声。妇人唯恶奸名，公府岂疑披露？未奸之语，

实此之由。相许之言，足堪明白。

贤既身为宦者，理绝阴阳。妻诞一男，明非己胤。设令酷似，似亦何妨？今若相似者例许为儿，不似者即同行路，便恐家家有父，人人是男。诉父竞儿，此喧何已？

宋玉承奸是实，毛亦奸状分明，奸罪并从赦原，生子理须归父。儿还宋玉，妇付缪贤。毛宋往来，即宜断绝。

在这个案件中，宦官缪贤的妻子阿毛与西邻宋玉私通，生下一个儿子。宋玉起诉，欲追回其子。法官不仅赦免了两人的奸罪，还将儿子判给了宋玉，只不过同时判令毛宋从此断绝往来，阿毛仍旧做缪贤的妻子。裁判结果极富人情味儿，裁判文书的主体也重在说理，细腻地解释何以做出这样一个判决的种种考虑，其中不乏从人情事理出发做出的各种推断。例如：“春情易感，水情难留，眷彼芳华，能无怨旷？”是对宦者之妻所处境况的同情；“虽言未合，当是惧此风声。妇人唯恶奸名，公府岂疑披露？”是对阿毛何以有“未奸之语”的合理解释；“身为宦者，理绝阴阳。妻诞一男，明非己胤。”是对儿子归属进行裁断的科学依据。研究者认为：“此案看重人性、人情，推理缜密，实事求是，又遇‘恩赦’，不抵触法律，是中国古代情、理、法高层次平衡的又一范例。”

《文明判集》各判，不仅法律味儿十足，写作手法亦很讲究，具有极高文学价值。给我印象最深的，是“取桡致殂判”。制判事实为：“奉判：郭泰、李膺，同船共济，但遭风浪，遂被覆舟。共得一桡，且浮且竞。膺为力弱，泰乃力强，推膺取桡，遂蒙至岸。膺失桡势，因而致殂。其妻阿宋，喧讼公庭，云其夫亡，乃由郭泰。泰供推膺取桡是实。”判词曰：

郭泰、李膺，同为利涉，杨帆鼓枻，庶免倾危。岂谓巨浪惊天，奔涛浴日。遂乃遇斯舟覆，共被漂沦。同得一桡，俱望济己。且孚且竞，皆为性命之忧；一弱一强，俄致死生之隔。阿宋夫妻义重，伉俪情深。悴彼沉魂，仰同穴而无期。遂乃喧诉公庭，心仇郭泰。

披寻状迹，清浊自分。狱贵平反，无容滥罚。且膺死元由落水，落水本为覆舟。覆舟自是天灾，溺死岂伊人之咎。各有竞桡之意，俱无相让之心。推膺苟在取桡，被溺不因推死。俱缘身命，咸是不轻。辄欲科辜，恐伤猛浪。宋无反坐，泰亦无辜。并各下知，勿令喧扰。

这道判词，可谓有画面、有温度、有是非。所谓有画面，是充分运用文学描写的手法，尽力还原覆舟事故现场，举凡“巨浪惊天，奔涛浴日”、“遇斯舟覆，共被漂沦”、“同得一桡，俱望济己”，都使人产生身临其境之感。这样写也不是无谓渲染，而是为了“披寻状迹，清浊自分”。所谓有温度，既是对生命的敬重：“俱缘身命，咸是不轻”；亦是对生者的抚慰：“阿宋夫妻义重，伉俪情深。悴彼沉魂，仰同穴而无期”。无疑能使裁判的接受度大大提升。但是，有温度并不代表无是非，“膺死元由落水，落水本为覆舟。覆舟自是天灾，溺死岂伊人之咎。各有竞桡之意，俱无相让之心。推膺苟在取桡，被溺不因推死”。一连串的顶针句，步步逼近根由。死者为大，但也不能“辄欲科辜”，否则就会“恐

斯坦因像

伤猛浪”。“宋无反坐，泰亦无辜”，这样的判决结果，不仅是非分明，也充分照顾了双方的情感。

1935 年 6 月 9 日，南京国民政府委员邵元冲偕秘书高良佐来到敦煌，在看过王圆箓墓塔和那篇《王法真墓志》之后，高良佐写下这样的文字：

> 其受贿及与外人秘结事，竟秘而不书。苟发其尸而鞭之三百，犹不足惩其盗卖国宝之辜于万一也。

王圆箓固然罪不容诛，但斯坦因、伯希和能够轻而易举掠走那么多无价之宝，与官府的不作为也有直接关系，同时也“得益”于国民的麻木与无知，因为，“任何人都不怀疑，这些故纸堆不会有什么价值。”赏读《文明判集》，我们会一则耻辱，二则惋惜，三则深思。经典需要创造，更需要传承与珍惜。

拾壹

乱七八糟的五代

原本没打算写五代，但不写总觉着缺了一段，所以在唐和宋之间勉强凑成一篇。

顾颉刚《中国史学入门》说到五代，寥寥数笔，精炼传神：

> 唐时，开发疆土极大。到五代就不行了。后梁、后唐、后晋、后汉、后周，是为五代。汉人朱温篡唐，建立了后梁；沙陀人李存勖灭梁，建立了后唐；沙陀人石敬瑭借着契丹人之助，推翻后唐，建立了后晋；沙陀人刘知远乘契丹灭了后晋，建立了后汉；汉人郭威推翻后汉，建立了后周。五代前后不过五十三年。
>
> 说起来，五代时期倒也没有什么破坏。只是乱七八糟。此时，文化有一点进步！把古书刻在木板上，印出来。有个人叫冯道，他是三朝元老，办了这件好事。

说到冯道，想起有着“日本中国历史题材第一人”之称的陈舜臣的一句话：“能代表（五代）这半个世纪的人物，不是哪个朝代的皇帝，而是一个叫冯道的宰相。”“他在五个王朝里都担任宰相，大概可称得上是世界纪录的保持者。”冯道死后，迎来了宋学时代，对节气的讲究变得登峰造极，所以欧阳修在《新五代史》中给予他最严厉的批评：“其可谓无廉耻者矣。”

但李卓吾也曾引《孟子》“社稷为重，君为轻”之说为冯道辩护。日本著名历史学家内藤湖南对于冯道其人，也说过这样的话：“从不知廉耻来说，他是个没有一点价值的人，但从在乱世中保护中国文化这方面来说，还有些功劳。由于冯道的努力，后唐时期，‘经书’木刻版问世。”冯道刻书之事，见于《旧五代史·周书·冯道传》：

> 以诸经舛缪，（道）与同列李愚委学官田敏等取西京郑覃所刊石经，雕为印版，流布天下，后世赖之。

近人许同莘《公牍学史》对“经书有雕版，始于冯道”的历史意义评价很高，认为“此举开北宋右文之治，其功不可没也”。日本历史学家小岛毅在《中国思想与宗教的奔流：宋朝》一书中所说的一句话，更是站在了人类历史文化的高度：“印刷物的普及，把人类自古以来的智慧播及街头巷尾。不仅新发现、新发明，包括唐宋变革本身，也与文化的普及密不可分。”即以法制进程而言，《宋刑统》之成为中国第一部镂版印刷的成文法典，自与唐末五代之印刷技术的革新息息相关。

钱穆曾讲：“五代是中国历史上最黑暗的时期。”许同莘也谓：“五代之事，无足言者。”但许同莘的《公牍学史》一书，却也没有略过五代，尤为可贵的是，还为我们钩沉了一道五代时的判词，

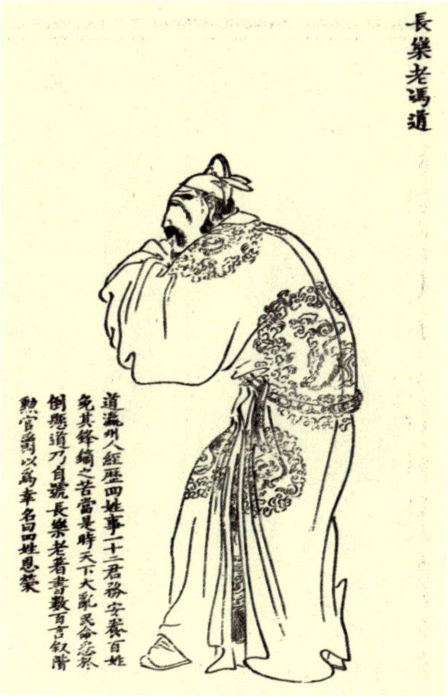

冯道像

殊有遗珠之美。这篇后唐时期的“张希崇郭氏义子与亲子争财判”收录于《全唐文》，其辞云：

> 父在已离，母死不在，止称假子。孤二十年抚养之恩，傥曰亲儿，犯三千条悖逆之罪，颇为伤害名教，安敢理认田园。其生涯并付亲子，所讼人与朋奸者。委法官以律定刑。

许同莘对这道判词评价并不甚高，并由此认为：“五代时期判辞之式与唐人同。”“据此则迄于五季，此体未变，积重难返，盖至是而极矣。”此论不无低估之嫌。就文体风格而言，此判与唐代骈判大异其趣，一洗浮华，返璞归真，颇有几分董仲舒春秋决狱的神韵，而这实开宋代中叶以后判词风格之先声。再者，此判虽然仍以

摆书图

名教为重，但并没有直接引经决狱，相反，却是“委法官以律定刑”。这也说明，即使是在“城头变幻大王旗”的兵荒马乱的五代，法制也没有停摆。徐道隣曾谓：

> 唐朝末年，司法的制度虽然中衰，但是无害于“律疏”本身的完美，它确实是称得起“捐彼凝脂，敦兹简要，网罗训诰，研核丘坟，实三典之隐括，信百代之准绳”。无怪乎唐亡之后，天下五易其主，而一代一代的差不多都是捧着唐律作为他们的法典。

即使是“譬如朝露”，忽焉而亡，五代时人也没有满足于只去吃前人的老本。例如周世宗，“在位六年，考制度，修通礼，定正乐，议刑统，其制作皆可施于后世”。所谓的“议刑统”，是指世宗显德五年编集而成的《大周刑统》。该刑统是把“律”和有关的“格敕”及“令”和“式”的一种混合编纂，史家谓：“实在是一种非常科学的编纂方法”。“这个办法，不但是后来宋朝以‘唐律’、‘刑统’并用的先河，也间接地开启了明清两代把‘律’和‘例’混合编纂的办法。”

随着陈桥兵变，黄袍加身，周世宗的重臣赵匡胤结束了五代十国的分裂局面，建立了统一的赵宋王朝。无论是中国大历史，还是判词发展史，都将迎来一个空前的变革。

拾贰

从《疑狱集》到《棠阴比事》

五代虽短，但也有划时代的法律著作问世，这就是《疑狱集》。说它划时代，是因为它应当是现存最早的一部案例汇编。通过美国学者卜德和克拉伦斯·莫里斯在《中华帝国的法律》一书中所说的一段话，也可看出《疑狱集》是何等珍稀：

> 在（中国）这样一个注重编辑文字资料的泱泱大国，倘若法学家们不曾致力于司法案例的编纂工作，那会是一件奇怪的事情。然而事实上，历史上这类案例编纂相当缺乏，这真令人惊讶。最早的案例汇编可能是著名儒家学者董仲舒所编的《春秋决狱》。该书编成之时，正值中华帝国的初创阶段。很可惜，《春秋决狱》一书已失传。

其实，秦汉之际的案例汇编并不少，绝不仅只一部《春秋决狱》。据《汉书·刑法志》记载，自汉初

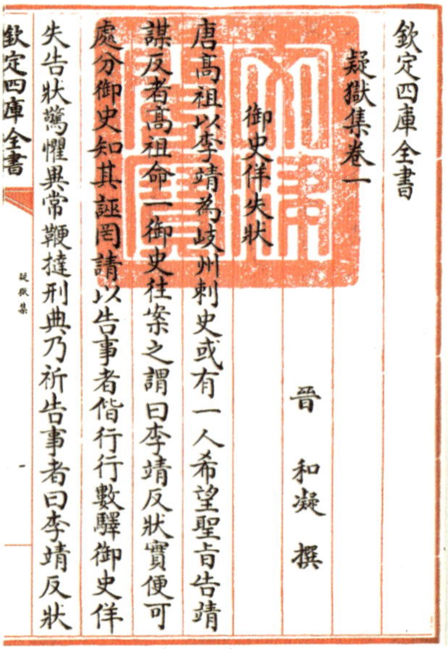
欽定四庫全書

疑獄集卷一

晉 和凝 撰

御史佯失狀

唐高祖以李靖為岐州刺史或有一人希望聖旨告靖謀反者高祖命一御史往案之謂曰李靖反狀實便可處分御史知其誣罔請以告事者偕行數驛御史佯失告狀驚懼異常鞭撻刑典乃祈告事者曰李靖反狀

欽定四庫全書 疑獄集 一

四库全书版《疑狱集》书影

至汉武帝的六十余年间，仅官方整理的涉及死罪的判例就多达一万三千四百七十二事。东汉时甚至还有法官专门从事判例编纂工作，除了我们此前说过的陈宠撰《辞讼比》，东汉末年还有另外一位判例编撰大家应劭。《后汉书·应劭传》云：应劭“辄撰具《律本章句》、《尚书旧事》、《廷尉板令》、《决事比例》、《司徒都目》、《五曹诏书》及《春秋断狱》凡二百五十篇。蠲去复重，为之节文。又集駮议三十篇，以类相从，凡八十二事。”专家称，文中所说《尚书旧事》、《决事比例》、《司徒都目》等，皆为判例集。只可惜，这些形形色色的判例集几乎片甲未留。

二十世纪以后，特别是二十世纪七八十年代以来，大批秦汉简牍被发掘与研究，大大丰富了古代法制的第一手资料，其中张家山汉简《奏谳书》就被认为是一部判例集，它包括春秋案例二则，秦始皇前后案例三则，西汉初叶案例十七则。这些案例基本都属于疑难案件，分别解决了适用成文法时存在的诸多问题。例如下面一则案例便是廷尉认可了以判例作为依据的判决：

> 十年七月辛卯朔癸巳，胡状、丞熹敢谳之。劾曰：临淄狱史阑令女子南冠缟冠，佯病卧车中，袭大夫虞传，以阑出关。●今阑曰：南齐国族田氏，徙处长安，阑送行，娶为妻，

与偕归临淄，未出关得，它如刻。●南言如刻及阑。●诘阑，阑非当得娶南为妻也，而娶以为妻，与偕归临淄，是关来诱其奸，南亡之诸侯，阑匿之也，何解？阑曰：来送南而娶为妻，非来诱也。吏以为奸及匿南，罪，毋解。●诘阑：律所以禁从诸侯来诱者，令它国毋得娶它国人也。阑虽不故来，而实诱汉民之齐国，即从诸侯来诱也，何解？阑曰：罪，毋解。●问，如辞。●鞫：阑送南，娶以为妻，与偕归临淄，未出关，得，审。疑阑罪，系，它县论，敢谳之。●人婢清助赵邯郸城，已即亡，从兄赵地，以亡之诸侯论。今阑来送徙者，即诱南。●吏议：阑与清同类，当以从诸侯来诱论。●或曰：当以奸及匿黥舂罪论。

十年八月庚申朔癸亥，太仆不害行廷尉事，谓胡啬夫谳狱史阑，谳固有审，廷以闻，阑当黥为城旦，它如律令。

《奏谳书》以及其他一些竹简的出现，用确凿的实物文献将判例法的应用年代大大前提，固然令人非常兴奋，但这丝毫也不减损《疑狱集》的价值。因为那些竹简毕竟在地下尘封了许久，《疑狱集》却实实在在产生了很大影响。这要感谢它那不凡的作者和凝。关于和凝的身世，《旧唐书》本传记述甚详，其云：“和凝，字成绩，汶阳须昌人也。”“幼而聪敏，姿状秀拔，神采射人。少好学，书一览者成达其大义。年十七举明经，十九登进士第。”和凝不仅有学问，为人亦行侠仗义，《旧唐书》就讲述了这样一则故事：

滑帅贺瑰知其名，辟至幕下。凝善射，时瑰与唐庄宗相拒于河上，战胡柳陂，瑰军败北，惟凝随之，瑰顾曰：“子勿相随，当自努力。”凝对曰：“丈夫受人知，有难不报，

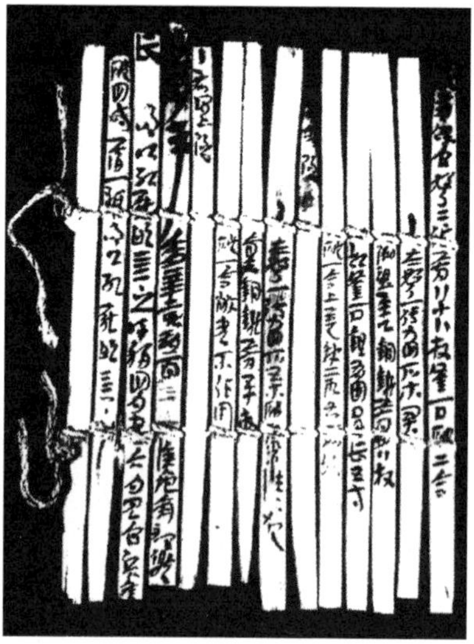

汉简

非素志也，但恨未有死所。”旋有一骑士来逐瑰，凝叱之，不止，遂引弓以射，应弦而毙，瑰获免。既而谓诸子曰：“昨非和公，无以至此。和公文武全才而有志气，后必享重位，尔宜谨事之。”遂以女妻之，由是声望日隆。

和凝日后果真得享重位，《四库全书总目提要》云：“初为梁义成军节度从事，唐天成中官翰林学士。唐亡入晋，官至左仆射。晋亡入汉，拜太子太傅，封鲁国公。汉亡入周，至显德二年乃卒。”和凝撰述《疑狱集》的具体情况本传并未提及，还是到了宋初，其子和㠓将父亲的旧作进行续补时，才在序言中对“父作子述”的过程做了详细说明：

《易》曰：“先王以明罚敕法。”“君子以折狱致刑。”《书》曰：“钦哉，钦哉，惟刑之恤哉！”“两造具备，师听五辞。”是知古之圣贤，慎兹狱讼。念一成而不变，审五听以求情。悉其聪明，致其忠爱。俾无枉滥，以召和平。在上者既能尽心，居下者得以措手。其来尚矣，可略言焉。先相国鲁公，尝采自古以来有争讼难究、精察得情者，著《疑狱集》二卷，留于箧笥。小子㠓，得遗编而讽读，志先训之丁宁，盖将以用悟后人，流传永世。足使愚夫增智，听讼而不敢因循；酷吏敛威，决狱而皆思平允。助国家之政理，为卿士之指南。

仁人之言，其利甚溥。况当盛世，讵可忽旃。𡵓伏自天阙策名，宦途结绶，三任亲民于剧邑，二年作吏于秋曹。每穷斗讼之源，益慕精详之理。因敢讨寻载籍，附续家编。期满百条，勒成四轴。上二卷先相国编纂，下二卷小子𡵓附续。父作子述，诚有愧于下才；刑清狱平，冀少裨于大化。

由和𡵓上述序文可以看出，其所以编纂《疑狱集》，用意就是发挥判例的指导作用，所谓"用悟后人"，"为卿士之指南"。《四库全书总目提要》亦深刻地认识到这一点，其云：

所记皆平反冤滥、抉摘奸慝之事，俾司宪者触类旁通，以资启发。虽人情万变，不可限以成法，而推寻故迹，举一反三，师其意而通之，于治狱亦不无裨益也。

所以说，注重判例的指导作用，亦是中华法制由来已久的传统。在此方面，和氏父子堪称先驱，功莫大焉。就如杜震所说的那样："乱离之际，乃能以疑狱存心，集为之编。其子和𡵓又能成父子之志，终其书以昭后世，固未易得。治狱者苟能家得是书，则疑贰难明之狱尽在目中矣。"

《疑狱集》各篇，率皆短小精悍，其中不少属于侦查破案、司法鉴定方面的经典案例，《张举烧猪》就是个中名篇：

张举，吴人也，为句章令。有妻杀夫，因放火烧舍，乃诈称火烧夫死。夫家疑之，诣官诉妻，妻拒而不承。举乃取猪二口，一杀之，一活之，乃积薪烧之，察杀者口中无灰，活者口中有灰。因验夫口中，果无灰，以此鞫之，妻乃伏罪。

更多的则是以例说明如何原情定罪，准确适用法律。《承天情断》就是一个“意论轻重之序，慎测浅深之量，以别之”的典范。有意思的是，这个案件本身就是运用了先例裁判的方法：

宋何承天为行军参军时，鄢陵县吏孙满射鸟，误中直帅，虽不伤，处弃市。承天议曰：“狱贵情断，疑则从轻。昔有惊汉文帝乘舆马者，张释之以犯跸罪罚金。何者？明其无心于惊马也。故不以乘舆之重，加以异制。今满意在射鸟，非有心于中人也。按律过误伤人，三岁刑，况不伤乎？”

《疑狱集》影响深远，以之为蓝本增广演绎者不乏其人。南宋郑克所撰《折狱龟鉴》就是其中较为知名者。郑克之里贯仕履，朱绪曾考之甚详，其于《开有益斋读书志》卷四《棠阴比事跋》中曾谓：

客又问撰《折狱龟鉴》之郑克，余应之曰：“元刘埙《隐居通议》云：‘高宗绍兴三年，降旨恤刑，戒饬中外，俾务哀矜。时有承直郎郑克明，为湖南提刑司干官，因阅和凝《疑狱集》，易旧名曰《折狱龟鉴》。’刘起潜称为郑克明，知克字克明。吕成公《方元恪墓志》：‘女孙婿迪功郎、建康府上元县尉郑克。’是曾由县尉而为干官。其本贯开封人，南渡因徙家焉。”客喜而退，爰缀于简末。

关于《折狱龟鉴》之与《疑狱集》的渊源关系，《四库全书总目提要》云：

《折狱龟鉴》八卷，宋郑克撰。是书《宋志》作二十卷。晁公武《读书志》、陈振孙《直录解题》俱题作《决狱龟鉴》，盖一书而异名者也。大旨以五代和凝《疑狱集》及其子㠓所续均未详尽，因采摭旧文，补苴其阙，分二十门。……所辑故实，务求广博，多有出于正史之外者……究悉物情，用以广见闻而资触发，较和氏父子之书，特为赅备。

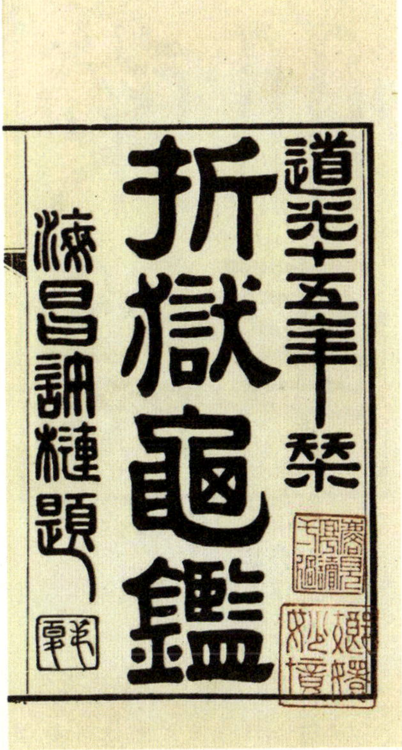

道光十五年刊《折狱龟鉴》书影

比之《疑狱集》，《折狱龟鉴》不仅条数更多，体例亦更整备，《四库全书总目提要》援引晁公武的话说："其依刘向《晏子春秋》，举其纲要为之目录，体例井然，亦可谓有条不紊者矣。"更具新意的是，郑克在每一案例之后都附上一段按语，就像是"裁判要旨"的提炼，寥寥数笔，常能点出要害之处，"如龟决疑，如鉴烛物"。我们且以开卷第一篇《孙登比丸》为例。孙登是三国时吴国大帝孙权长子，立为太子后，未及即位而卒。《孙登比丸》记录的就是与他有关的折狱故事：

吴太子孙登，尝乘马出，有弹圆过。左右求之，适见一人，操弹佩圆，咸以为是。辞对不服，从者欲捶之，登不听。使求过圆，比之非类，乃见释。

清代朱绪曾刻本《棠阴比事》

郑克所作的按语是：“人之负冤，多因疑似。听者不能审谨，忿然作威，遂至枉滥。此事虽小，可以喻大，故首著焉。”

再看一篇《胡向科杖》。案情是：“胡向少卿，初为袁州司理参军。有人窃食，而主者击杀之，郡论以死。向争之曰：‘法当杖。’郡将不听。至请于朝，乃如向议。”郑克所作按语为：

此以名分言之，则被击者窃食之盗也，击之者典食之主也；以情理言之，则与凡人相殴击异矣。登时击杀，罪不至死也。然须击者本无杀意，邂逅致死，乃坐杖罪。或用刃，或绝时，或残毁，则是意在于杀，法所不许也。又当原其情理，岂可一概科断？尽心君子亦宜察焉。

这类情事我们今天常常遇见，裁判结果却常常不尽如人意。为什么？就是因为我们在断案时少了郑克所说的这几个面向的考量，或只执其一，或顾此失彼，就难以做到平允。此外要说的是，将“名分”列于首位，是郑克一贯的做法，“名分”是“大者”，是前提，不将名分搞清楚，专在细枝末节上做文章，虽然条条款款都看似合法，但从根本上就错了。此类案例可以说说《陈奉古咎法》，案情如下：

陈奉古主客通判贝州时，有卒执盗者，其母欲前取盗，卒拒不与，仆之地，明日死。以卒属吏，论为弃市。奉古议曰：“主盗有亡失法。今人取之，法当得捍。捍而死，乃以斗论，是守者不得主盗也。残一不辜，而剽夺生事，法非是。”因以闻。报至，杖卒。人称服之。

郑克就此案写了很长的按语，详细解说此间的法理：“古之议罪者，先正名分，次原情理。彼欲前取者，被执之盗也。母虽亲，不得辄取也。此拒不与者，执盗之主也。卒虽弱，不得辄与也。前取之情在于夺，不与之情在于捍。夺而捍焉，其状似斗，而实非斗。若以斗论，是不正名分，不原情理也。”末了郑克还说：“奉古谓‘法非是’，不曰‘法当得捍’，夫奈何归咎于法？盖用法者缪耳。”确实如此，世间的许多冤错案件，并非因了法有问题，根源还在于用法者出了问题，“深文峻法，务为苛刻者，皆委曲生意而然也。”所以，无论是“正名分”，还是“原情理”，最基础的工作还是要明乎法意。《殷仲堪原情》就提供了一个“用法忠恕”的范例。案情是这样的：

晋殷仲堪，为荆州刺史。有桂阳人黄钦生，二亲久没，诈服衰麻，言迎父丧。府曹依律弃市。仲堪曰：“原此法意，当以二亲生存而横言死没，情

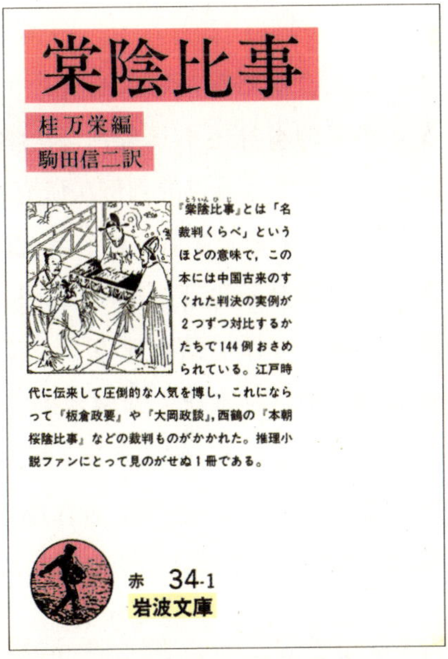

岩波文库版《棠阴比事》

理悖逆，所不忍言。故同于殴詈之科，正以大辟之刑。钦生徒有诞妄之过耳。”遂活之。

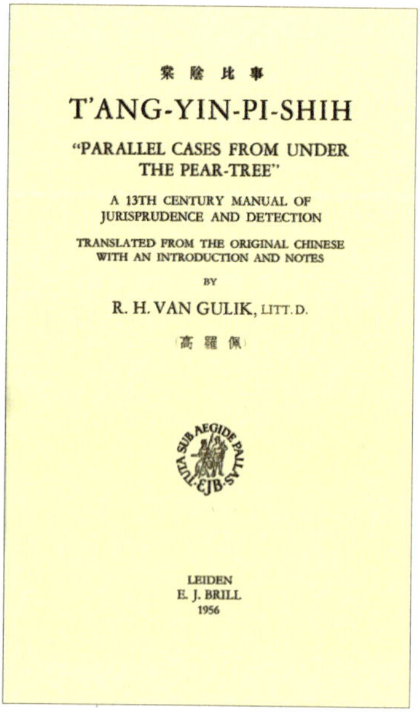
棠陰比事

T'ANG-YIN-PI-SHIH

"PARALLEL CASES FROM UNDER THE PEAR-TREE"

A 13TH CENTURY MANUAL OF JURISPRUDENCE AND DETECTION

TRANSLATED FROM THE ORIGINAL CHINESE WITH AN INTRODUCTION AND NOTES

BY

R. H. VAN GULIK, LITT. D.

(高羅佩)

TUTA SUB AEGIDE PALLAS · EJB ·

LEIDEN

E. J. BRILL

1956

高罗佩译英文版《棠阴比事》

郑克的按语云：“昔人称郭躬‘推己以议物，舍状以探情’。夫推己以议物者，恕也；舍状以探情者，忠也。仲堪亦庶几焉。苟非用法忠恕，钦生弃市决矣。此皆俗吏所不能者也。”所谓“舍状以探情”，就是“由表及理”，透过现象看本质，这是用法忠恕的基本要求。而“俗吏”之所以为“俗”，就在于目光短浅，只看到表面那些东西。郑克的按语就是如此言简意深，启人心智。正如法史学家何勤华所言：“如果说这些案例本身还不具备判例法学的性质的话，那么，郑克的按语部分，则是地地道道的判例法研究理论成果或判例法学的表述。”

《折狱龟鉴》之后，尚有清代胡文柄《折狱龟鉴补》，这个我会在《判词经典》的第二部专门介绍，这里要说的却是宋代的另一部演绎之作，唤作《棠阴比事》。说到“比事”，你可能马上会联想到董仲舒的“决事比”，两者确实是有渊源在内的。清代道光年间朱绪曾为重刊宋本《棠阴比事》写的序言开头便说：“比事属辞，《春秋》之教。汉人以经决狱，董江都著《决事比》，《崇文总目》载之。宋四明桂梦协《棠阴比事》盖取此义。”那“棠阴”又是什么意思呢？这就要说到《诗经》的《甘棠》。《甘棠》一诗，收入在《诗经·国风·召南》，其云：

高侪鹤绘《甘棠图》

蔽芾甘棠，勿翦勿伐，召伯所茇。
蔽芾甘棠，勿翦勿败，召伯所憩。
蔽芾甘棠，勿翦勿拜，召伯所说。

诗中所说的“召伯”，是指召伯奭，又作召公奭，系周文王之庶子，周武王之弟。姬姓，名奭，因食采于召，是称召公。因与周公旦分陕而治，为当时之二伯，故又称召伯。召公有德政，《史记·燕召公世家》云：

召公之治西方，甚得兆民和。召公巡行乡邑，有棠树，决狱政事其下，自侯伯至庶人各得其所，无失职者。召公卒，而民人思公之政，怀棠树不敢伐，歌咏之，作《甘棠》诗。

如此说来，召公还是巡回审判的鼻祖呢。而他在巡回地开庭的场所，便是甘棠树下。正是因了这首《甘棠》诗，后世便将“棠阴”喻作决狱断案之地。《棠阴比事》的作者桂万荣，自己也是有棠阴之下决狱断案经历的。他是南宋时慈溪人，字梦协，庆元二年进士。《慈溪县志》有他的传记，其中三事给人印象最深。一是，“授余干尉。邑多豪右，一以纪律绳之。驭小民以慈爱，子弟获训迪者，耻为不善。秩满，民为乞留。”二是，通判平江，“时守朱在政尚严刻，以盐课拘系甚众。万荣具书告，在不从。乃挟行床，与所拘人同寝。在愧，即委纵遣焉。”三是，“进直秘阁，迁尚书右郎。屡疏乞老，奉祠崇禧。筑室东山之麓，号‘石坡书院’，读书其中。……年九十卒。”

桂万荣亦曾自述《棠阴比事》与《疑狱集》、《折狱龟鉴》的传承关系：“遂于暇日，取和鲁公父子《疑狱集》，参以开封郑公《折狱龟鉴》，比事属辞，联成七十二韵，号曰‘棠阴比事’。”此语也道出《棠阴比事》在文体上“所以有异于和、郑之书也”，那就是比事属辞，联韵而成。所谓“比事”“联韵”，就是将两道相类或相反的案例放在一起，联成一韵。“使事必相比，易于触类引伸”。试举其中“杜镐毁像 次翁戮男”，以为例示：

黄霸像

杜镐侍郎之兄仕江南为法官。尝有子毁父画像，为近亲所讼者。疑其法，未能决。镐幼，辄曰：“僧、道之毁天尊佛像，可以比也。”兄甚奇之，遂用此为断。

黄霸，字次翁，汉宣帝时为相。燕、代之间，有三男共娶一女，因生一子。及欲分离，各争其子，遂讼于台，请霸断之。霸曰：“非同人类，当以禽兽处之。”遂戮三男，其子还母。

按：荀子云：“有法者以法行，无法者以类举。”若夫黄霸戮三男，王尊杀假子，盖举其事之类耳。法不禁禽兽聚麀，然人杀禽兽无罪，则戮之可也。

首段“杜镐毁像”是一事，次段“次翁戮男”是另一事，将两事放在一条，就是所谓“比事”。“事必相比”，是为了“触类引伸”，

高罗佩像

也就是我们今天所说的类比。巧的是，在“杜镐毁像”案中，就运用了类比。既然毁父母画像法无明文，则以“僧道之毁天尊佛像”类比。至于黄霸辄戮三男，于今看来，确实霸气了一些，但其适用法律的方法却有值得玩味之处。除了类比，还有“大处着眼”的意思在内。倘若只是着眼于辨子认父，甚至搞起亲子鉴定之类的勾当，那就是“小处着眼”了。小节看似合法，大节终是不合法，此俗吏所为也。

《棠阴比事》当年还得到理宗皇帝垂览，“天语褒嘉，书遂盛行于世”。桂万荣对此有“识”记之：

> 端明改元七月乙卯，万荣以尚右郎蒙恩陛对，首奏守一心之正，以谨治原；次奏惩群吏之贪，以固邦本。天威咫尺，荐赐褒嘉。既而玉音巽发，谓：“朕尝见卿所编《棠阴比事》，知卿听讼决能审克。”万荣即恭奏：“臣昨调建康司理右掾，待次日久，因编此以资闻见。岂料天侈其逢，误关乙览，容臣下殿躬谢。”既出禁门，便有力求此本者。

明清之间，《棠阴比事》多有刊布，惟明代吴讷有画蛇添足之举，盖“病其声韵对偶，以为序次无义，删去其相类复出者，仅存八十条，别以刑狱轻重为先后”。幸有大藏书家黄丕烈于嘉庆戊辰秋日“出番饼十四枚”购得传是楼所藏宋刻本，“俾见庐山真面目”。道光年间，金陵朱绪曾又以此本影刻重刊。朱氏《重刊宋本〈棠阴比事〉序》中对于三书之异同的比较可谓知论：

> 和氏之《疑狱》，掎摭故实，乃法家之成案；郑氏之《龟鉴》，辩论精审，乃成案之谳语；桂氏之《比事》，依类连贯，乃成案、谳语之比例。三书不可缺一，皆仁人君子之用心也。

《棠阴比事》不仅一直是宋元明清历代司法官的枕边书，也在日本、韩国产生很大影响。一九五六年，荷兰汉学家高罗佩还将其译成英文出版，并把它誉为中国旧式案例书的典范之作。在英文版卷首的长篇解说中，高罗佩还特意提到《棠阴比事》的文学价值，认为它不仅本身具有一种高雅的古风，也成为明代以后公案小说取之不尽的案例来源。其实，高罗佩自己的“大唐狄公案”小说系列，也颇为得益于《棠阴比事》。他在《狄仁杰奇案》自序中这样说：

> 前清末年，英国柯南道尔所著福尔摩斯之侦探小说译成华文，一时脍炙人口；是后此类外国小说即遍流国内，甚至现代人士多认为：除英美法德四国所出以外，全无此类述作。果尔，中国历代循吏名公，岂非含屈于九泉之下？盖宋有棠阴比事，明有龙图等案，清

《狄仁杰奇案》日文版书影

> 有狄彭施李诸公奇案；足知中土往时贤明县尹，虽未有指纹摄影以及其他新学之技，其访案之细、破案之神，却不亚于福尔摩斯也。

而在他的自传稿中，他更为清晰地表白了《棠阴比事》如何为他的狄公小说提供“情节”：

> 当我为自己的头三部狄公小说找“情节”时，我参考了古老的中国公案文学。由此我找到了一部十三世纪的法学侦破手册，即《棠阴比事》。鉴于我的藏书都被储存起来了，我无法进行深入的汉学研究，但对这本书的研究却可以在不参考其他资料的情况下进行，我选择了它作为研究对象。该书在一九五六年出版。

一个外国人，尚能深深地感知《棠阴比事》的不凡价值，我们自己又有什么理由不去珍视呢？

拾叁

唐宋变革与有唐余波

在我们将目光投向宋代之际，不禁想起所谓的“唐宋变革说”。

把整个历史时期分成古代史、中世纪史和近世史，是西洋史研究所惯用的。日本历史学家内藤湖南首次将这样一个“三分法”运用于中国历史的分期，并且提出了一个“唐宋变革说”。在《中国史通论》一书中，内藤湖南认为：“在唐宋之间，在政治、经济、文化等方面，都发生了变化。这就是中古与近世的差别。从这一点而言，中国的近世时期可以说自宋代开始。”那么，宋代中国在哪些方面体现了近世社会的特征呢？另一位日本历史学家宫崎市定在《东洋的近世》一书中列举了以下三点：成为经济统一体，新文化快速发展，国民的自觉意识也开始萌动。

与此相应，宋代的法制也表现出与唐以前不太一样的样貌。例如，唐代的法学世界观基本是承袭汉代而来，并无太多创新和突破，而宋代却诞生了更为细密的理学世界观，并对元、明、清各代产生了巨大影响；

《东洋的近世》封面

再如，“宋代法典之多，实前古所未闻”。就像梁启超在《论中国成文法编制之沿革得失》中所说，“盖终宋之世，迨靡岁不从事于编纂法典之业”，“亦可谓集千古之壮观矣”；又如，在宋代，还出现了较为发达的法医学（例如宋慈的《洗冤集录》）和判例法研究（例如郑克的《折狱龟鉴》）。因此有人说：“中国的传统法律，到了宋朝，才发达到最高峰。”

说起宋朝的新气象，我们要再来说说在上一篇说过的印刷出版。西方有句名言：“没有古腾堡就没有宗教改革。”古腾堡是德国美因茨人，由于他发明了活字印刷机，而使得《古腾堡圣经》能够实现“日传万纸”。套用这句话，我们也可以说：“没有木版印刷，就没有唐宋变革。”正如日人小岛毅所指出：“世界上最早盛开印刷出版文化之花的是宋代。”“宋代社会以科举制度为轴心展开。……任何一个祖宗八代与官界无缘的人物，都有可能一举成名，进入中央官界，成为高级官僚。而使这成为可能的，是作为知识传播媒体的书籍的流通，换句话说就是印刷技术的普及。”法律也是如此。宋代以前的律典都是写本，只有到了宋代，新旧律典才开始被雕版成书，法律的普及也才成为可能。

印刷出版的普及也给法律教育和法律考试带来深远影响。仁宗天圣四年，朝臣孙奭说：“诸科唯明法一科，律文及疏未有印本，举人难得真本习读。”仁宗因而下诏刻版颁行。在北宋中叶，法律读物甚至走向了村校。沈括《梦溪笔谈》记载：“世传江西人好讼，有一书名《邓思贤》，皆讼牒法也。……村校中往往以授生徒。”南宋桂万荣在担任余干县令时发现，“今吉、绮等府书肆有刊行《公理杂词》，民童时市而诵之。”宋末周密《癸辛杂识》则记录了民间“往往有开讼学以教人者”。

宋代的科举也有变化，不仅将竞赛选手扩大到了社会各阶层，而且，法律考试的种类之多、规模之大、范围之广，较之各代，也是首屈一指。不仅设有“书判拔萃”“试判”“试身言书判”，而且还有“明法”“新科明法”“试刑法”“呈试”“诠试”等等名目。即使是进士、武学、算学、画学等科目，也要试律断案，并且不再像唐代那样，一味强调“文理优长”，而更注重“引律入题，准法析理”。这一点，恰是与近世文化的演变相同步的，其突出特点是，由重形式日益走向重内容；由过去的贵族文学，一变而为庶民的东西。

前述所有“近世”色彩，都是促成宋代判词变革的社会文化基础。宋代的代表性判词，是《名公书判清明集》。它不仅是判词史上第一部实判专集，更是宋元明清各代判词文体的滥觞之作。其主要特色是，在文体上，一扫唐代判词的骈俪堆砌之风，“文皆散行，绝无俪语”；在内容上，则注重说理，引律为判。许同莘在《公牍学史》中谓：“是宋人判牍之体，与今人同。”换句话说，到了《清明集》，最为接近现今体制的判词终于出现。日人小岛毅在《中国思想与宗教的奔流：宋朝》一书中更说，《清明集》的明代刊本被发现后，立即“在全世界的宋代史研究中掀起了一场‘清明集’热”。我自己品读之后也认为，《名公书判清明集》堪称古代判词史上一座无法逾越的高峰。

罗马不是一夜建成，变革也是一个渐变的过程。《名公书判清明集》并非在宋初即已出现，而是到了南宋才得编纂而成。一如宋代洪迈《容斋随笔》所言：“国初尚有唐余波，久而革去之。”这

宋仁宗像

个“余波”指的是什么呢？就是仍像唐判那样，“以俪偶为工”。不过，据许同莘《公牍学史》考察，在宋代，“其以俪偶为工者，惟科举试判词沿唐人成式耳。官司常行文牍，实不如是。”北宋时期仅见的一部判词集《武溪集》，就是试判之作，也一仍骈四俪六之体，尽管如此，却也有了与唐代《龙筋凤髓判》和《甲乙判》所不同的样貌，就连不太喜欢骈判的洪迈都说它“粲然可观”。所以，在品评《名公书判清明集》之前，我们不妨先见识一下这部判词的风采。

《武溪集》的作者是余靖。余靖，字安道，韶州曲江人。自少博学强记，天圣二年举进士，天圣八年试书判拔萃。入仕四十年，敢言直谏，司职甚勤，虽沉浮宦海，但有死不避。官至工部尚书，赠刑部尚书，谥曰襄。俗话说，物以类聚，人以群分。余靖就是以范仲淹“朋党”的身份而名闻天下。宋仁宗景祐三年，发生一起“朋党之议”，范仲淹因“言事无所避”得罪了宰相吕夷简，被罢去权知开封府职务，远谪饶州。谏官、御史对此均不敢言，三十七岁的集贤校理余靖却第一个站出来为他上书鸣不平，结果也被贬为筠州监酒税官。被定为“朋党”相继被贬的，还有尹洙和欧阳修。时任馆阁校勘的蔡襄为此作了一首《四贤一不肖》，传播极广。所谓四贤，指的就是范仲淹、余靖、尹洙和欧阳修。后来，重返阙廷的余靖又与范仲淹、欧阳修等人辅佐仁宗，推行庆历新政，不意复又遭人谗毁，重演朋党之灾。欧阳修为此曾专门写过一篇《朋党论》，其云：

> 故臣谓小人无朋，其暂为朋者，伪也。君子则不然，所守者道义，所行者忠信，所惜者名节。以之修身，则同道而相益；以之事国，则同心而共济，始终如一。

明成化本《武溪集》

余靖与范仲淹、欧阳修，就属同道、同心。范仲淹的人生准则是："不以物喜，不以己悲。居庙堂之高，则忧其民；处江湖之远，则忧其君。"欧阳修为余靖所撰墓志铭则云："公为人资重刚劲，而言语恂恂，不见喜怒。"虽然余靖的诗文不比范、欧，但作为能有判词行世的北宋唯一之人，也足可笑傲青史。

还是来说说他的《武溪集》吧。这部文集，是由余靖之子、屯田员外郎余仲荀为父编成。至于书名的来历，丘濬所作明成化本《武溪集》序云："岭南人物，首称唐张文献公、宋余襄公。二公皆韶人也。韶郡二水夹城流，自泷来者曰武溪，浈水自庾岭下，与武溪合，是为曲江。张公既以曲江名其集，余公之集名以武溪，盖有意以匹张欤？"《武溪集》体裁广泛，诗、序、论、记、制诰、表、启、杂文、墓志、奏议，不一而足，其中判词则有两卷，合计 51 篇。这些判词，当是余靖为了应试书判拔萃科而写的习作。据南宋曾敏行《独醒杂志》记载，天圣八年，仁宗皇帝在崇政殿亲自主持应试，余靖高居榜首。

对于这些拟判，黄志辉在《武溪集校笺·前言》中说：

> 余靖现有的判词，相当完整地保存了御试、秘阁试和私试的原貌。举凡诗礼教化或政经刑法，其所应对，均事著典章，理资沿革，随手拈来，是非互见。贵在识时度事，不袭常规，顺变从权，协于大中。不但研究宋代法制史可资参证，也是古代文体学不可多得的教材。

我们选取其中的两道判词以为欣赏。其一是“拷掠弗承判”。制判事实为：“庚为狱官，拷囚数满不承，欲取保放之。法司云：‘赃状露验，宜据状断。’”判曰：

余靖像

> 拷掠弗承，诚宜判遣，赃状或露，亦可稽详。苟再思而不疑，在两端而必叩。庚也职司丛棘，伏念幽囚。缧绁之中，五听备研于辞色；捶楚之下，三讯未穷于是非。眷兹狱法之官，各以律令为据。司圜以搒笞既极，不加刑焉；执宪云踪迹可寻，断斯狱矣。然则五毒备至，有词者难俾伏辜；九章甚明，隐情者不宜免戾。至若事必先于审克，罚无疑于滥施。昔汉祖柏人，贯高被刺肌之痛；楚相亡璧，张仪沦刻骨之冤。

皆出狐疑，终闻开释。若乃杀人者既彰实状，坐赃者已获见资。且明白而可知，谅结正而无枉。非此物也，胡可比焉？理贵从宽，法难任意。

范仲淹像

本案涉及的是刑讯逼供，这是一个绵延于整个中国法制史的古老话题。盖中华传统司法极重口供，视口供为“证据之王”，这就无可避免地出现了刑讯。刑讯起源于何时？《史记·李斯传》里就有他被“搒掠千余”的记载。《汉书·路温舒传》则说，路温舒在汉宣帝即位时上疏：“夫人情安则乐生，病则思死。捶楚之下，何求而不得？”因此通说认为，“后世讯囚用笞杖盖从汉律也”。“讯刑”被视为“中华法系的癌”，停止“讯刑”之议也代代皆有，但正如杨鸿烈在《中国法律思想史》中所指出：“老实说来，就在民国成立之后，‘讯刑’也并未完全消灭。”难能可贵的是，早在千余年前，余靖就对“讯刑”问题有了理性之论：“拷掠弗承，诚宜判遣，赃状或露，亦可稽详。”大意是说，如果证据确凿，即使被告人不承认，也可以直接援引证据断罪；反之，如果缺乏必要的证据，即使被告人招认不讳，也不可仓促结案。对于这一崭新的证据观，判词论证甚详。“缧绁之中，五听备研于辞色；捶楚之下，三讯未穷于是非”。“五毒备至，有词者难俾伏辜；九章甚明，隐情者不宜免戾。”行文虽仍属四六骈俪，却句句说理，迨无藻饰。

其二是“欲从轻法判”。制判事实为：“狱囚未断而格令新改，

四贤一不肖

法司引后敕为正。判云：‘犯时格轻，新令稍重，欲从轻法。”判曰：

沿革异宜，虽遵后命，俘囚待弊，必从轻典。当顺以宽之教，庶廓在宥之怀。眷彼庸材，齿于编户。出作入息，方承荡荡之风；恶稔贯盈，遂陷恢恢之网。聿罹昭宪，乃寘圜扉。词置钩金，将成于具狱；令行徙木，忽改于旧章。既丹笔之未书，故两端而起议，将垂经世之范，犹疑在禁之人。宪司以其命惟新，何可废也；从事以惟刑之恤，不已重乎？再详抵禁之初，方当改度之始，刑必当罪，法宁与人。且除旧以布新，虽宜舍旧；奈先轻而后重，姑合适轻。令式具陈，古今共贯。纵利百而变，弗取乐成；稽画一之规，固闻前定。俟其来犯，乃用新书。

本案涉及的是刑法适用中的法不溯及既往原则。有研究者认为："在漫长的封建社会，法律的溯及力问题并未得到重视，直至清朝末期，相关内容才见诸于法律文件之中。"其并举例说，宣统二年颁布的《暂行新刑律》第一条确立了刑法向后生效的原则，并允许有利于犯罪者的溯及既往。但在本件判词中，余靖就相当充分地对这一问题进行了阐述，他指出："沿革异宜，虽遵后命，俘囚待弊，必从轻典。""且除旧以布新，虽宜舍旧；奈先轻而后重，姑合适轻。"逻辑严谨，法味儿十足。而这一切，都是"刑必当罪，法宁与人"这一法律哲学之下的必然产物。

善四六、工辞华，《武溪集》确存有唐之余波；懂专业、爱说理，余襄公又实为《清明集》诸名公之先声。

拾肆

苏东坡、秦观、王安石

“传统中国无法律。”这是孟德斯鸠在《法意》一书里表达的大略意思。此言一出，迷信者众，迄今许多西人仍深信不疑。有的人还爱拿苏东坡的“读书万卷不读律”说事，以证明中国士大夫如何视读律为下品。其实也是断章取义而已。“读书万卷不读律”，出自苏东坡的诗《戏子由》。子由者，苏轼的弟弟苏辙也，同样是一个了不得的人物，“年十九，与兄轼同登进士科，又同策制举。”宋仁宗初读轼、辙制策，退而喜曰：“朕今日为子孙得两宰相矣。”但“相不相有命焉”，兄弟俩以直言好谏忤权臣，双双仕途不顺。然而，患难与共，兄弟情深，反倒成就一段千古佳话，正如《宋史·苏辙传》所云：“辙与兄进退出处，无不相同，患难之中，友爱弥笃，无少怨尤，近古罕见。”

东坡爱开玩笑，跟自家兄弟子由更是如此。子由长得高大，住的房子却又小又矮，东坡就以这样几句诗调侃他：“宛丘先生长如丘，宛丘学舍小如舟，常时低头诵经史，忽然欠伸屋打头。”这几句诗正是《戏

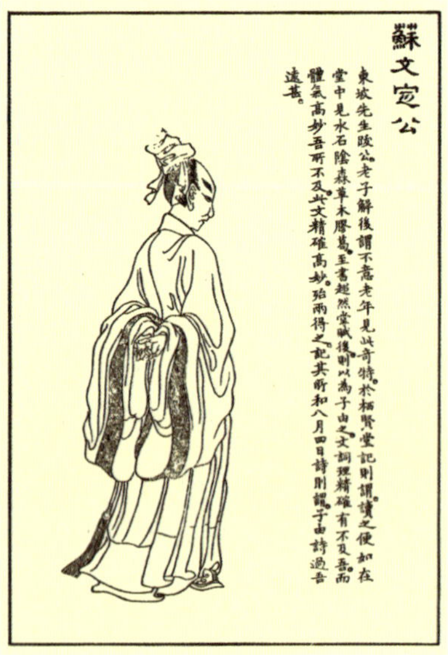

苏辙像

子由》的开头，紧随其后的就是“读书万卷不读律”，也还是在取笑子由，联系到后面那句“致君尧舜知无术”，就会知道，苏东坡哪里是在主张“不读律”，相反，乃是讥讽子由不好好读律，这才得不到朝廷的重用。事实上，读律是大宋朝的一代风尚，法律在社会生活中占据着非常重要的地位，正如陈亮所言：“汉，任人者也；唐，人法并行也；本朝，任法者也。”虽然不能就此称宋代为法治社会，但自开国起便厉行法制却是事实。宋太祖常常亲录囚徒，专事钦恤。宋太宗更喜欢自己平断狱讼，甚至说：“朕恨不能亲决四方冤狱。”还曾下诏：“应朝臣、京官及幕职县官等，今后并须习读法令。”并且规定：“今后进士及第，并试律令大义、断案，据等第注官。”就在苏东坡所处的年代，“试法官”或曰“试刑法”制度开始实施。熙宁三年（1070）九月第一次试法官施行，考试科目是律义、运用律义进行判决（断案、刑名），最优秀者直接采用为大理寺法官，其次的担任提点刑狱的检法官。科举及第的新进士一般也要接受试刑法考试。

苏轼也不外于此。嘉佑二年试礼部，他的策论题目就是《刑赏忠厚论》，当中有这样一段话：“当尧之时，皋陶为士，将杀人。皋陶曰杀之，三。尧曰宥之，三。”足可见其法律识见于一斑。后来，苏东坡还有不少文章论及法律问题，徐道隣就说过，“犯时不知”、“醉不省记”，这都是现代刑法学里的重要学题，在唐宋法典都还没有正式规定时，东坡对此就有精辟阐发。话说苏轼试礼部那年的主考官正是文坛盟主欧阳修，得苏轼文，他惊喜异常，本欲点为第一，只因怀疑是其门客曾巩所作，为避嫌才忍痛改列第二。后来得知是苏轼之作，欧阳修曰："吾当避此人出一头地。"这话很快得到应验，苏东坡真的取代了老师的盟主地位，惟觉可惜的是，法律才华也便被光辉所蔽，《宋史》本传只留下这样寥寥一笔："安石不悦，命权开封府推官，将困之以事。轼决断静敏，声闻亦远。"

东坡尝自谓："始者学书判，近亦知问囚。"他虽则屡遭流放，大部分时间都在浪迹天涯，但毕竟也有过几次不俗的地方官经历，处理过的讼狱亦当为数不少。林语堂在为苏东坡作传时，也没忘掉他还有一个"心肠慈悲的法官"的身份。我也试图搜罗过苏东坡的判词，可惜坊间流传的，只有几则戏谑之作。传说，在做杭州通判时，苏东坡审理过一起和尚杀妓案，这事林语堂的《苏东坡传》有记载：

> 灵隐寺有一个和尚，名叫了然。他常到勾栏院寻花问柳，迷上了一个妓女，名叫秀奴。最后钱财花尽，弄得衣衫褴褛，秀奴便不再见他。一夜，他喝得醉醺醺之下，又去找秀奴，吃了闭门羹。他闯了进去，把秀奴打了一顿之后，竟把她杀死。这个和尚乃因谋杀罪而受审。在检查他时，官员见他的一只胳膊上刺有一副对联："但愿同生极乐国，免如今世苦相

苏东坡像

思。”全案调查完竣，证据呈给苏东坡。苏东坡不禁把判决词写成下面这个小调儿：“这个秃奴，修行忒煞，云山顶上空持戒。一从迷恋玉楼人，鹑衣百结浑无奈。毒手伤人，花容粉碎，空空色色今何在。臂间刺道苦相思，这回还了相思债。”

东坡的判词虽说有些另类，但也开了先河，谓之“花判”鼻祖，应不为过。我们以后还会专门谈谈历代“花判”，其中的师承因缘，当会令人会心一笑。却说苏东坡笔下的“花判”，也非一味沿用诗体，歇后语这种形式竟然也能用到。传说，九里山霸王庙里有个叫怀远的和尚，不守清规，心恋红尘，经常做出一些与出家人身份不符的事情来。一天，怀远径自下山，路遇美妇，忍不住又来调戏，结果被乡民一顿痛殴。为免遭寺规惩处，怀远反而恶人先告状，将众乡民告到了徐州府。那时，徐州府的知州大人正是东坡，在查明事实真相后，他提笔写下这样的判语：“并州剪子苏州绦，扬州草鞋芜湖刀。”令怀远把判词拿回去自悟。怀远百思不解，后来听闻苏东坡的好友秦观来徐州拜访，就在衙门口等着向他请教。秦观看了判词，忍俊不禁：“这是歇后语的前半，后半都是——‘打得好！’”

秦观也就是秦少游，婉约派一代词宗也。“雾失楼台，月迷津渡”，“乱红如雨，不记来时路”，“两情若是久长时，又岂在朝朝暮暮”，都是他的名句。苏东坡在徐州时，秦观真曾慕名前来拜访，“生不愿封万户侯，但愿一识苏徐州”，正是此行吐露的心声。苏东坡也将秦观视为“异代之宝”，称其“有屈宋之才”，并且劝其发奋读书，尽早登第。后来还专门致书王安石，向他举荐秦观，书云：“愿公少借齿牙，使增重于世，其他无所望也。”他历数了秦观好几个优点，“明练法律”也赫然在列，这又是苏东坡并不轻薄法律的又一铁证。秦观本人说得更直接：“昔者以诗书为本，法律为末；而近世以法律为实，诗书为名。”后来，秦观终于在元丰八年中了进士，经苏轼推荐，做了太学博士。秦观是“苏门四学士”之一，据称苏轼也“最善少游”，但成也苏轼，败也苏轼，苏轼被贬，秦观也受到牵连，巧合的是，他也被贬到“南土四时尽热，愁人日夜俱长”的雷州。在他郁郁离世之后，苏轼沉痛地说：“少游已矣，虽万人何赎！”

清初诗人王渔阳雨泊高邮，念起秦观，写下过“风流不见秦淮海，寂寞人间五百年”的诗句。

秦观像

而在秦观的诸多风流传说中，《苏小妹三难新郎》最为人道，冯梦龙还将它收进了《醒世恒言》。小说中的新郎，正是秦观；苏小妹的哥哥，恰是东坡。东坡感叹：“吾妹敏悟，吾所不及！若为男子，官位必胜于我矣！”苏小妹眼中的秦观则是：“今日聪明秀才，他年风流学士。可惜二苏同时，不然横行一世。”这样天造地设的一双，你情我愿，喜结良缘，自是佳话，但据信史云，苏小妹实乃虚构人物，秦观的妻子也另有其人。不过，人们似乎更情愿相信野史，认为苏小妹才应是秦观的一生佳偶。

按照《苏小妹三难新郎》的说法，宰相王安石亦曾向苏府提亲，但苏小妹看不上他那公子王雱，她的父亲苏洵苏老泉只好以小女貌丑为由搪塞过去。虽为戏说，但也不全是空穴来风，东坡父子确实跟王安石有过非同寻常的恩怨情仇。话说王安石“贤声日著，直达

苏小妹三难新郎

帝聪”之时，世人无不趋之若鹜，惟有苏老泉看他不顺眼，野史谓：“苏老泉见安石衣服诟鄙经月不洗面，以为不近人情，作《辨奸论》以刺之。”苏东坡也爱打趣揶揄王安石，但似乎没占到什么便宜。冯梦龙《警世通言》中专门有一篇《王安石三难苏学士》演绎此事。小说称：“东坡自恃聪明，颇多讥诮”，惹得荆公“恶其轻薄”，将其“左迁为湖州刺史”。真可谓“是非只为多开口，烦恼皆因巧弄唇”。谁知苏东坡不长记性，又笑话荆公的《咏菊诗》不合常理，只是乱道。那两句诗是：“西风昨夜过园林，吹落黄花满地金。”东坡讥笑不已，忍不住续上两句：“秋花不比春花落，说与诗人仔细吟。”结果是被荆公贬了个黄州团练副使，让他亲眼见识黄州菊花果然落瓣。

历史上，苏东坡确曾被贬黄州，但肯定不是因了菊花，那是因为王安石当了宰相，实行变法，苏东坡却加入了反对派阵营。话说

王安石三难苏学士

王安石“性子执拗，主意已定，佛菩萨也劝他不转，人皆呼为拗相公”。那边厢，苏东坡恰巧也是个坚持己见的人，看见不顺眼的事，“如蝇在食，吐之方快”。此番火星撞地球，等待苏东坡的，必是“如鸿风飞，流落四维”。《宋史·苏轼传》曾这样感叹：“或谓：‘轼稍自韬戢，虽不获秉用，亦当免祸。’虽然，假令轼以是而易其所为，尚得为轼哉？”

苏轼之为苏轼，在于总有光风霁月之举。他与王安石，尽管在政治上背道而驰，在官场上针锋相对，却又在后者罢相之后前往江宁府探视，甚至动了与之结邻的心思，有诗为证：“骑驴渺渺入荒陂，想见先生未病时。劝我试求三亩宅，从公已觉十年迟。”有人说，之所以能有这冰释前嫌的一幕，在于苏东坡的胸襟，也在于王安石本质上并不是一个坏人。这一点，从王安石的另一个政界死敌司马光的态度上也能窥见一斑。在他眼里，王安石是政敌，也是良友，

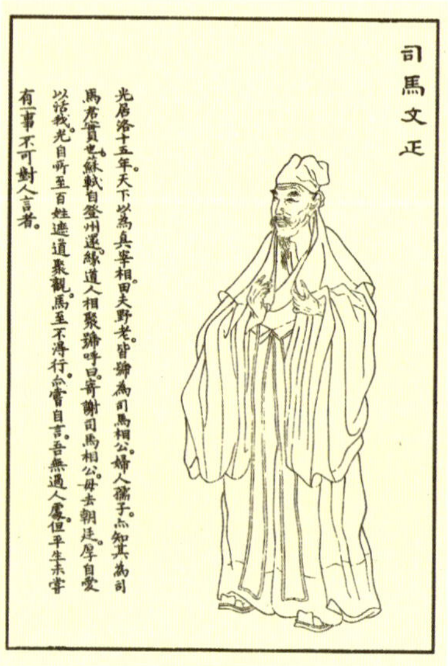

司马光像

一如俗语所讲："人品有真有伪，须要恶而知其美，好而知其恶。"英宗即位的第一年，王安石已吐血而死，司马光也卧床病重，他以宰相地位发出的最后一道命令竟是："王安石为人并不甚坏。其过端在刚愎自用。死后朝廷应以优礼葬之。"

说到司马光与王安石，不能不说说北宋王朝天字第一号大案——登州阿云案。这本是一桩平常的案件，《宋史·许遵传》载："初，云许嫁未行，嫌婿陋，伺其寝田舍，怀刀斫之，十余创不能杀，断其一指。吏求盗弗得，疑云所为，欲加讯掠，乃吐实。"知县以谋杀亲夫罪将阿云判了死刑，并上报知州。知州许遵作出改判，理由是："云纳采之日，母服未除，应以凡人论。"意思是说，母服期间，订婚无效，所以谈不上谋杀亲夫，可免死。案子报到审刑院和大理寺，均驳回了许遵的判决，认定阿云"违律为婚，谋杀亲夫"，处绞刑。许遵不服，再次上奏，刑部的意见也是"定如审刑、大理"。恰在这时，许遵被提拔为大理寺卿，他认为，"刑部定议非直，云合免所因之罪"，若不论青红皂白，"一切按而杀之"，则会"塞其自首之路"，不符合"罪疑惟轻"的原则。最后，案子闹到了朝廷，宋神宗乃令翰林学士司马光、王安石同议。

两位大腕出场，大戏拉开序幕。却说那司马光，早年也做过大理评事、开封府推官，王安石也是提点江东刑狱出身，对于推勘刑狱之事，都不陌生。待到各自审阅了案卷，却得出了完全不同的结论。

苏东坡与友人

司马光支持刑部观点，依据来自《宋刑统》：杀人时，“于人有损伤，不在自首之例”。其云：“凡议法者，当先原立法之意，然后可以断狱。按律，其于人损伤，不在自首之列。……云获贷死，已是宽恩，遵为之请，欲天下引以为例，开奸凶之路，长贼杀之源，非教之善者也。”王安石则支持许遵，依据是宋神宗的一道诏令：“谋杀已伤，按问欲举，自首，从谋杀减二等论。”其云：“臣以为律疏假设条例，其于出罪，当举重以包轻。因盗伤人者斩，尚得免所因之罪，谋杀伤人者绞，绞轻于斩，则其得免所因之罪可知也。然议者或谓谋杀已伤，情理有甚重者，若开自首，则或启奸。臣以为有司议罪，惟当守法，情理轻重，敕许奏裁。若法司辄得舍法以论罪，则法乱于下，人无所措手足矣。”

其实，双方都在讲法，各有所据，争执的只是司法政策的宽严而已。无奈各不相让，一争就是一年之久。虽然最后通过宋神宗的一道敕令，采纳了王安石的观点，但据说，当十六年后王安石与宋神宗都相继去世时，六十七岁高龄的司马光出任宰相，实行了撤废王安石新法的“元祐更化”，对于阿云案，也重新拿出来“复申前议改焉”。野史还载，阿云终于被处死云云。

“登州阿云案”虽不是什么惊天大案，却由于司马光、王安石的参与，惊动了中国法制史。近千年间，争论没有止歇。沈家本在《历代刑法考》中，也对此案进行了详尽考证。我们无意在两位翰林学士之间选边站，只是感到，两位翰林学士各自对于法律问题的论辩，丝毫不亚于现代的律政大剧，而这一幕，竟是发生在一千年前的古代中国。诗人本色是法官，苏东坡、秦观、王安石，还应当加上司马光，只是我们随意拈出的几位代表，却不经意间勾勒出一份别样的图谱。梁启超曾云：“夫深山大泽，龙蛇生焉”，中国“其所以能占四大法系之一，而烂然有声于世界者，盖有由也”。诚哉斯言。

拾伍

村野則有社素皆其比也何
教之官其識事亦是此類但
乎以愚賤言之則不敢逃責
其間條目寬猛失中繁簡失
過實及於左右雖素以相
此篇舊傳呂公進伯所
其爲和叔所定

你一定要看《清明集》

大概三十年前，柳苏在《读书》杂志发表了一篇文章《你一定要看董桥》，立刻让董桥热遍了大江南北。如今我也想模仿柳苏的篇名，来一篇《你一定要看〈清明集〉》，热忱地推荐这部判词经典。陈寅恪曾说："华夏民族之文化，历数千年之演进，造极于赵宋之世。"近人徐道隣则说："中国传统法律，到了宋朝，才发展到最高峰。"作为南宋判词之集大成者，《清明集》也无愧于那个具有划时代意义的朝代。

《清明集》的全称是《名公书判清明集》，编纂者署名为"幔亭曾孙"，据称是理宗时期福建崇安人氏，因为福建崇安武夷山有幔亭峰，又有典故表明，古时当地有呼乡人为曾孙的习俗。《清明集》为多人合集，宋本前有"清明集名氏栏"，开列书判作者别号、郡望或官称，自朱熹以下共二十八人，均系南宋绍兴至淳祐年间的人物，其中不乏真德秀、宋慈、刘克庄这样的名家。还有许多未记载作者名氏的，虽然"其人遂不可知矣"，但写作水平也都具备"名公"水平。

静嘉堂

关于书名的由来，明刻本所附盛时选撰《清明集后序》谓：“吕刑曰明清于单辞说，书谓明无一毫之蔽，清无一点之污，然后能察其情，民受祥刑，斯为哲人。《清明集》之作，义或肇于是乎！”

《清明集》有宋刻本和明刻本存世，但极稀见。宋刻本为残本，只有《户婚门》，约六万五千字，由日本静嘉堂收藏。静嘉堂是日本著名的古籍图书馆，在东京都，创始人是岩崎弥之助。甲午战争之后，大量古籍珍本流入日本，其中归安陆氏皕宋楼藏书尽归静嘉堂，号称总共十五万册，“屋子里摆得到处都是”。说服陆心源后人以十万元将藏书尽数出让的是日本鬼才书志学家岛田翰，那是光绪丁未之秋，“购书议成，连舶而东”。岛田翰事后写下《皕宋楼源流考》，“其文盛自矜诩，于前辈多致讥弹”。而在中国本邦，则是另外一番景象，“闻皕宋楼书既归日本，全国学子动色相告”。藏书家董康更是“为太息者累日”，提笔写下这样的沉痛之语：

古芬未坠，异域言归，反不如台城之炬、绛云之烬，魂魄犹长守故都也。

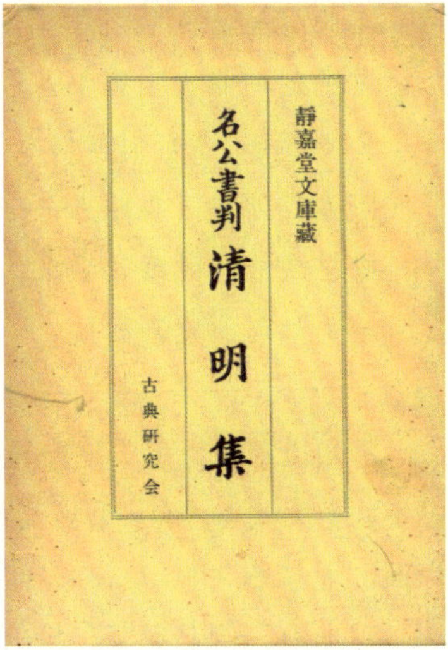

静嘉堂文库藏《清明集》

岛田翰汉学造诣极深，二十五岁即出版《古文旧书考》，可惜“有才无命，有学无行”，不时干些私藏盗购珍籍古本的勾当，当他第二次被刑事起诉之际，于家中饮弹自尽，殁年只有三十六岁。当然这是题外话了。却说被买去静嘉堂的那部宋版《清明集》，实在是珍本中的珍本，日本学者仁井田陞将其称为“霄壤无二、天下孤本的稀见之书”，并说：“时至今日，除静嘉堂文库所藏宋本之外，我也没有听说过有其他版本。”日本古典研究会曾于昭和三十九年八月将此残本影印出版，我有幸辗转得来一部，竟是德国著名汉学家傅海波的旧藏，书页有他德汉双语的眉批和圈点。明刻本则分别藏于北京图书馆和上海图书馆，其中，北图藏本为残本，只有前十卷。据陈智超教授介绍，“书商为了掩盖残本的面目，做了许多手脚，抽走了卷首的类目，更换了封皮，用心良苦亦甚丑！”上图所藏则为足本，共十四卷，约二十二万字。

著名藏书家郑振铎在《售书记》中自述，曾与一部明刊蓝印本《清明集》擦肩而过，从他的后悔不迭，也可以体会到这部书是何等难得。

差不多每一本，每一部书于得之之时都有不同的心境，不同的作用。为什么舍彼取此，为什么前弃今取，在自己个

> 人的经验上，也各自有其理由。譬如，二十年前，在中国书店见到一部明刊蓝印本《清明集》和一部道光刊本“小四梦”，价各百金，我那时候倾囊只有此数，那么，还是购“小四梦”吧。因为我弄中国戏曲史，“小四梦”是必收之书。然而在版本上，或在藏书家的眼光看来，那《清明集》，一部极罕见的古法律书，却是如何的珍奇啊！

不知道郑振铎所失之交臂的，是不是就是上图所藏那一部。但据说，上图藏本钤有“言言斋善本图书”、“曾留吴兴周氏言言斋”以及“周越然”等印章，如此看来，曾经归同时期另一位大藏书家周越然所有，倒是无疑。我也确实在周越然所写《法家难得之书》一文中得到印证。本文缘起他给“岱庐先生”的一封信札，信中说：“法家类书籍，弟家劫后存者尚有数种，似为大著中所未载，兹特另单开明，以便参阅之用。”而他所开书单的第二种，便是《清明集》。书单云：

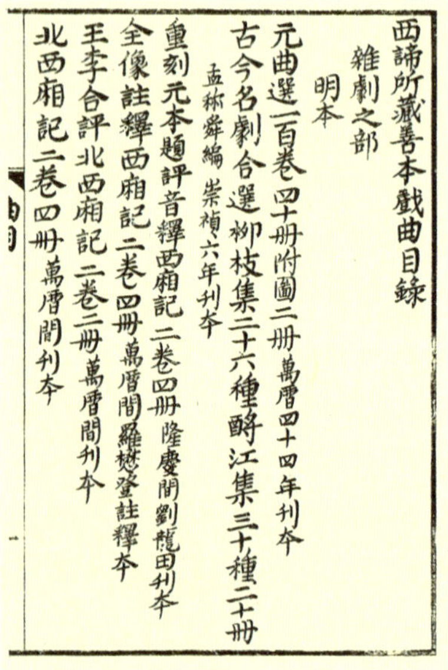
西諦所藏善本戲曲目錄
雜劇之部
明本
元曲選一百卷 四十冊 附圖二冊 萬曆四十四年刊本
古今名劇合選 柳枝集二十六種 酹江集三十種 二十冊
孟稱舜編 崇禎六年刊本
重刻元本題評音釋西廂記 二卷四冊 隆慶間劉龍田刊本
全像註釋西廂記 二卷四冊 萬曆間羅懋登註釋本
王李合評北西廂記 二卷二冊 萬曆間刊本
北西廂記 二卷四冊 萬曆間刊本

郑振铎手迹

> 《清明集》十四卷，明隆庆三年盛时选校刻本。……首有张四维序，末有时选序。是书日本有宋刻残本，弟家藏者系最足之本，亦为海内外孤本，清《四库》作十七卷，误也。

历史学家牟润孙一九三六年曾在《大公报》刊文说，他曾获见某氏所藏明蓝印本《名公书判清明集》十卷，不知是不是周越然这部。他还介绍，中华学艺社曾自东瀛借照宋刊《清明集》，涵芬楼乃据以影印，列入《续古逸丛书》之三七。他并感叹："已去之书重见于故土，不可谓非书林快事。"等到宋版明版两相合璧，则已是一九八七年的事情了，由中国社会科学院历史研究所宋辽金元史研究所点校完成，交中华书局出版。自那以后，海内外掀起一股《清明集》研究的热潮。得静嘉堂宋本之便，日本学者用力尤多。仁井田陞、长泽规矩也、周藤吉之、佐立治人、梅原郁等都有研究论文发表。梅原郁的译本是由同朋舍于昭和六十一年出版，我从日本邮购了一册，非常漂亮。傅海波、马若斐等一批美欧学者亦极关注，其中美国学者还翻译了部分内容并作注释。在我国台湾地区，也仿照日本的做法，成立了《清明集》研读会，研讨文集屡见付梓。

日本同朋舍版《清明集》

为什么《清明集》如此惹人追捧？窃以为，其价值至少有以下三点。

史料价值。人们普遍重视《清明集》，首先是因为，它是研究南宋中晚期政治、社会、法律、文化、经济等各个方面的重要文献。之前我们介绍过"唐宋变革说"，这种由中古向近世转变的变革大致完成于南宋中晚期，这样一来，恰好形成于南宋中晚期的《清明集》便成为研究近世社会的最佳样本。"法令之多如牛毛和官司丛脞"，既是近世社会的特征之一，作为法令与官司记录的判词，则又成为

仁井田陞像

近世社会各个方面的生动反映。比之于前代判词，《清明集》有两个突出特点。

一是广阔。《清明集》之明刻本，共分官吏、赋役、文事、户婚、人伦、人品、惩恶等七门，每门之下又分若干类，每类收判词若干道，可以说，无论研究任何专题，几乎都能从中找到素材。日本学者仁井田陞《名公书判清明集解题》一文就曾说："这是法律经济关系，特别是南宋时期土地、交易、家族关系史料的宝库"。更何况，他这话还仅是针对只有户婚一门的残本而言，足本的《清明集》之史料会何等丰富，自不待言。

二是鲜活。与唐代《龙筋凤髓判》、《百道判》，甚至北宋年间余靖的《武溪集》不同，《清明集》并非科举试判之作，而是活生生的真实裁判，"是一本把日常生活中的吵闹争斗活生生记录下来的很贵重的文本"，"多能反映基层社会真实的情况"，其研究价值甚至超过正史以及官方统计数据。关于这一点，仁井田陞亦有精彩论述："虽然不能说现存的所有唐代判词都是远离现实的，但是《清明集》与前述《百道判》、《龙筋凤髓判》相比，具有显著的现实意味，完全没有技巧性、游戏性、小说性。仅凭此点，《清明集》的文献意义就不言而喻。"

法律价值。近人徐道隣谓："宋朝编纂敕文，前后不下十余次，可是至今已一无存者。”现在的宋朝法律条文，主要的只保存在两部书内，一是《刑统》，二是《庆元条法事类》。可惜这两部书，或者难见，或者佚失过半。这时候，有一部书就显得不可或缺，这就是《名公书判清明集》。在“引律入题，准法析理”方面，《清明集》不仅前古所未闻，后世亦或有不逭。有人做过统计，《清明集》各判，引述法律依据的共一五九件，涉及法律多达一九七条。徐道隣就从宋刻本《清明集》中摘录类集一组《宋律佚文辑注》，共分入道、财产、分产、别宅子、抱养、继绝、立继承产、户绝法、遗嘱、田宅、婚姻、负债、交易等篇。徐道隣说：“虽只限于……若干部门，但在我们法制史上，因为关于这些部门的材料之缺乏，仍然具有其无比的重要性。”

文体价值。关于《清明集》，《佚存书目》曾谓：“其内容类似《龙筋凤髓判》。”《四库全书总目提要》则云：“其词率以文采俪偶为工，盖当时之体如是云。”《大清律例按语序》更说：“此外如《折狱龟鉴》、《名公书判》等书，或专主听断，而不及律文，或徒尚词华，而无关情罪，皆法家之支流，非律学之的派也。”这些观点其实都是想当然之论。早前，许同莘在《公牍学史》中就曾对此予以澄清。他说：《清明集》各篇，“文皆散行，绝无俪语。是宋人判牍之体，与今人同。”“与今人同”这句话非常重要，它一语点出了《清明集》在判词文体上与唐之前判词的迥然不同，其不同处就在于“不取文采，止以通义理为上”，同时，权衡于法意与人情之间，“使上不违于法意，下不拂于人情”，亦做到了极致，不仅开近世专业判词之先河，有些方面甚至为后来者所不及。

判词不是文学，但又属于广义的文学。判词之文体，总是会与一个时代的文学风尚相呼应。日人宫崎市定指出：“以宋代为中心，也可以见到类似文艺复兴的现象。值得注意的是，在文学领域呈现出了两种相反的取向，一是古文的复兴，另一是白话文学的诞生，而两者在否定中世纪这一点上并无异趣。”中世纪的特点是什么呢？就是与口语距离很大的修辞性极强的四六骈俪文。但是，“无论诗与文，自唐迄宋，由重形式日益走向重内容。采取比较自由的体裁。”遍观《清明集》各判，已逐渐摆脱唐代书判一意追求骈四俪六、以词害意的风格，而以灵活平实的散体文字入判。其文字之浅近，几乎跟我们现在的表达相差无几。我们且举一篇蔡久轩的“当出家长”判为例。

立继之法，必由所由。李氏既是家长，则立继必由李氏。李氏之词，则曰已立刘恢继嗣十余年，而刘宾暗作据照谋夺。刘宾之词，一则曰众尊长立宾男明孙为继，二则曰李氏老病昏昧等语。则明孙之立乃出于群党之私计，而非出于李氏之本意，明矣。本县所申，未究底蕴，牒州佥厅详词结绝申。

除了语言表达，《清明集》所收判词在构造方面亦较唐判有了较大变革。正如仁井田陞所言：“《清明集》除了写明主文（判决的结论）和适用法条，还把事实以及判决理由（推出主文的判断的论理过程）也详细地记录下来”。我们读《清明集》，能够强烈地感受到其构造之美——叙述事实、援引法律、分析说理、宣布裁判，一气呵成，浑然一体。而且，结构井然，剪裁得当，要言不烦，精悍隽永。这里试以佚名所作“已成婚而夫离乡编管者听离”判为例，略加品评。

在法：“已成婚而移乡编管，其妻愿离者听；夫出外三年不归，亦听改嫁。”今卓一之女五姐元嫁林莘仲，续后林莘仲因事编管，而六年并不通问，揆之于法，自合离婚。

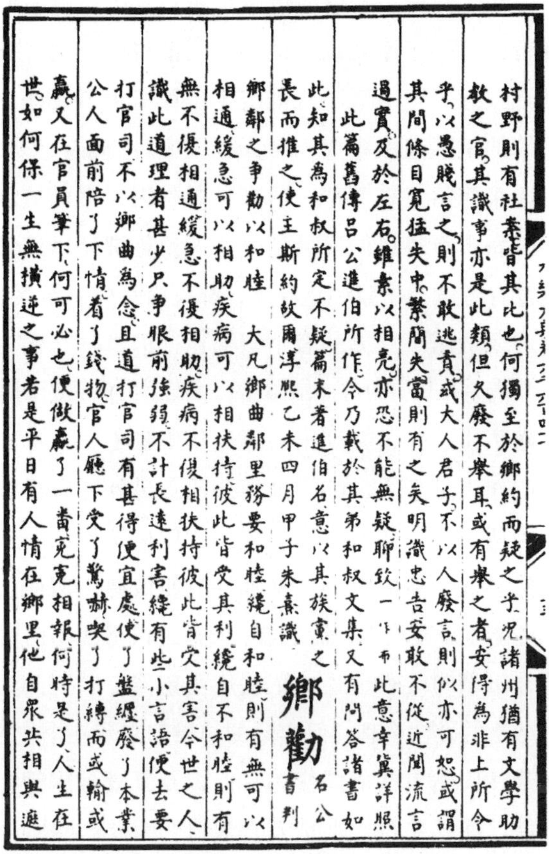
村野則有社倉皆其比也何獨至於鄉約而疑之乎況諸州猶有文學助
教之官其識事亦是此類但久廢不舉耳或有舉之者安得為非上所令
乎以愚賤言之則不敢逃責或大人君子不以人廢言則似亦可恕或謂
其間條目寬猛失中繁簡失當則有之矣明識忠告安敢不從近聞流言
過實及於左右雖素以相亮亦恐不能無疑聊致一作布此意幸冀詳照
此篇舊傳呂公進伯所作今乃載於其弟和叔文集又有問答諸書如
此知其為和叔所定不疑篇末著進伯名意以其族黨之
長而推之使主斯約故爾淳熙乙未四月甲子朱熹識
鄉勸 名公書判
鄉鄰之爭勸以和睦　大凡鄉曲鄰里務要和睦纔自和睦則有無可以
相通緩急可以相助疾病可以相扶持彼此皆受其利纔自不和睦則有
無不復相通緩急不復相助疾病不復相扶持彼此皆受其害今世之人
識此道理者甚少只爭眼前強弱不計長遠利害纔有些小言語便去要
打官司不以鄉曲為念且道打官司有甚得便宜處使了盤纏廢了本業
公人面前陪了下情着了錢物官人廳下受了驚嚇喫了打縛而或輸或
贏又在官員筆下何可必也便做贏了一番冤冤相報何時是了人生在
世如何保一生無橫逆之事若是平日有人情在鄉里他自衆共相與遮

《永乐大典》本《清明集》书影

而卓一之尚以半子为念，与议和离，立定文约，领去聘财四十五贯官会，有林莘仲批领，詹用知见，佥号分明，又有卓氏经官自陈一状可据。林莘仲今复何辞乎？既受其官会，又许其改嫁，使卓氏已嫁他人，今其可取乎？林莘仲可谓妄词，合行收罪，免断。

本道判词，开篇即援引法条："已经成婚但被处以外乡编管之刑者，其妻子原意离婚的，应当准许；丈夫外出三年不归家的，亦准许改嫁。"一下子就框定了争议事项以及法律依据。紧接着，用极简的笔墨点出本案当事人以及案件事实："如今卓一之的女儿五姐原来嫁给了林莘仲，后来林莘仲因犯案被处以编管之刑，而且六年一直没有音讯。"很简单，无论是被处以编管之刑，还是六年一直没有音讯，按照法律规定，都应该听凭五姐提出离婚。不仅如此，判词还透露了女方的有情有义："但卓一之仍为女婿考虑，与其商议和离，并且订立了和离文约，林莘仲还领取了聘礼官会四十五贯。"紧随事实认定，又列出一系列佐案证据："有林莘仲领钱字据，有詹用作为见证人，签字画押分明，另外还有卓家向官府陈述的状词作为凭证。"如此事证分明，"你林莘仲如今还有什么可说的呢？既然收取了卓家官会，又准许五姐改嫁。假使已经嫁给他人，难不成还能要求复合？"话不多，但道理讲得明明白白。最后是定性："林莘仲可谓是妄行诉讼，依法应当定罪。"到此为止，没有人怀疑这个结论的合法合理，但实际的结果却来了一个大转折——免于处罚。林莘仲固然有些胡搅蛮缠，但虑及其既被编管，又赔了夫人，委实悲催，挣扎一番，也是人之常情，因此，驳回诉请的同时教训几句也就够了，再行处罚，未免不仁。

短短一道判词，要素齐全，层次分明，言简意赅，内蕴丰厚。类似这样的判词，在《清明集》中可说俯拾即是，岂是一篇文章就能说尽。所以，我们这里只是先开个头，更多精彩不妨接着再看。

拾陆

故事里的事

英国汉学家马若斐曾说："对过去表示出特别的尊重，正是儒学训练中的一个方面。"这一传统，绵延了好几千年。早在商朝的时候，伊尹就曾说："人求多闻，时惟建事，学于古训乃有获。事不师古，以克永世，匪说攸闻。"孔子则曰："周监于二代，郁郁乎文哉！吾从周。"又曰："述而不作，信而好古，窃比于我老彭。"历代判词，亦好讲古。董仲舒的春秋决狱，就是以春秋故事作为先例。唐代的骈判，更以堆砌典故著称。所谓典故，也就是成为经典的故事。到了宋代，法律比较完备了，用典不再密不透风，但有时也爱借用前朝故事，这当中，尤以胡颖为最突出。

胡颖，字书献，号石壁，潭州人。据《宋史》卷四百一十六本传，胡颖"自幼风神秀异，机警不常"。"成童即能倍诵诸经，中童子科"。绍定五年，登进士第，即授京秩。历官知平江府兼浙西提点刑狱，移湖南兼提举常平，后任广东经略安抚使，迁京湖总领财赋。咸淳间卒。本传还说："颖为人正直刚果，博学强记，

伊尹像

吐词成文，书判下笔千言，援据经史，切当事情，仓卒之际，对偶皆精，读者惊叹。”胡颖的书判主要保存于《名公书判清明集》，不仅数量最多，法理情的运用亦极娴熟。

胡颖在判词中又是如何“援据经史”讲故事呢？先来看他的“具析县官不留意狱事”判：

> 伊尹谓一夫不获，时予之辜；孔明谓匹夫有死，皆亮之罪。圣贤用心真是如此，吾侪幼学壮行，果为何事，而乃以狱事为等闲，以六七无辜之人累累然械系于吏卒之手，淹时越月，押上押下，以饱诛求，以厌捶楚，仁人君子其忍之乎？于公治狱，恐不如是。帖权县具因依状申，并解承吏来。

这道判词是写给“不留意狱事”的知县听的，所以开篇先请出了两位鞠躬尽瘁、先忧后乐的圣贤，一为伊尹，一为孔明。诸葛亮大家都很熟悉了，毋庸赘言。至于“匹夫有死，皆亮之罪”这句话，则出自《三国志·蜀书·诸葛亮传》：“亮出祁山，陇西、南安二郡应时降，围天水，拔冀城，虏姜维，驱略士女三千还蜀。人皆贺亮，亮颜色愀然有戚容，谢曰：‘普天之下，莫非汉民，国家威力未举，使百姓困于豺狼之吻。一夫有死，皆亮之罪，以此相贺，能不为愧。’

于是蜀人咸知亮有吞魏之志，非惟拓境而已。”一句“颜色愀然有戚容”，孔明心忧天下之状顿时跃然纸上。

诸葛亮像

伊尹又是谁呢？伊尹是商初大臣，名伊，尹是官名，右相也。传说，伊尹生于中空的桑树中，《吕氏春秋》卷十四对此记述甚详：

> 有侁氏女子采桑，得婴儿于空桑之中，献之其君。其君令烰人养之。察其所以然，曰：“其母居伊水之上，孕，梦有神告之曰：‘臼出水而东走，毋顾。’明日，视臼出水，告其邻，东走十里，而顾其邑尽为水，身因化为空桑。”故名之曰伊尹。此伊尹生空桑之故也。长而贤，汤闻伊尹，使人请之有侁氏。有侁氏不可。伊尹亦欲归汤。汤于是请取妇为婚。有侁氏喜，以伊尹为媵送女。

怀着伊尹的母亲，东走路上不听神的劝告，回头一顾，从此化为中空的桑树。伊尹被采桑女从空桑中救起，从此成了孤儿，全赖烰人养育成人。所谓烰人，厨师也，伊尹打小在灶间耳濡目染，也懂得了“治大国如烹小鲜”的道理，所以乃有厨师鼻祖之谓。商汤闻其名，求贤若渴，最后伊尹是以媵的身份来到汤的身边。所谓媵，就是陪嫁的奴隶，所以伊尹亦有从奴隶到丞相之说。

东海孝妇

太守杀牛自祭孝妇冢

他辅佐商汤完成了灭夏建商的大业，后世将其誉为天下第一名相。“一夫不获，时予之辜”，见于《商书·说命下》，是伊尹说给商汤的话，意思是说：只要天下有一人不得其所，那就是我的罪过。这句话被历代帝王将相广为转述，司马光还曾有诗云：“一夫有不获，伊尹为深羞。”现如今，区区一介知县，却“以狱事为等闲，以六七无辜之人累累然械系于吏卒之手，淹时越月，押上押下，以饱诛求，以厌捶楚”，对比伊尹孔明，胡颖不仅诘问：“仁人君子其忍之乎？”

说到此，胡颖又提到了一位先贤：“于公治狱，恐不如是。”于公是谁呢？西汉丞相于定国之父也。他是东海郯城人，曾任县狱吏、郡决曹，精通法律，治狱勤谨，以善于决狱而成名。史称，“罗文法者，于公所决皆不恨。郡中为之生立祠，号曰于公祠。”于公流传最广的治狱故事当属“东海孝妇”案，这个故事见于《汉书·于定国传》：

> 东海有孝妇，少寡亡子，养姑甚谨。姑欲嫁之，终不肯。姑谓邻人曰：“孝妇事我勤苦，哀其亡子守寡。我老，久累丁壮，奈何？”其后姑自经死。姑女告吏：“妇杀我母。”吏捕孝妇，孝妇辞不杀姑。吏验治，孝妇自诬服。具狱上府，于公以为此妇养姑十余年，以孝闻，必不杀也。太守不听，于公争之，弗能得，乃抱其具狱，哭于府上，因辞疾去。太守竟论杀孝妇。郡中枯旱三年。后太守至，卜筮其故，于公曰：“孝妇不当死，前太守强断之，咎当在是乎？”于是太守杀牛自祭孝妇冢，因表其墓，天立大雨，岁孰。郡中以此大敬重于公。

东晋干宝所著《搜神记》全文转录了“东海孝妇”，并在文末补充道：

> 长老传云：“孝妇名周青，青将死，车载十长竹竿，以悬五旗，立誓于众曰：‘青若有罪，愿杀，血当顺下；青若枉死，血当逆流。’既行刑已，其血青黄缘旙竹而上，极标，

又缘播而下云。”

“东海孝妇”的故事，后来被元代汤显祖改编成了杂剧，这就是《秉鉴持衡廉访法，感天动地窦娥冤》。在《窦娥冤》剧中，窦娥行刑前发出了三个誓愿：“第一要素旗枪鲜血洒，第二要三尺雪将死尸埋，第三要三年旱示天灾。”不想一一应验。窦娥道：“这的是衙门从古向南开，就中无个不冤哉。痛杀我娇姿弱体闭泉台，则落的悠悠流恨似长淮。”最后，为窦娥雪冤的竟是他的父亲窦天章。十六年前，他抛别小女，自到京师，一举及第，官拜参知政事，如今以两淮提刑肃政廉访使的身份回到家乡，“随处审囚刷卷，体察滥官污吏”，不想平反昭雪的第一个案子就是女儿窦娥之冤。他的判词是这样说的：

你这一行人，听我下断：张驴儿毒杀亲爷，谋占寡妇，合拟凌迟，押赴市曹中，钉上木驴，剐一百二十刀处死。升任州守桃杌并该房吏典，刑名违错，各杖一百，永不叙用。赛庐医不合赖钱，勒死平民，又不合修合毒药，致伤人命，发烟瘴地面，永远充军。蔡婆婆我家收养。窦娥罪改正明白。

宣判完毕，窦天章还提起了于公。他说：

莫道我念亡女与她灭罪消愆，也只可怜见楚州郡大旱三年。昔于公曾表白东海孝妇，果然是感召得灵雨如泉。岂可便推诿道天灾代有，竟不想人之意感应通天。今日个将文卷重行改正，方显的王家法不使民冤。

感天动地窦娥冤

说过了《窦娥冤》，再回到于公。所谓知子莫若父，有其父必有其子。相传，于家的闾巷门坏了，父老乡亲一起来重修。于公对大家说："把闾门稍微修得高大一些，让它可以容下驷马高盖的车。我审理狱讼积了不少阴德，还不曾冤枉过什么人，我的子孙一定会有发达起来的。"果然，他的儿子于定国做了丞相，于定国的儿子于永又做了御史大夫，从此留下驷马高门、封侯传世的佳话。于定

汉画像石母子图

国少学法于父，也做过狱中、郡决曹，后来的官职超过了廷尉。《汉书》本传称："其决狱平法，务在哀鳏寡，罪疑从轻，加审慎之心。朝廷称之曰：'张释之为廷尉，天下无冤民；于定国为廷尉，民自以不冤。'"于公父子，清明矜恤，真乃司法官之楷模，难怪胡颖感慨万千地说："若是于公治狱，绝对不会像你们这样。"

《窦娥冤》一出，风靡中外，传唱不衰。王国维甚至说："即列之于世界大悲剧中，亦无愧色也。"这当中，不能不感谢于公为其提供了"本事"。而胡颖能够早于汤显祖关注到于公，亦可说"慧眼识珠"。这还不算完，在"兄弟侵夺之争教之以和睦"判中，胡颖又引用了另一位名吏的断案故事，他就是南北朝时的苏琼。苏琼，字珍之，长乐武强人，做过北齐的大理卿，有"断决无疑苏珍之"之美誉。据《北齐书·苏琼传》载：苏琼任南清河太守时，"有百姓乙普明兄弟争田，积年不断，各相援引，乃至百人。琼召普明兄弟对众人谕之曰：'天下难得者兄弟，易求者田地，假令得地，失兄弟心，如何？'因而下泪，众人莫不洒泣，普明兄弟叩头乞外更思，分异十年，遂还同住。"胡石壁在判词中提到了这则故事，并说："当职谆谆之诲，视苏琼又加详焉，尔兄弟其可不如清河之民乎？"也许是受到苏琼的启发，胡颖在这道判词中，对兄弟之讼颇多"开晓"，其云：

> 大凡宗族之间，最要和睦，自古及今，未有宗族和睦而不兴，未有乖争而不败。盖叔伯兄弟，皆是祖先子孙，血气骨脉，自呼一源。若是叔伯兄弟自相欺凌，自相争斗，则是一身血气骨脉自相攻相克。一身血气骨脉即是自相攻相克，则疾痛病患，中外交作，其死可立而待矣。故圣贤教人，皆以睦族为第一事，盖以此也。……若能体祖先爱子孙之心，则兄见其弟，必曰是吾祖之孙也，吾何以不恭之。如此则必无争，必无讼矣。

胡颖深知，兄弟之间“其所以兴同室之斗者，度只是一时为利欲所蔽，无人以天理人伦开晓之耳”。如果官司仅是着眼于兄弟之间是否“果有侵夺”，非要弄清楚孰是孰非，恐怕只是解决了一时，难以解决一世。所以，对于具体的利益之争，他只是“请推官更切开譬折中”，“在前如果有侵夺”，也只是令其“私下各相偿还”，他自己则“舍末逐本”，以“谆谆之诲”冀其幡然自新。因为他坚信：“当职叨蒙上恩，假守于此，布宣德化，训迪人心，正太守之责也。”尤其是，他观察到，“今奉琮兄弟本无大可争之事，而又粗有可教之资，其可不以诚心实意教之以人伦，以感发其天理乎！”

兄弟之情，天伦之至爱，至于父慈子孝，则更如天一般大。“母讼其子而终有爱子之心不欲遽断其罪”判，处理的就是一个母讼子不孝的案子。在这道判词中，胡石壁又讲述了一个东汉时人仇香的故事。仇香，一名览，字寄智。青年时为书生，淳朴寡言，乡人不解。四十岁，县府补任官吏，才当上一个蒲亭长。仇香以方正闻于世，即使赋闲在家，也一定用礼法严格要求自己。妻子儿女有过失，他就脱帽表示自责。仇香断案，亦重教化，最为出名的案子就是陈元案，胡石壁援引的就是此案。判词说：

> 因思昔仇香为蒲亭长，民有陈元者，以不孝为母所讼，香惊曰：近过仇舍，庐落整顿，耕耘以时，此非恶人，当是教化未至耳！遂亲至其家，与其母子共饮，为陈说人伦，论以祸福，元大感悟，卒为孝子。乡人为之谚曰：父母何在在我庭，化我鸣鸱哺所生。至今载之青史，为万世美谈。

对于自己手头的这个案子，即使儿子马圭不似陈元那样“此非恶人”，胡石壁也未辄施威猛，因见“其父既有乞免官行遣之词，而其母亦复恻然动念，不胜舐犊之爱”，便也效法仇香，“更不欲坐马圭之罪”，只是“押归本家，恳告邻舍、亲戚，引领去谢乃母，友爱乃弟”。他虽然没像仇香那样，“亲至其家，与其母子共饮”，却也“特支官会二十贯，酒肉四瓶付马圭，仰将归家，以为诸召亲戚、邻舍之用”。胡石壁对这种做法还特意做了一番阐发：

> 当职承乏于兹，初无善政可以及民，区区此心，惟以厚人伦，美教化为第一义。每遇听讼，于父子之间，则劝以孝慈，于兄弟之间，则劝以爱友，于亲戚、族党、邻里之间，则劝以睦婣任卹。委曲开譬，至再至三，不敢少有一毫忿疾于顽之意。剽闻道路之论，咸谓士民颇知感悟，隐然有迁善远罪之风，虽素来狠傲无知，不孝不友者，亦复为之革心易虑。

据说，当时担任考城县令的王焕，听到仇香以德化人的故事，就想委任仇香做他的主簿。他问仇香：“你听到陈元的过错，不治罪而感化他，莫非缺少鹰鹯一样的威猛心志？”仇香回答：“我以

蒲亭长仇香

为鹰鹯之威猛不如鸾凤之美好。”是啊！和谐之“美”，的确是中华法系的最高追求，而在宋朝，司法官们亦是将“美”作为司法裁判的最高境界。蔡久轩“俾之无事”判就说：“兄弟叔侄交争兴讼，此风俗之大不美也。徽为江东名郡，而有此不美，此观风问俗者之罪也。”蔡久轩相信：“人谁无过，过而能改，即是好人。”所以他在处理诉讼时，特别注重“委曲劝谕，导以天理”，他说：“果能消争融隙，变阋为怡，此正当职之本心。”

但是，古人也并非不分善恶，唯美是求。胡石壁就说：“以恩掩义者，兄弟之至情也，明刑弼教者，有司之公法也。二者不可偏废。”例如在“兄弟之讼”判中，他就遇到一个恶兄弟：“邹应龙两月前曾当厅投状，以讼其兄，当职览其词，观其貌，便知其是一无理之人，书判之间已示惩戒之意。未几，其兄应祥果诉其不恭，其弟应麟又诉其不友，竟不逃当职之所料。”对于这样一个“举天下之大恶”的人，胡石壁就没有一味求美，因为他深知，对于“真禽兽之不若”之徒，若是一味迁就，则“今日之美意，未必不复为他日之厉阶”。这个案件，堪称德法互补、不可偏废的生动实践。

新儒家学派大家徐复观曾说：“任何的创造，都要扶着历史的线索走去。”我们在这里讲故事，就是在探寻历史。故事里有传统，故事里有传承。而我们今天所做的一切，又将成为后人口口相传的故事。

拾柒

宋代法官的办案经

宋代法官，不仅办案办得好，还擅长总结“办案经”。这类著作甚至成为一种独立文体，称作“官箴书”。天台人胡太初就著有这样一部。据云，其外舅陶某出宰香溪，临行前规规问政，太初“谦访再三，辞不获命，乃退而冥搜畴昔鲤庭所亲见、所习闻者，条为十有五篇，目曰《昼帘绪论》，以代郊饯之什”。宝祐元年，胡太初守处州，外舅之子寄来《昼帘绪论》，有客在旁从臾，太初乃将其付梓，分发处属七县衙门。前几日我到浙江丽水，亦曾月下踏访处州府城，相陪的当地贤达还不无骄傲地谈起胡太初，以及他的这本名著。

《昼帘绪论》诸篇，太初虽自嘲为“教玉人琢玉”，但后人却好评如潮。谓之“条目详尽，区画分明”，“自‘尽己’以迄‘远嫌’，大要以清、慎、勤三者为本”，“为邑之道大率略备”。“言之似乎平近，而反复推阐，实无不切中事情”，“居官者置此书座右，可以寡过矣”。其中“听讼篇第六”，专讲办案经，而尤以“无讼”观最堪玩味。胡太初认为：“县家事多，若日日引词，

真西山像

则讼牒纷委，必将自困。”为此他提出多项对策，“分乡定日”接受讼状就是其一。他说：“且彼有一时忿激便欲投词，需日稍久，怒解事定，必有和劝而不复来者。”晓谕开说也是一策，他主张：

大凡蔽讼，一是必有一非，胜者悦而负者必不乐矣。愚民懵无知识，一时为人鼓诱，自谓有理，故来求诉。若令自据法理断遣而不加晓谕，岂能服负者之心哉？故莫若呼理曲者来前，明加开说，使之自知亏理，宛转求和，或求和不从，彼受曲亦无辞矣。

宋代官箴书较知名者，还有李元弼《作邑自箴》、吕本中《官箴》、许月卿《百官箴》以及不著撰人的《州县提纲》等。《名公书判清明集》也收有一些类似官箴的篇目，例如真西山的《咨目呈两通判及职曹官》《谕州县官僚》和《劝谕事件于后》等就属此类。真西山，名德秀，字景元，后改希元，浦城人。不仅做过参知政事这样的高官，也是一代大儒。在他的几篇劝谕书里，充满了民本思想。他说：“惟毋以薄待其民，民亦将不忍以薄自待矣。”而为了取信于民，则先要正己，所谓“正己之道未至，爱人之意未孚，则虽有教告，而民未必从”。为此他提出“四事”“十害”，与同僚自勉。当中尤以“重理法”“崇风教”为最恳切。其云：“公事在官，是非有理，轻重有法，不可以己私而拂公理，亦不可骫公法以徇人情。”又云：“当职昨在任日，遇亲戚骨肉之讼，多是面加开谕，往往幡然而改，各从和会而去。如卑幼诉分产不平，固当以法断，亦须先谕尊长，自行从公均分。或坚执不从，然后当官监析。其有分产已平而妄生词说者，却当以犯分污罔坐之。”所谓理论是行动的先导，宋代判词之能形成史上高峰，与这些“办案经”的传布不无关联。

有意思的是，宋人还喜欢在判词中间穿插一些“办案经”，虽为片言只语，但与具体案件结合，两相对照，更易体会。以下我们就从《清明集》中采撷若干，以资参酌。

官司不当以法废恩。

这是刘后村在“兄侵凌其弟”判中提出的观点。刘后村，即著名诗人刘克庄也。“少年自负凌云笔”，刘后村之豪放派诗词数以千万计，不意亦工判牍。其为《后村先生大全集》所作的跋语自谓：“余少喜章句，既仕，此事都废。……于听讼折狱之际，必字字对越乃敢下笔，未尝以私喜怒参其间。”此判开头，后村即道：“人不幸处兄弟之变，或挟长相凌，或逞强相向，产业分析之不均，财物侵夺之无义，固是不得其平。”这个案子，即是为兄丁瑠挟长而凌其弟丁增，夺其牛两头、禾三百余贴，且“到官尚复巧辨饰非”。如果严格依律下判，则本应按盗亲属财物法对丁瑠予以惩处，但后村却提出：“官司不当以法废恩，不欲尽情根究。”盖因“人伦之爱，不可磨灭，若一一如常人究极，至于极尽，则又几于伤恩矣。”因此只判丁瑠“备牛两头，仍量备禾二贴，交还丁增。”并且警告丁瑠：“如更不体官司宽恤之意，恃顽不还”，则仍旧监还。

兄弟官司如此，婚姻案件亦如此。宋代司法官认为，“男女婚姻与其他讼不同”，“若不断之以法意，参之以人情”，“则日后必致仇怨愈深，紊烦不已”。刘后村另一“定夺争婚”判，就体现了

高罗佩绘听讼图

这一思路。案情曲折，论其要点则是：有女子阿吴，先嫁翁七七之子，后复嫁李三九为妻，致翁七七诉诸公堂，与李争婚。依律，“合将阿吴责还翁七七之子”，但刘后村却从现实出发，作出别样处理：

阿吴既嫁李三九，已自怀孕，他时生子，合要归着。万一生产之时或有不测，则吴重五、李三九必兴词讼，不惟翁七七之家不得安迹，官司亦多事矣。当庭引上翁七七，喻以此意，亦欣然退归，听不愿理取，但乞监还财礼，别行婚娶。

法国人勒内·达维德在《当代主要法律体系》中曾对中国古代司法做过这样的评论：“在任何情况下，解决争端的办法应不受法律框框的局限，而要符合公正和人情的原则。”刘后村的这两件判词，就是一个很好的体现。就兄弟官司而言，固然亦当依法处断，但若“尽情根究”，法是依了，但法所欲追求的效果却会难以实现。就婚姻纠纷而论，复嫁者固不合法，但在“已自怀孕”的情况下，断然依律而判，判是判了，却不知引来多少麻烦。以此反观，我们有时断案，是不是太拘泥于纸面法律？丁是丁、卯是卯，看似依法，实则成为法条之奴隶；看似保护了某一方的权利，却不知“祸端方始”，讼根难绝。当然，不“以法废恩”，并不意味着就要“以恩废法”，对于法律之下的是非，刘后村并不是模棱两可、含糊其辞的，必要的惩戒善后以及“喻以此意”的思想工作，处理得也都很到位。

查得户婚讼牒，不一而足，使直笔者不能酌情据法，以平其事，则无厌之讼炽矣，家不破未已也。事到本司，三尺俱在，只得明其是非，合于人情而后已。

这是司法拟在“立继有据不为户绝”判的开头语所说。他提出：处理户婚之讼，必须“明其是非”，“以平其事”，否则，“无厌之讼炽矣，家不破未已也。”我们常说，“清官难断家务事”，所以对于婚姻家庭案件常常采取“和稀泥”的办法，殊不知，是非不分，纠纷难了。那么，如何做到“明是非”“平其事”呢？“三尺俱在”。“三尺”者，法也。又由于婚姻家庭案件不同于“陌生人诉讼”，毕竟“血浓于水”，“打断骨头连着筋”，所以又不能单纯依据法条，还要动之以情，晓之以理，这就是所谓的“酌情据法”。

> 当职于孤幼之词讼,尤不敢苟,务当人情,合法理,绝后患。

这是韩似斋在“房长论侧室父包并物业”判中所云。“当人情，合法理”，并不新鲜，新鲜的是“绝后患”。这对于涉及孤幼之词讼，尤其管用。常见有些抚养权的诉讼，判是判了，判了之后却不消停，或者你争我夺，或者你推我让，甚至常常闹出更大的乱子。韩似斋此判，却能从长远考虑，将孤幼的扶养问题一一料理停当，将各种可能的干预一一禁绝，“所有为抚孤幼计者悉矣”。韩似斋在另一道“官为区处”判中，更提出一个独到的见解，即在处理孤幼案件时，单纯听从孤幼意见，看似为孤幼计，实则未必对孤幼好——孤幼尚小，“彼何知哉”？

说到“绝后患”，另一位法官胡石壁所判“叔父谋吞并幼侄财产”，亦堪称经典。李文孜是一个蕞尔幼童，父母双亡，路人听闻都心生怜悯。但他的叔父李细二十三，不但没有丝毫矜恤之心，反而肆意吞并幼侄财产。胡石壁在将李细二十三绳之以法之余，还不忘对李文孜长育之事逐项予以区处。判词曰：“李文孜年齿尚幼，若使归乡，必不能自立于群凶之中，而刘宗汉又是外人，亦难责以托孤之任，此事破费区处。当职昨唤李文孜至案前，问其家事，应对粗有伦叙，虽曰有以授之，然亦见其胸中非顽冥弗灵者，合送府学，委请一老成士友，俾之随分教导，并视其衣服饮食，加意以长育之。其一户产业，并从官司检校，逐年租课，府学钱粮，官与之拘榷，以充束脩服食之费，有余则附籍收管，候成丁日给还。”这让我想起《孟子》当中那句名言：“幼吾幼以及人之幼。”又让我想起一位英国家事

幼吾幼以及人之幼

法官说的那句话："儿童是首要的当事人。"关注儿童是司法应有的态度；关注儿童，也不仅要着眼于作出判决的那一时刻，更要着眼于未来。

法令昭然，有如日星，此州县之所当奉行者。……（惟知守法）庶几觊觎之望塞，争竞之心息，人情法理两得其平，而词讼亦可绝矣。

这是“拟笔”在“命继与立继不同”之“再判”中所言。在这个涉及立嗣的案件中，宗族各支“词讼纷纷”，如果官府仓促下判，恐怕难以得众人之心。法官“再三审处”，还是决定请族长等人先行协调折中，“必欲使情法之两尽”。但在意见仍不一致的情况下，法官并没有选择久调不判，模棱两可，而是依法了断，从公点对，既不使诉讼拖延，又防止再惹词讼。

听讼之法，公则平，私则偏。所谓私者，非必惟货惟来也，只缘忿嫉多而哀矜少，则此心私矣，所以不能作平等观。

吴雨岩在“母子兄弟之讼当平心处断”判中所说的这段话，我们随后会从“哀矜”的角度进行讨论，这里可以先从公与私的角度略加品评。按照吴雨岩的说法，之所以“忿嫉多而哀矜少”，是因为法官的私心在作怪，“忿嫉”，就是法官作为“私我”的感情活动。就像清人王明德《读律佩觿》所说的那样，司法者为累积个人“功德”而轻纵人犯，即是“私”，而“私”即是因为司法官员的“有我”。然而，法官的“私我”与作为“法官”的“我”并不是一回事。当一个法官履行职务时，是不能把自己等同于一个“私我”的。他不能以自己的好恶左右裁判结果，而应当时时刻刻记住，在诉讼活动中，他只是“公平”的代言人而已。

不能正其母子之名分，乃只问其财货之着落，舍本求末，弃义言利，知有货利，而不知有母子之天。鄙哉武夫，何足识此。

这段话出自蔡久轩“背母无状”判。在这个案件中，许万三窃取遗嘱本已失检，而且纵容其妻悖逆轻慢婆婆王氏，并将生活用具席卷而去，王氏不得已提起诉讼。州郡太守本来委派林都监审理本案，但林都监一介武夫，粗鄙至极，舍本求末，弃义言利，将案件审得一塌糊涂。蔡久轩详阅案卷，对丧失天理人伦的许万三等人痛加惩治，并对武夫林都监的糊涂案口诛笔伐，即如上文。这段话虽然略带火气，但极重要，因为他道出了中华法系的两大特征，一是家族本位，一是伦理法治。林都监办案之所以被斥为“舍本求末”，就是因为他把母子关系当成了普通当事人之间的关系。瞿同祖在《中国法律与中国社会》里的一段话，好像就是专门针对林都监而讲的：“父母将儿子告到官里，官府怀疑到父母所陈述的理由是否充足，或是追问子女究竟是否忤逆不孝，也是不可相像的事。如果法官追问谁是谁非，便等于承认父母的不是，而否认父权的绝对性了。”家事案件如此，普通案件亦存在防止“舍本求末”的课题。大前提搞错了，细枝末节再精细，也是一个错案而已。

> 殊不知法意、人情，实同一体，徇人情而违法意，不可也，守法意而拂人情，亦不可也。权衡于二者之间，使上不违于法意，下不拂于人情，则通行而无弊矣。

这是胡石壁“典卖田业合照当来交易或见钱或钱会中半收赎”判中的一段话，流传甚广，意义重大，实为宋代，乃至整个古代中国关于情与法的关系的代表性论述。以往，人们常常诟病古代中国讲人治不讲法治，重调解而轻规则，其实大率属于误解或者无知。按照胡石壁的观点，“法意、人情，实同一体”，而且，“法意”是放在“人情”前面的；在“两不可”中，首先强调的是不可“徇人情而违法意”。日本学者佐立治人对此更有实证分析，他在《〈清明集〉的“法意”与“人情”》一文指出：“作为判断基准的‘情’、‘人情’，总是与‘法’、‘法意’一起出现的。与此相对，法律则不论有没有‘人情’，总是会不断地出现，这是读一下《清明集》就能了解的现象。”

接下来，胡石壁又提出了另一个不可，即不可“守法意而拂人情”，强调要“权衡于二者之间”，“使上不违于法意，下不拂于人情”。问题的关键在于，何谓“人情”？由《清明集》所反映出的宋代审判实践来看，所谓“人情”，并不是游离于“法意”之外的不应当考虑的因素，恰恰相反，它可能是为了更好地适用法律所需要的一些“常理”，也可能是根据实际情况对法律条文作出的柔性解释。

关于“常理”，我们不妨以拟笔“伪作坟墓取赎”判作为例证。在这道判词中，法官开篇即讲：“凡人论诉田业，只凭干照为之定夺。”这句话本身就是阐述“法意”，因为宋时法律规定：“凡典卖田宅者，都要签订一式两份的契约，受让人与出让人各执一份。”而当“官司理断典卖田地之讼，法当以契书为主，而所执契书又当明辨其真伪，则无遁情”。在这个案件中，杨迪功拿出早年的一份交易契约，称上面写有墓地，法官仔细对照验看，又传唤几家书铺进行辨别检验，鉴定结论均为伪造。法官说：假如这份契约是真实的，杨迪功父亲杨时可卖给黄琮时就应该说明田地内有自家祖墓，不应该遗漏，却不予说明，“此又人情之不能无疑也”。所以，这里的“人情”，其实也就是“常理”。

关于“柔性解释”，我们不妨以“张咏察诳”案为例。张咏，字复之，自号乖崖，自谓乖则违众，崖不利物。濮州鄄城人，宋太宗太平兴国五年中进士，后以工部侍郎出知益州，官终礼部尚书。他曾两知

英文版《灰阑记》插图

张咏像

益州，断案如神，当时就有人将他的断案事迹编为《诫民集》雕版刊行。郑克编撰的《折狱龟鉴》收其判案八个，名列全书第一，“张咏察诳”就是其中的一个。为阅读方便计，我们使用刘俊文的白话译文。

张咏尚书再任益州知州时，州民中有经营商贩的，公公驱使儿媳妇，儿媳妇不服从，公公大怒，剪断了儿媳妇的头发，说：“我要把你当婢女使唤。”他儿子从外面回来，大闹，吏人把他们全都解送州府。有人对他儿子说：“公公剪断儿媳妇的头发算什么罪？儿子如果扭送父亲告官，你的罪可不轻。”来到厅下，张咏审问，公公说：“儿媳妇自己剪断了头发诬赖我。”他儿子也说：“我的妻子自己剪断了头发，诬赖公公。”张咏察知他们在说谎，便在解状后面判道：“虽然儿子可以为父亲隐匿罪过，怎奈他所说的话没有定准。既不能彻底查究尊长，又不能委屈处分小辈。可据状责问儿媳妇，今后再不侍奉公公，另外具状解送州府。这次把他们全部释放。”张咏对属吏们说：“五服之内亲属相犯，有关卑幼的条文非常严重。直接管理民事的官员适用起来一定要尽心啊！”

张咏的裁判，可谓拿捏有度，妙手仁心。第一没有为了徇人情而违法意，毕竟还是责问了儿媳妇，并且要求其今后必须侍奉公公；第二又没有固守法意而拂人情，如果机械司法，儿媳妇必会施以重刑，那样一来，看似守了法意，实则无异于制造了一起冤狱。郑克对此案点评道：“这两件事，公公和婆婆都无理，但是按照家人之义，应当责备卑幼，只是不能遽然用法来绳治罢了。因此宽恕了他们的罪过，只是责令他们侍养。”苏东坡对张咏也是赞赏备至：“以宽得爱，爱止于一时。以严得畏，畏止于力之所及。故宽而见畏，严而见爱，皆圣贤之难事而所及者远矣。”

拾捌

耳听其辞，目察其色

“耳听其辞，目察其色。”这是胡石壁在“既有暧昧之讼则合勒听离”判中所言。这句话脱胎于中国古代的一种听讼艺术——“五听”。

“五听”之说，见于《周礼·秋官·小司寇》，其云：“以五声听狱讼，求民情。”可见，听“五声”是为了“求民情”。那“求民情”又是指什么呢？这可以从睡虎地秦简中找到一些线索。简是什么呢？那是纸发明之前的一种书写材料，是用竹子截筒，剖以为片制成的。竹简主要用于秦汉时期，近几十年来，写有律令档案的秦汉竹简大量出土，为我们提供了珍贵的古代法制史研究的原始资料。比较著名的有睡虎地秦简、张家山汉简、居延汉简等。睡虎地位于湖北云梦西郊，“文革”末期在那里发掘了十二座秦汉墓葬。其中编号为“十一号”的秦墓，据考证墓主名叫“喜”，做过安陆县的“狱史”，又曾转任邻近的鄢县的令史。“喜”可能太热爱治狱工作了，死后陪葬了超过千枚的竹简，大多是秦律和治狱案例。其中有一部《封诊式》，整理者最初将其称为“秦治狱案例”，是类似于汉代之“比”的案例集，但日本学者籾山明通览总体后认为，它更像一种文书范本与格式。无论是案例集还是文书格式，都不重要，重要的是使我们知道，远在秦朝时就有了这两样东西。在其中一根竹简上，写有这样一段话：

> 治狱，能以书从迹其言，毋治谅〔笞掠〕而得人请〔情〕为上，治谅〔笞掠〕为下，有恐为败。

很多学者都对这句话中的“得人情”进行解读，籾山明综合各说之后认为，所谓“得人情”，其含义应该就是求得事实真相，“察得犯人的真情”。这一解释也在晋代张裴那里得到了印证，他在《律表》中说：“夫刑者，司理之官；理者，求情之机；情者，心神之使。心感则情动于中，而形于言，畅于四支，发于事业。是故奸人心愧而面赤，内怖而色夺。论罪者务本其心，审其情，精其事，近取诸身，远取诸物，然后乃可以正刑。”至于“五听”的具体方法，《周礼·秋官·小司寇》云：“一曰辞听；二曰色听；三曰气听；四曰耳听；五曰目听。”汉代郑玄和唐代贾公彦对此都做过注疏，唐狱官令在其基础上作了进一步归纳：

> 诸察狱之官，先备五听。案周礼云：以五声听狱讼，求人情。一曰辞听，观其出言，不直则烦。二曰色听，观其颜色，不直则赧然。三曰气听，观其气息，不直则喘。四曰耳听，观其听聆，不直则惑。五曰目听，观其瞻视，不直则眊然。

五声听讼艺术在西周时期就已形成，“子产闻哭”便是较早的一个案例。据《韩非子集解》载：

郑子产晨出，过东匠之间，闻妇人之哭，抚其御之手而听之。有间，遣吏执而问之，则手绞其夫者也。异日，其御问曰："夫子何以知之？"子产曰："其声惧。凡人于其亲爱也，始病而忧，临死而惧，已死而哀。今哭已死，不哀而惧，是以知其有奸也。"

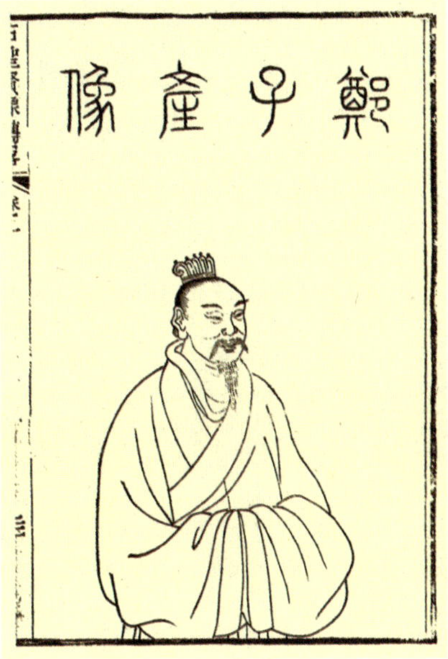

子产像

子产铸刑书的故事，大家都很熟悉了，史家认为，子产此举，实开法典公开化之先河。然而胡适认为，子产并不是"法理学家"，更是"实行的政治家"。"子产闻哭"的故事，就让我们见识了他日常的"实行"风采。子产谓："凡人于其亲爱也，始病而忧，临死而惧，已死而哀。"活脱脱一个"老狱吏"，非长期积累揣摩，难出此语。子产之后，践行"五听"者代有其人，郑克编撰的《折狱龟鉴》就在"子产闻哭"之后，附录了三则"皆用子产语以察奸者"的故事，郑克感叹："盖言苟中理，无时不验。……王者发政，必占古语，尽心君子焉可忽哉！"

在汉代，亦有"五听"逸闻，《全后汉文》卷三八就载有一篇薛宣断缣的故事：

临淮有一人，持一匹缣，到市卖之。道遇雨被戴，后人求共庇荫，因与一头之地。雨霁当别，因共争斗，各云我缣，诣府自言。太守丞相薛宣劾实，两人莫肯首服。宣曰：缣直数百钱耳，何足纷纷自致县官。呼骑吏中断缣，各与半，使追听之。后人曰受恩，前撮之，缣主称怨不已。宣曰：固知当尔也。因诘责之，具服。俾悉还本主。

唐代也有。《龙筋凤髓判》的作者张鷟，在他的笔记小说《朝野佥载》卷五中记载了一则河南尹李杰的断案故事，也是运用了“五听”之术：

李杰为河南尹，有寡妇告其子不孝。其子不能自理，但云“得罪于母，死所甘分”。杰察其状，非不孝子，谓寡妇曰：“汝寡居，惟有一子，今告之，罪至死，得无悔乎？”寡妇曰：“子无赖，不顺母，宁复惜乎！”杰曰：“审如此，可买棺木来取儿尸。”因使人觇其后。寡妇既出，谓一道士曰：“事了矣。”俄而棺至，杰尚冀有悔，再三喻之，寡妇执意如初。道士立于门外，密令擒之，一问承伏：“某与寡妇私，尝苦儿所制，故欲除之。”杰放其子，杖杀道士及寡妇，便同棺盛之。

在这个故事中，河南尹李杰通过“察其状”，感觉到寡妇的儿子“非不孝子”，而寡妇本人则言语当中不无疑点。通过使人偷偷跟踪观察，发现了寡妇与道士密谋通过不孝指控将碍事的儿子除掉的惊天秘密。唐代另一位名吏张咏，也是善于通过察言观色破解疑案。郑克撰《折狱龟鉴》收有一则“张咏勘僧”，其文如下：

张咏尚书，知江宁府。有僧陈牒出凭，咏据案熟视久之，判送司理院勘杀人贼。异日，群官聚厅，不晓其故，咏乃召问：

"为僧几年？"对曰："七年。"又问："何故额有系巾痕？"即惶怖服罪。盖一民与僧同行，于道中杀之，取其祠部戒牒，自披剃为僧也。

自称为僧七年，额头上却有俗人才会有的系头巾的痕迹，怎能逃过张咏的慧眼？才刚一问，立马招供。也许是此类故事中的"五听"之术太灵验了，唐朝的法律都对此作出了规定，唐律四七六条上半段就说："诸应讯囚者，必先以情审察辞理，反覆参验，犹未能决，事须讯问者，立案同判，然后拷讯。违者杖六十。"宋代官箴书《州县提纲》中的一段话，与唐律这条规定的意旨十分接近："故鞫狱不可专用威猛，亦不可诱以轻罪，惟察词观色，喻之以理，扣其实情，俾之自吐，则善矣。"所以，"五听"并不仅仅只是一种听讼艺术，更是杜绝专用威猛、刑讯逼供的重要手段。

唐以前存世的判词较少，所以"五听"只是以逸闻故事的形式流传下来。宋代的判词中，就多有涉及"五听"的例子，运用"五听"的场合也非常广泛。例如胡石壁"兄弟之讼"判，是在受理词讼阶段就通过"观其貌"判断其理之有无："邹应龙两月前曾当厅投状，以讼其兄，当职览其词，观其貌，便知其是一无理之人，书判之间已示惩戒之意。未几，其兄应祥果诉其不恭，其弟应麟又诉其不友，竟不逃当职之所料。"宋代官箴书《州县提纲》还通过言语特征对健讼之民和良善之民作出分辨：

健讼之民，朝夕出入官府，词熟而语顺。虽譊譊独辩庭下，走吏莫敢谁何。良善之民，生居山野，入城市而骇，入官府而怵，其理虽直，其心战惕，未必能通。若又纵走吏之辈呵遏之，则终于泯默受罪矣。凡听讼之际，察其愚朴，平昔未尝至官府者，须引近案，和颜而问，仍禁走吏无得呵遏，庶几其情可通。

胡石壁的“既有暧昧之讼则合勒听离”判，则将“五听”用于家事案件。判词云：

新台之事，委属暧昧，阿黄陈词于外，则以为有，供对于狱，则以为无。若但据其先后之词，而遽以为有无之决，是非鲜有不失实者。当职今亲至院，逐一唤问，耳听其辞，目察其色。阿黄应对之间，颇多羞涩，似若有怀而不敢言；李起宗争辩之际，颇觉嗫嚅，似若有愧而不能言。当职今固未敢决然以为无也。如必欲究竟虚实，则捶楚之下，一懦弱妇人岂能如一强男子之足以对狱吏哉，终于诬服而已矣！况此等丑恶之事，只当委曲掩覆，亦不宜扬播，以贻乡党之羞。又尊卑之间反且如此，纵无此事，亦难复合。子甚宜其妻，父母不说，出，此礼经之所以垂训万世者也。阿黄之不见说于舅必矣，其夫妇虽欲偕老，其可得乎？合勒听离，黄九二将女别行改嫁，李起宗免根究。

这一次，胡石壁遇到的是一起儿媳公公事涉暧昧的案件。究竟有无诉称之事，儿媳阿黄语多反复，胡石壁觉着，“若但据其先后之词，而遽以为有无之决，是非鲜有不失实者。”于是，“今亲至院，逐一唤问，耳听其辞，目察其色。”他观察到：“阿黄应对之间，颇多羞涩，似若有怀而不敢言；李起宗争辩之际，颇觉嗫嚅，似若有愧而不能言。”尽管胡石壁“未敢决然以为无”，但也决定不再一究虚实。一是担心“捶楚之下”“终于诬服”，二是考虑“丑恶之事”“不宜扬播”。又虑及“尊卑之间反且如此，纵无此事，亦难复合”，于是判离改嫁。胡石壁其可以谓慧眼仁心矣！所谓慧眼，是指当查清时必查清，耳听其辞，目察其色，均属必须。所谓仁心，则又指该糊涂时且糊涂，尊其隐私，遏其是非，善莫大焉。

颜之推像

关于“尊其隐私”，实在是中华文化的一个悠久的传统。你们可能常常听到“敬惜字纸”的说法，这固然跟早年间纸张珍贵难得有直接关系，但既然是“字纸”连用，那便是跟纸上的文字亦有关系。第一次提出“敬惜字纸”的是北齐颜之推，他在《颜氏家训》中强调的就是“纸上的字”：“纸有五经词义及贤达姓名，不敢秽用也。”清朝年间的《阴骘文图说》讲得就更明白了，有关生命、名节、功名、阴事、婚姻以及凌高年欺幼弱、挟私怀隙、唆人构怨、淫词艳曲、刺人忌讳等等，都不能书于文字。这不仅是一种民俗观念，更曾被赋予过强制力，雍正皇帝就曾下谕：“凡字纸俱要敬惜，无知小人竟掷在污秽之地，尔等严传，再有抛弃字纸者，经朕看见，定行责处。”古人的这些禁忌，真是值得我们好好品味。心存禁忌，其实就是对人的尊严保有必要的尊重。

好的法官，也不是只顾当前，一判了之，而是思前虑后，务绝后患。翁浩堂“衣冠之后卖子于非类归宗后责房长收养”判，就是在案件已结之后，犹在察言观色。判词云：

> 父子，人伦之大，父老而子不能事，则其罪在子，子幼而父不能养，则其责在父。刘理为衡州知郡孙，有男元老，

幼不抚养，而卖与乡民郑七，弃衣冠而服田亩，情亦可怜，此犹可诿也，曰刘珵一时为贫之故。已而元老不安于郑七家，逃归本父，刘珵固宜复回天理，自子其子矣，乃复以元老卖与程十乙，则其意安在哉？可谓败人伦，灭天理之已甚者！今郑七入词，欲取回元老于已去三年后，此绝无复合之理。元老宦裔，郑七农夫，非我族类，其心必异，不应更来识认。刘珵两将元老卖弄，为父不父，本合勘杖，且与从荫，决小杖二十。元老牒押往族长刘万二宣教宅，听从收养。观此子情貌奸狡，兼所习已乖，请万二宣教严与钤束，庶免堕落下流，为衣冠之玷，亦一美事。

包拯像

在这个案件中，翁浩堂将一个两次被生父卖掉的弃子判与族长刘万二刘宣教收养。判决之后，他又不禁打量起这个弃子的相貌，认为他“情貌奸狡”，再加上他已经沾染恶习，于是请万二宣教从严管教约束，避免使其堕落为卑鄙之徒，原来是将“五听”之术用在了“帮教”“问题少年”上。

“五听”也是包公断案的惯常手法。《宋史》本传称：“拯立朝刚毅，贵戚宦官为之敛手，闻者皆惮之。人以包拯笑比黄河清，童稚妇女，亦知其名，呼曰

包待制智勘灰阑记

‘包待制’。京师为之语曰：‘关节不到，有阎罗老包。’”包公的断案故事，南宋时期已于民间广为流传。元杂剧中，包公戏也占了很大比重。据日本学者青木正儿云，现存的元杂剧之“断狱剧”，计有十五种，裁判官限于三人，分别是包拯、王翛、张鼎，而包拯的就占了十一种。到了明代中期，更出现一部包罗百件讼案的公案小说《龙图公案》。但据考证，在数量众多的包公断狱故事中，能

英文版《灰阑记》插图

作为信史者，仅《宋史》本传所载“割牛舌”一事：

……知天长县。有盗割人牛舌者，主来诉。拯曰：“第归，杀而鬻之。”寻复有来告私杀牛者，拯曰：“何为割牛舌而又告之？”盗惊服。

这个案子，充分展现了包拯“欲擒故纵，引蛇出洞”的办案智慧，历来传为美谈。若要说“五听”听讼，则当属《灰阑记》为最精彩。《灰阑记》是元代李行道创作的一部杂剧，全名为《包待制智勘灰阑记》。说的是马均卿妻子与赵令史通奸，将马毒死，反诬马均卿小妾张海棠谋杀丈夫。为了谋夺家产，更强称海棠之子为其所生。人称“模棱手”的郑州太守苏顺，“虽则居官，律令不晓，但要白银，官事便了”，任由奸夫赵令史将海棠屈打成招。官司到了开封府，包拯正是略施“五听”之计，使得真相大白。这个计谋就是，令人在阶下用石灰画个阑儿，“着这孩儿在阑内，着他两个妇人，拽这孩儿出灰阑外来”。并说：“若是他亲养的孩儿，便拽得出来；不是他亲养的孩儿，便拽不出来。”结果马妻拽得出来，海棠却“两次三番，不用一些气力拽那孩儿”，“唯恐使孩儿损骨伤肌”。包公将这一切看在眼里，孰真孰假，了然于心。其云：

律意虽远，人情可推。古人有言，视其所以，观其所由，察其所安，人焉廋哉，人焉廋哉。你看这一个灰阑，倒也包藏着十分利害，那妇人本意要图占马均卿的家私，所以要强夺这孩儿，岂知其中真假，早已不辨自明了也。（诗云）本为家私赖子孙，灰阑辨出假和真，外相温柔心毒狠，亲者原来则是亲。

包公的灰阑记故事，影响远达海外。我藏有一册英国出版的《灰阑记》,名画家John Buckland–Wright为其绘制了多幅插图,精美绝伦。日人青木正儿在《元人杂剧概说》一书中指出：“大概因为这种裁判方法在西洋琐罗门古旧的传说里面也曾有过，所以欧洲人对此剧特别感觉兴味，于是便产生了译本吧。”德国剧作家布莱希特甚至还弄出一部欧洲版的《高加索灰阑记》，在这个剧中，法官阿兹达克也是画灰阑断案，但与包公依据血缘关系断案不同，他把孩子断给了女佣格鲁雪，而不是他的生母，他的裁判理由是——“一切归善于对待的”。正是格鲁雪，冒着生命危险收养了这个被生母遗弃的幼子。两相比较，似乎有些南辕北辙，却丝毫让人感觉不到是什么“同案不同判”。其实，世上没有两片完全相同的树叶，即使是“类案”，也各有其特殊之处。“若夫随机应变，遇事酌裁，神而明之，使民宜之，则在明有司。”

在《高加索灰阑记》的结尾，阿兹达克挂冠而去，只留下歌手兀自唱道：

> 这一晚以后阿兹达克消失了，此后再也不见。
> 但是格鲁吉亚人民并未忘记他，
> 他们长久回忆着他当法官的时代，那个短暂的
> 黄金时代，几乎是公道的时代。

我们也长久回忆着包公，回忆着像包公一样的历代名公，他们的断案智慧与艺术，何尝不是一笔享用不尽的财富。

拾玖

引律入题，准法析理

释明法理，这是每一个法官都逃避不了的工作，也是每一个法官都要掌握的技能。正如丹宁勋爵说的那样："提交到法院审理的案子有百分之九十都有赖于对法律的解释。"怎样解释法律？拘泥于文字，即按照文字的语法和一般含义来解释法律，肯定很容易，但只要你试过手，你就会知道现实情况远不是这么简单。法条是简单的，案情是复杂的。"文字是死的，精神是活的。"通常，一个有经验的法官会这样展开他的释法工作："探求条款的词句，如果条款是明白的并且涵盖了当下的情况，就不需要走得更远。但是当条款模糊不清或有疑问时，法官就不能止步于条款的词句。他们求助于他们面前的每一个方向。他们把立法看作一个整体。他们研究导致立法产生的社会条件。他们研究通过这一条款所要纠正的损害。他们研究'事实的源体'。他们利用所有的立法援助。靠这种办法他们弄明白了许多不清楚的、模糊的或有疑问的事情。"

解释法律的成功范例，在各个国家都能找到很多，我们随手拿出一个卡多佐的裁判。新泽西州有一部制定法规定，如果铁路公司设立警示牌，禁止乘客走到车厢入口的平台，那么，在运行期间因违反这一禁令而受伤的乘客不能得到赔偿。有一位叫作 Kettell 的乘客，在到站消息宣布后、在列车因进站而减速后走到该平台。列车停车前突然剧烈晃动，使该乘客从平台掉下而受伤。初审法官根据上述制定法判铁路公司胜诉，因为铁路公司已设立警示牌，禁止在列车停稳前走向平台。案件上诉后，卡多佐提交了一份备忘录，设法从实际情况出发而不是按字面解释法律。他写道：

> 我在任何时候都不能相信立法机关有意让乘客留在座位上，直到列车处于字面上的静止状态。这些规则在实际操作中并不是这样实施的。做不到"手脚麻利"的乘客会被拉过站的。铁路公司雇员、司闸员、乘警没有关上门，没有警告乘客离开。让一声不响的警示牌约束乘客，等于把制定法当成压制与不义的工具。

我们一方面感叹卡多佐恰如其分的法律解释方法，同时也感叹他在解释法律时所使用的那种接地气的、家常话一样的语言。但是，西方的例子我不想再举下去了，因为我们自己就有一座宝库，只是这宝库尘封太久，很少有人进去过了。我说的是南宋。听到此言，可能有人会心生质疑：古代中国也依法办案吗？这个疑问不是空穴来风，因为很多人心中都是有这个疑问的。日本一位著名法史学家滋贺秀三就曾发出不屑之论："所有的判断，从来不是国法解释导出的结果，法令条文也没有一一用来严格地规范审判活动。"他还强调，这样一种性质，可以一直上溯到春秋时期，延展于"汉代以后二千年现实”。

滋贺秀三的话让我想起同样是日本人的大木雅夫的一个生动比喻：“假如站在北极点，看到的所有一切就成了南极。”这话当然不是专门冲滋贺说的，但另外一位日本人却真的直接对滋贺的观点表达了异见，他叫佐立治人，他所依据的材料是《名公书判清明集》。我曾经熟读此书，与佐立治人的感受大致相同：至少在南宋，还是非常讲法的，“一准乎法”不仅成为司法裁判的普遍做法，就是那“引律入题，准法析理”的功夫，也达到了一个相当高的水准。

这一现象，其实有不少人已经注意到了。例如，英国学者马若斐（Geoffrey MacCormack）在《南宋时期的司法推理》一文中就说：“《清明集》中出现了大量的援引法律的情形。”有人甚至还对援引法律的次数和被援引的法律的条数做过精准统计。我这里无意罗列数字，只抄一节范西堂的“冒官借补权摄不法”判，给大家一个直观感受。在这个案件中，叶承信等人冒官借补，权摄不法，犯有多项罪行，在对诸犯罪事实一一罗列之后，范西堂一连引用了六个法律条款，以作裁判依据：

> 准法：诸诈冒荫补者徒三年，伪妄出官减二等。又法：诸因进纳及阵亡换纳补受，不理选限，将仕郎差权摄职事及被差者各以违制论。又法：诸诈欺官司，以取财物，赃五十疋，命官将校奏裁，余配本城。又法：诸县令阙，辄差寄居、待阙官权摄并授差者，并以违制论，而因收受供给坐。又法：诸添差官违令兼权职事，计所请俸给坐赃论。又法：诸摄州助教犯公罪流，私罪徒，追毁补授文书，敕授者批毁申纳。

大量的援引法律，自然依赖于雄厚的制定法基础。关于宋代立法

顾炎武像

之发达，明末清初的顾炎武曾有一个基本评价："内外上下，一事之小，一罪之微，皆先有法以待之。"要说的是，有法可依是一回事，有法必依是另一回事。是否能够"一准乎法"，终究取决于对于法律的态度。近人徐道隣说宋朝："这是中国过去最讲究法律的一个朝代。""讲究"这个词，非常传神，道出了一种信仰、一种坚守。事实上，《清明集》里的名公们，也确实不吝再三再四地表达对于法意的尊崇。"法令昭然，有如日星。""三尺具存，自当施行。"

这类格言在《清明集》中俯拾即是。

不少判词，开宗明义就是一番奉法宣示。例如胡石壁“质库利息与私债不同”判开头即云：“大凡官厅财物勾加之讼，考察虚实，则凭文书，剖判曲直，则依条法。舍此而臆决焉，则难乎片言折狱矣。”对比汉代董仲舒们的“春秋折狱”，这种变迁可谓巨大。为什么会有这种变迁？礼法合一已然完成自是因素之一，宋代的司法专业化程度也是另一个因素。还有一个因素，就是文体的变迁。在整个有唐一代和宋朝初年，判词基本以骈俪为体，这种太过工整的文体，一定程度上限制了“引律入题”。北宋中叶以迄南宋，判词文体一变而为散判，在获得解放的自由文体之下，对于法律问题的解释，也更能游刃有余，收放自如。这一现象也说明，形式与内容，并不是能够完全割裂开来的东西。

我们还是以方秋崖的一篇“契约不明，钱主或业主亡者不应受理”判为例，看看宋代法官准法析理的功夫：

> 读刑台台判，洞烛物情，亦既以郑氏为不直矣。然郑氏非，则汤氏是，二者必居一，于此而两不然之，举而归之学官，此汤执中之所以不已于讼也。披阅两契，则字迹不同，四至不同，诸人押字又不同，真有如刑台之所疑者，谓之契约不明可也。在法：契要不明，过二十年，钱主或业主亡者，不得受理。此盖两条也。谓如过二十年不得受理，以其久而无词也，此一条也。而世人引法，并二者以为一，失法意矣！今此之讼，虽未及二十年，而李孟传者久已死，则契之真伪，谁实证之，是不应受理也。合照不应受理之条，抹契附案，给据送学管业。申部照会。

这个判词主要聚焦案件应否受理问题。方秋崖先对涉案两个契约进行披阅，认定“字迹不同，四至不同，诸人押字又不同”，所以构成“契约不明”。接着引出法律规定：“契要不明，过二十年，钱主或业主亡者，不得受理。”但是，对于这个法律条文如何理解，出现了争议。有人说，这是两条，亦即在契要不明的情况下，还需同时满足两个条件，才能不予受理：一是“过二十年”，二是“钱主或业主亡者”。但方秋崖并不这么认为，他对法律的解释是：“此盖两条也。”意思是说，只要具备其中一种情形，就应当不予受理。他并且对如此理解的理由进行了说明。“谓如过二十年不得受理，以其久而无词也”，也就是超过了时效；“钱主或业主亡”呢？“则契之真伪，谁实证之”。所以，方秋崖说：“世人引法，并二者以为一，失法意矣！”解释完法意，则是将案件事实归属到特定法规范的构成要件之下——“今此之讼，虽未及二十年，而李孟传者久已死，则契之真伪，谁实证之，是不应受理也。”最后是裁判主文：“合照不应受理之条，抹契附案，给据送学管业。”

古代也有审级之分，上级司法机关的判词有时也会针对原审“执法而不详其意”的问题阐述法意。例如胡石壁在“禁步内如非己业只不得再安坟墓起造垦种听从其便”判中，对推官和知县对于法意的理解看似正确但实则错误的问题进行了辨析。从中可以看出法律解释的系统思维，对于我们的二审和再审裁判的撰写也颇有参考借鉴价值。

> 详阅案卷，知县所判，推官所断，于法意皆似是而非。推官所引之法曰：诸典卖田宅，四邻所至有本宗缌麻以上亲，其墓田相去百步内者，以帐取问。李细五于黎友宁所买李二姑陆地，系是墓邻，合听李细五执赎，其说固是矣。然在法：

典卖田宅满三年，而诉以应问邻而不问者，不得受理。黎友宁买系在嘉熙二年之春，李细五入词系在淳祐二年之秋，相去凡隔五年，虽曰有邻，已不在受理之限。而知县所引之法则又曰：典卖众分田宅私辄费用者，准分法追还，令元典卖人还价；即典卖满十年者免追，止偿其价；过十年，典卖人死，或已二十年，各不在论理之限。若墓田，虽在限外，听有分人理认，钱业各还主；典卖人已死，价钱不追。遂判令李细五于限外执赎。其说尤为鲁莽，盖其法中明言，典卖众分田宅私辄费用者，则是指未分之产业，已分则不可言众分矣。又言听有分人理认，则是指众分之中有分者，已分则各有所主，众人不复得为有分矣。今此地李氏祖业，然李二姑之父李彦椹于宝庆二年已拨与女作随嫁资，如此则是分析日久，即非众分之业，李细五安得为有分之人？执法而不详其意，宜乎黎友宁之不伏退业也。

一般来讲，适用法律应当“照条施行”，这是法治的基本要求。但在某些情况下，适当变通适用也是需要，尤其是在涉及家庭私事的场合。“虽非法意”，却最终符合法治的根本目的。如佚名“熊邦兄弟与阿甘互争财产”判：

熊赈元生三子，长曰邦，次曰贤，幼曰资。熊资身死，其妻阿甘已行改嫁，惟存室女一人，户有田三百五十把。当元以其价钱不满三百贯，从条尽给付女承分。未及毕姻，女复身故。今二兄争以其子立嗣，而阿甘又谓内田百把系自置买，亦欲求分。立嗣之说，名虽为弟，志在得田。后来续买，亦非阿甘可以自随。律之以法，尽合没官，纵是立嗣，不出生前，

插秧图

亦于绝家财产只应给四分之一。今官司不欲例行籍没，仰除见钱十贯足埋葬女外，余田均作三分，各给其一。此非法意，但官司从厚，听自抛拈。如有互争，却当照条施行。

对于这个案件，法官清楚地认识到，名为立嗣之争，实质是志在得田。因此，并没有严格依照法律规定将诉争财产全部没收入官，而是“官司从厚，听自抛拈”，裁定除现钱十贯用于安葬亡女外，其余田产平均分作三份，让死去幼弟的两个哥哥和改嫁的妻子各得一份。虽然并非法意，却也各得其所。这样的变通适用，并未减损私人一方的利益，在各方当事人之间也尽可能做到了分配公允，有利于平息互争。

《清明集》还给我们以这样的启发——如果援引法条的方法能够更加灵活、详略有致，能够做到与事实论理不相区隔、水乳交融，还可大大提升判词的修辞效果，使其顿生一气呵成、浑然天成之感。我们且以范西堂所作“游成讼游洪父抵当田产”判为例：

> 准法：应交易田宅，过三年而论有利债负准折，官司并不得受理。又准法：应交易田宅，并要离业，虽割零典卖，亦不得自佃赁。游朝将田一亩、住基五十九步出卖与游洪父，价钱十贯，系在嘉定十年，印契亦隔一年有半。今朝已死，其子游成辄以当来抵当为词。契头亡没，又在三年之外，岂应更有受理？且乡人违法抵当，亦诚有之，皆依典契立文。今游朝之契系是永卖，游成供状亦谓元作卖契抵当，安有既立卖约，而谓之抵当之理？只缘当来不曾交业，彼此违法，以致互争。今岁收禾，且随宜均分，当厅就勒游成退佃，仰游洪父照契为业，别招人耕作。

在这篇判词中，开首连续两个“准法”，显示出宋代判词已经以“律例出发型”取代了唐以前较为流行的“经义出发型”。而两个“准法”，又均极简练，不仅重点突出，语气亦甚流畅。法律规范基础既定，紧跟着就是叙述本案具体事实，人物（游朝及其子游成与游洪父）、案由（出卖田和住基）、时间（嘉定十年）、诉由（今朝已死，其子游成辄以当来抵当为词），样样洗练清晰，而又系不可或缺的重要法律事实。接下来，就是将本案事实归入法律规范："契头亡没，又在三年之外，岂应更有受理？"这是程序层面；实体层面，则通过解释契约、分析供状，得出"安有既立卖约，而谓之抵当之理？"归入的过程，即是说理的过程。不仅如此，还以一句"只缘当来不曾交业，彼此违法，以致互争"，点出了争议所由产生的实质。最后的判决主文，更是明确具体，考虑周至，不仅对一方"退佃"、一方"照契为业"作出裁断，而且还对"今岁收禾，且随宜均分"以及可以"别招人耕作"这类细节问题也一一作出安排。环环相扣，密不透风。法意昭然，情理俱在。其文笔之朴实隽永，即使放到宋人小品当中，也属上乘。

英国学者马若斐（Geoffrey MacCormack）在《南宋时期的司法推理》一文中，也注意到《清明集》在援引法律方面的多彩多姿，他是这样评价的：

> 《清明集》中出现了大量的援引法律的情形，但援引的方式和目的则因人因事而异。有时是毫无删节地具体援引法条原文，有时是将法条概括后再加以援引，有时则干脆不引法条，只是粗略地指出依据的出处，比如以"照户婚之法"这样的语句一言以蔽之。援用法律的方式是和援用的目的息息相关的。如果是具体援引条款或者概括后再引，此时法官视援引法条为案件处理的中心环节，除了叙述法条内容之外，一般还会进一步详译其中的法意。他需要针对具体案情适用法律并作出判决，在特定的案件中，他还需对为何适用此条而不适用彼条作一个说明。如果只是粗略地指出依据的出处，法官只是意在表示他是援法断案的，而法律规定本身却并非

其案件考虑的关键。

如今我们写判决，几乎没有不援引法律的时候，但在援引方式上，一般都非常刻板。复制粘贴，黑压压一片，既无剪裁，又无解说，以为法就在这儿，无容争辩。这恐怕也是裁判文书给人以“不说理”印象的重要因素。正如王泽鉴先生《民法学说与判例研究》所说：“判决理由简略，法理铺叙未详，置当事人之论点于不顾，则胜诉者，有侥幸之感；败诉者，心有难服之处。”其实，所谓“说理”，其“理”不只为“情理”，首先应是“法理”，以及具体将“法理”适用于个案事实的“推理”。因此第一要做的就是把“法理”讲清楚。法意为何？缘何适用？抑或不用？不是简单地把法条照抄下来就能不言自明的。多说几句，可以令人“知其然，亦知其所以然”。不仅可以打消当事人的误解，抑且具有教谕功能。

贰拾

天下惟道理最大

我们今天还时常纠结于裁判文书要不要说理，而在宋朝，说理早已是家常便饭。

何以使然？天职所系也。在中国，司法的宣教功能源远流长。《尚书·大禹谟》记载，早在远古的时候，舜帝就曾这样夸赞皋陶："汝作士，明于五刑，以行五教，期于予治。刑期于无刑，民协于中，时乃功，懋哉！"春秋时期，孔子也极力反对"不教而诛"，他说："道之以政，齐之以刑，民免而无耻。道之以德，齐之以礼，有耻且格。"皋陶孔子的言传身教，影响了历代司法官。例如《后汉书》列传第一五就载有一则恭的治狱故事：

> 恭专以德化为理，不任刑罚。……亭长从人借牛而不肯还之，牛主讼于恭。恭召亭长，敕令归牛者再三，犹不从。恭叹曰：是教化不行也。欲解印绶去。掾史泣涕共留之，亭长乃惭悔，还牛，诣狱受罪，恭贳不问。于是吏人信服。

赵普像

到了宋朝，这一传统更加发扬光大。吴渊曾云："艺祖救百亡之弊，以'道理最大'一语开国。"而说到"道理最大"这一语，就不能不提到"半部《论语》治天下"的宰相赵普。据说，宋太祖赵匡胤将这位开国功臣视为左右手，"常劝以读书"。但赵普平生所读书只一部《论语》，他在回答宋太宗赵匡义时曾说："平生所知，诚不出此。昔以其半辅太祖定天下，今欲以其半辅陛下致太平。"关于"道理最大"的出处，沈括《梦溪笔谈·续笔谈十一篇》有记载：

太祖皇帝尝问赵普曰："天下何物最大？"普熟思未答间，再问如前，普对曰："道理最大。"上屡称善。

"天下惟道理最大"作为完整的一句话，则出现于留正等人纂辑的《中兴两朝圣政》，乃是因孝宗皇帝与明州州学教授郑耕道乾道五年的一次对话而有感而发：

天下惟道理最大。故有以万乘之尊而屈于匹夫之一言，以四海之富而不得以私于其亲与故者。……寿皇圣帝因臣下论道理最大，乃以一言蔽之曰：固不当任私意。呜呼，尽之矣。

这句话不仅是赵宋开国治政的主基调，而且风行于两宋三百余年之始终，晚宋诸儒甚至将"道理最大"拔高到"开万世理学之源"。他们还认为，百姓要讲道理，为政者更要讲道理。"郡守职在宣化"，

雪夜访普图

樊增祥像

所以必须“以道理开导人心”。随手翻开宋代史籍，念兹在兹者可说俯拾即是。例如，做过知府、巡抚、提点刑狱公事，又是理学大家的朱熹曾说：“刑政能使民远罪而已，德礼之政，则有以使民日迁善而不自知。”朱熹的信徒、官至参知政事的真德秀亦曾说：“为政之本，风化是先”，“听讼之际，尤当以正名分、厚风俗为主”。做过浙西提点刑狱的胡颖谓：“当职承乏于兹，初无善政可以及民，惟以厚人伦，美教化为第一义。每遇听讼，于父子之间，则劝以孝慈，于兄弟之间，则劝以爱友，于亲戚、族党、邻里之间，则劝以睦婣任卹。委曲开譬，至再至三，不敢少有一毫忿疾于顽之意。”宋代著名官箴书《州县提纲》，更有一篇专讲“奉职循理”，其云：“为政先教化而后刑责，宽猛适中，循循不迫，俾民得以安居乐业，则历久而亡弊。”

若论教化，判词无疑是一个理想的平台。清末司法官樊增祥说过：“惟判词系对百姓说话。”而卷进诉讼当中的百姓，又多有一时为利所蔽，为忿所激，“本来易化，只缘官司不知训励，故有无知而轻犯者”，如果在判词中“为尔民略陈大义”，则“闾阎小人，无不翻然悔悟”。所以宋代的判词，训谕之语随处可见，或三言，或两语，或开篇，或判尾，或连篇累牍，或梅花间竹，“于民详于劝，于吏详于规”，言之谆谆，期也殷殷。韩竹坡有一道“同宗争立”判，更是始于训谕，终于训谕。开头是这样说的：“古人宗族之恩，百世不绝，盖以服属虽远，本同祖宗，而况一家叔伯兄弟之亲，血脉相通，何有内外间隔！”结尾则云：

> 古诗云：“百年能几时，奄若风中烛。达孝在承宗，可免亲龄促。”……今两立鹤翁、志道，不许别籍异财，各私其私，当始终乎孝之一字可也。天下万善，孝为之本，若能翻然感悟，劝行孝道，天地鬼神，亦将祐之，家道日已兴矣！倘或不然，再词到庭，明有国法，有司岂得而私之哉！

叔伯兄弟，亦兄弟也。本是同根生，相煎何太急？所以务要先行教化，使其重念宗族之恩。但是，教化也非唯一，亦应“先礼后兵”。“若能翻然感悟”，自是官司所乐见；“倘或不然，再词到庭”，那就要国法伺候了。由此可见，教化也时常承担着息讼职能。胡颖在“乡邻之争劝以和睦”判中所讲的一番道理，就是细数“才有些小言语，便去要打官司”的各种不值：

> 大凡乡曲邻里，务要和睦。才自和睦，则有无可以相通，缓急可以相助，疾病可以相扶持，彼此皆受其利。才自不和睦，则有无不复相通，缓急不复相助，疾病不复相扶持，彼此皆受其害。今世之人，识此道理者甚少，只争眼前强弱，不计长远利害。才有些小言语，便去要打官司，不以乡曲为念。且道打官司有甚得便宜处，使了盘缠，废了本业，公人面前陪了下情，着了钱物，官人厅下受了惊吓，吃了打捆，而或输或赢，又在官员笔下，何可必也。便做赢了一番，冤冤相报，何时是了。人生在世，如何保得一生无横逆之事，若是平日有人情在乡里，他自众共相与遮盖，大事也成小事；既是与

> 乡邻仇隙，他便来寻针觅线，掀风作浪，小事也成大事矣。如此，则是今日之胜，乃为他日之大不胜也。当职在乡里，常常以此语教人，皆以为至当之论。

在将“无讼”的道理讲透的同时，胡颖还指出：对于妄兴词讼者自应严加惩治，对于唆使词讼者，更应痛下杀手，如此可收“惩一戒百”之效。有意思的是，判罚既成，他还“各人给判语一本，令将归家，遍示乡里”，这就将教化扩展到了案外百姓，无异于上了一堂生动的法治公开课。判词是这样说的：

> 今兹假守于此，每日受词，多是因闲唇舌，遂至兴讼。入词之初，说得十分可畏，及至供对，原来却自无一些事。此等皆是不守本分，不知义理，专要争强争弱之人，当职之所深恶，正要惩一戒百。今观唐六一诉颜细八、颜十一之由，只是因杨四唆使之故。杨四处乡邻之间，不能劝谏以息其争，而乃鬬喋以激其争，遂使两家当此农务正急之时，抛家失业，妄兴词讼，紊烦官司，其罪何可逃也。杨四杖六十，唐六一、颜细八、颜十一当庭责罪赏状，不许归乡生事，并放。仍各人给判语一本，令将归家，遍示乡里，亦兴教化之一端。

司法裁判虽以国家强制力为后盾，但也必须有其正当性基础。所以，判词中的说理也是说服。胡太初《昼帘绪论·听讼篇第六》就曾说：“大凡蔽讼，一是必有一非，胜者悦而负者必不乐矣。愚民懵无知识，一时为人鼓诱，自谓有理，故来求诉。若令自据法理断遣而不加晓谕，岂能服负者之心哉？故莫若呼理曲者来前，明加开说，使之自知亏理，宛转求和，或求和不从，彼受曲亦无辞矣。”如何才能说服？宋人的说法是："官司须具情与法，叙述定夺因依。"所谓"叙述定夺因依"，就是要说清楚判决背后的理由是什么。这方面的例子很多，我们且举一篇并不常见的行政裁判，以广闻见。篇名是"义米不容蠲除合令照例送纳"，作者又是那位"书判下笔千言"的胡颖。

义米之增，其来已久。揆之于法，虽非所宜，然推原其由，亦是因郡计窘缩之故，不得已而为之，非皆作法于贪也。区迪公之诉于上台，其词固不可谓之不直，但本府两县，凡有田之家，无多无少，皆是如此输纳。官司逐年靠定此米，以充经常之用，一日去此，则官吏欠四、五月之俸，士卒欠四、五月之粮，不复可以为州。为太守者，虽廉如夷、齐，循如龚、黄，亦无缘可以去之。非不欲去也，盖以官吏决不可以数月无俸，士卒决不可以数月无粮也。两县之间，非无富豪之家，非无健讼之人，皆俯首帖耳，甘心听命，无一人有词者，亦知其势不得行耳。两县之人皆无词，而区迪公乃独有词，何哉？本府当来若见得此米当去，则当一切蠲除，不当独免区迪公之一家；若见得不可去，则当条具利害，申闻上台，不当泯泯而止免一家，而不免两县，则是放饭流歠而问无齿决也。有词者则得免，无词者则不得免，则是吐刚茹柔，虐茕独而畏高明也。当官而行当如是乎？当职假守两年，未尝分毫过取百姓，官吏士民皆知之，田地神祇与闻之。乃者受纳秋苗，减斛面米，罢市利钱，会无一毫靳惜，使此义米可去，则必不待来年然后已矣。以当职拳拳为民之心如此其切至，尚不能去，则岂是州郡之虐取哉？大桀、小桀，故贤者之所不为，大貉、小貉，亦贤者之所不能也。本府每岁苗额，相近二万，仓廪之盈虚，固不以一家为轻重，第一家既免，则人人皆将援例，不从则无以为词，从之则无以为继。合勒令照众例送纳所有三年内未纳之米，今不欲监赔。访闻其家颇好施舍，近见跃龙桥未有屋宇，自欲捐金捐廪，成此美事。若果能如此，当以此米为助。帖知县更行劝谕。

这起案件，是一位叫作区迪公的，因不满州郡增收义米，向上级机关提起诉讼。义米之增，其来已久。揆之于法，亦非所宜。这样一个案子，到了“拳拳为民之心如此其切至”的胡颖手里，胜算应该非常之大，但结果并非如此。胡颖并没有受理区迪公的起诉，还要求知县对其进一步教谕。何以这样呢？胡颖不厌其烦地详述了“定夺因依”。他的考虑主要集中在合法性审查、原告资格以及社会效果这几个方面。

在古代，官司行政亦应依法，草民挑战官府，上级机关亦应对被诉的行政行为进行合法性审查。在本案，区迪公挑战的就是本府两县增收义米的行为。胡颖一上来也直奔增收义米的合法性问题，并且认为，揆之于法，并非所宜。但他的高明之处在于，并不是简单地就以不合法为由予以撤销，而是首先“推原其由”。他认为，之所以增收义米，乃“因郡计窘缩之故，不得已而为之，非皆作法于贪也”。他的更为高明之处在于，并不是武断作结，而是对“定夺因依”一一道来。总之，对于增收义米的行为，实为维持行政运转的必要之举，“非不欲去也，盖以官吏决不可以数月无俸，士卒决不可以数月无粮也”。

胡颖接着指出：“两县之人皆无词，而区迪公乃独有词，何哉？”这是从原告资格方面提出疑问。当代行政诉讼理论普遍认为：“原告必须提出他受到某种特殊损害，以便使他与普通人相区别。”胡颖无疑是这种理论的先驱。他是考虑到，增收义米的行为，并非专门针对区迪公一人所施行，而是普遍地施行于所有两县之人。所以就不能认为只有他受到了特殊损害，他也不能将自己与两县之人相区别，进而他的原告资格就值得怀疑。胡颖还具体阐述了何以某个个人的起诉不能接受：“本府当来若见得此米当去，则当一切蠲除，不当独免区迪公之一家；若见得不可去，则当条具利害，申闻上台，不当泯泯而止免一家，而不免两县。”这就点明了被诉行政行为所具有的普适性，从而又具有了一些抽象行政行为的味道。从情理而言，如果谁起诉就支持谁，“止免一家，而不免两县”，则不无欺软怕硬之嫌。

再接着，胡颖还做了一番假设：“本府每岁苗额，相近二万，仓廪之盈虚，固不以一家为轻重”。但是，问题不在于缺不缺你区迪公一家的，而在于裁判的社会效果，或者示范效应——“第一家既免，则人人皆将援例，不从则无以为词，从之则无以为继”。可以说，胡颖对于行政诉讼的特殊性质有着特别清醒的体认。处理行政诉讼固然要具有“拳拳为民之心”，胡颖本人也是“拳拳为民之心如此其切至”，但他也不能不考虑维护行政的正常运作。倘若一味行善，不计后果，不懂平衡，恐将“不复可以为州”。

却说那区迪公，非但挑战官府的增收义米政策，自己也是欠着三年的义米未纳。按照通常做法，既然政策无法推翻，则“合勒令照众例送纳所有三年内未纳之米”，但胡颖却“不欲监赔”。他说：“访闻其家颇好施舍，近见跃龙桥未有屋宇，自欲捐金捐廪，成此美事。若果能如此，当以此米为助。”这又是裁判的智慧。揆之法理，区迪公自无诉权；以社会效果计，也不当判决免除区迪公的纳米义务，但以区迪公“颇好施舍”为由，作出“以此米为助”的个案处理，不仅不违法意，不害秩序，还有利于引导公众多行公益之举。

讼有两造，有一胜必有一负。对于胜方而言，他并不在乎判词讲不讲道理，仅仅判决主文，就足以使他心花怒放。所以，道理总是对着无理者讲的。宋代的官箴书《州县提纲》就曾谈到如何跟无理者讲道理：

> 亦尝念愚民之无知，两造具备，必详览案牍，反复穷诘。其人果无理矣，则和颜呼之近案，喻之以事理，晓之以利害，仍亲揭法秩以示之，且析句为之解说，又从而告之曰“法既若是，汝虽诉于朝廷，俱不出是耳。使今日曲法庇汝，异时终于受罪。汝果知悔，当从宽贷；不知悔，则禁勘汝矣。”稍有知者，往往翻然自悔，或顿首感泣曰：“某之所争，盖人谓某有理耳。今法果如是，某复何言。”故有誓愿退逊而不复竞者。前后用此策以弭讼者颇多。如顽然不知悔，始寘之囹圄，盖法而行，自后往往不从劝谏者盖寡。如不先委曲示之以法而骤行之，彼犹以为无辜而被罪，宜其争愈力而不知止。

如何跟无理者说理？这篇官箴的观点颇多玩味之处。第一，处理案件不能不说理“而骤行之”，否则，当事人的心结打不开，“犹以为无辜而被罪”。那些一再缠访、不甘罢休的人，之所以“其争愈力而不知止”，原因大多在此。第二，要想把理说到点上，必须有充足的准备，“详览案牍，反复穷诘”，才能发现其人是否“果无理矣”，以及其无理究竟在何处。第三，说理也讲究个方法，“和颜呼之近案”，“委曲”而谈。既要“喻之以事理”，又要“晓之以利害”。第四，所谓“说理”，最重要、也最令人信服的还是“法理”。“亲揭法秩以示之，且析句为之解说”，不仅如此，还要“告之曰‘法既若是，汝虽诉于朝廷，俱不出是耳’”。第五，礼为先导，刑作后盾。“汝果知悔，当从宽贷；不知悔，则禁勘汝矣。”“如顽然不知悔”，必“寘之囹圄”而后快。

最后要说的是，有的时候，说理的对象并不是诉讼两造，而是法官同行。这个同行，也许是合议庭其他成员，也许是下级法官，还有可能是上级法官。对于合议庭其他成员，是要说服你达成一致意见；对于下级法官，是要指出你的裁判错误；对于上级法官，是要你在可能发生的上诉程序中认可我的原判。胡颖“质库利息与私债不同”判，就是与作出原判的知县对话。

> 大凡官听财物勾加之讼，考察虚实，则凭文书，剖判曲直，则依条法。舍此而臆决，则难乎片言折狱矣。黄公才初以百千与李四二作解，而其子李五三、李五七止供认五十千，知县遂以为信。谓是当时果只五十千，不知以何为照，而可证单词之非妄？是不凭文书以考察虚实矣。李四二领钱之初，约每岁纳息二分，以十四年计之，该息二百八十贯。据黄公才供，曾支去二十七贯，通本息合存三百五十三贯。此乃是积年留下息钱在库，不曾支拨，初非以财物出举，而回利为本者。知县乃引用积日虽多，不过得一倍之法以断之，岂犹未见淳熙十四年申明之敕乎，其说曰：若甲家出钱一百贯，雇倩乙家开张质库营运，所收息钱虽过于本，其雇倩人系因本营运所得利息，既系外来诸色人将衣物、金帛抵当之类，其本尚在，比之借贷取利过本者，事体不同，即不当与私债一例定断。今李四二所欠黄公才之钱，正系库质利息。知县乃以私债定夺，是又不依条法以剖判曲直矣。然则何以息讼哉？佥厅再唤两词，于黄公才名下索出李四二领钱文约，以验其实欠钱若干。如见得别无未尽情节，则与照条追理监还，何必更追干证。

宋理宗像

这道裁判，开篇即是说理："大凡官听财物勾加之讼，考察虚实，则凭文书，剖判曲直，则依条法。舍此而臆决，则难乎片言折狱矣。"说的是"官听财物勾加之讼"的裁判方法，用现在的话说，无非是"以事实为依据，以法律为准绳"。然而，知县却"舍此而臆决"，具体来讲，在事实方面，"不凭文书以考察虚实"，而是偏听一方的"单词"而不察其"非妄"；在法律方面，则是错将"库质利息""以私债定夺"，所以，"是又不依条法以剖判曲直"。这样糊涂裁判，难怪不能息讼。在指出知县错误的基础上，胡颖"再唤两词"，提出了"于黄公才名下索出李四二领钱文约，以验其实欠钱若干"的解决方案，并且毫不拖泥带水地判道："如见得别无未尽情节，则与照条追理监还"。

连续两篇，我们谈到许多胡颖的判词，其"临政善断"、"吐词成文"之功力，可见一斑。胡颖的水平，就连宋理宗也是领教过的。《宋史·胡颖传》记载过这样一段轶事：

> 在浙西，荣王府十二人行劫，颖悉斩之。一日轮对，理宗曰："闻卿好杀。"意在浙狱。颖曰："臣不敢屈太祖之法以负陛下，非嗜杀也。"帝为之默然。

宋理宗名赵昀，在位四十年。后世评价其"非有能之君，浸淫于逸乐"。但他是一位儒君，有人甚至说："在对儒学的崇尚方面，完全可以与'罢黜百家，独尊儒术'的汉武帝并驾齐驱。自理宗朝，理学成为官方统治思想后，历元、明、清迄于近代，统治中国思想界六七百年，影响深远。"后世还认为，赵昀如此崇尚理学，庙号理宗，也是名实相符。"天下惟道理最大"，理宗朝的这些判词，给这句话提供了一个很好的注脚。

贰壹

打官司就是打证据

常言说：打官司就是打证据，证据对于裁判的重要性不言而喻。但在裁判文书中如何写证据，却是一个值得研究的问题。常见的做法是，把所有证据都分类标号，子丑寅卯、甲乙丙丁，连篇累牍，照抄不误；对于证据的分析，却常常惜墨如金，甚至付诸阙如。我们说裁判文书越写越长，一味罗列堆积证据怕是一个重要原因。但这种长，实在是长而不当——那些个证据，就如一堆堆没有生命的石头一样，除了添堵，没有任何用处。

我们今天专门谈谈证据的写法，所用的例示，仍以南宋时期形成的古代判词的巅峰之作《名公书判清明集》为主。在说到南宋之前，我们也不妨先简短地往前回溯一番。

说起来，中华传统司法是非常重视证据的，上古文献当中有许多相关记载，例如《周礼·地官·小司徒》载："凡民讼，以地比正之。地讼，以图正之。"意思是说：凡民众有争讼，就依据当地清查的簿册来判决；

中国古代的杖刑

有关土地的争讼，就依据地图来判决。官府也会要求两造举证，提供不出证据的一方，通常会败诉。例如《左传·襄公十年》就记载了一件“王叔与伯舆”之间的诉讼，范宣子审案时，“使王叔氏与伯舆合要，王叔氏不能举其契。王叔奔晋”。

古代在处理刑事诉讼时，特别注重口供，以至于视口供为“证据之王”。《徐道隣法政文集》曾说：“但是有些凶恶硬汉，就是面对着十分齐全的人证物证，也硬不招认，自然不免引起法官光火，用刑拷打，逼他招认，因而也不免常有‘屈打成招’的事情发生。”据《史记·张仪列传》记载，战国时的张仪就是这样一个惨遭掠笞也硬不招认的硬汉：

> 张仪已学游说诸侯。尝从楚相饮，已而楚相亡璧，门下意张仪，曰：“仪贫无行，必此盗相君之璧。”共执张仪，掠笞数百，不服，醳之。其妻曰：“子毋读书游说，安得此辱乎。”张仪谓其妻曰：“视吾舌尚在不？”其妻笑曰：“舌在也。”仪曰：“足矣。”

到了宋朝的时候，司法有了长足进步，不仅刑讯受到严格控制，口供作为“证据之王”的地位也遇到挑战，证人证言、物证、书证、司法检验报告的法律效力开始超过供词。明代张景撰《补疑狱集》里有一篇《邻妇证伪奸》，就可以看出证人证言的作用已是举足轻重：

宋景定间，福建张氏遣女。里中有不检少年，闻茶汤担有玻璃杯，先一夕饰为妇人，随女伴入，欲盗之。被执，极其拷掠。有邻妇，每事女沐浴，少年询知女僻处有双痣相联，赴官陈云："元与女私，前后骗取某物若干。"官追女出对，皆无实状。少年指僻处双痣为证，女愧无辞，验之果然。拟罪将断，邻妇赴官陈告，少年遂伏辜焉。

关于物证，《宋刑统》则规定："若赃状露验，理不可疑，虽不承引，即据状断之。"这说明，物证的作用也超过了口供。书证的发达更是宋朝证据制度的一大特点，这可能得益于土地私有制发展带来的田产所有权的频繁流动，以及商品经济发展带来的物业交易的增加。我们在《清明集》中，频繁见到司法官对于书证的尊崇，例如：吴恕斋在"争田业"判中云："大凡田婚之讼，惟以干照为主。"人境在"物业垂尽卖人故作交加"判中谓："殊不知交易有争，官司

中国古代的杖刑

進刑統表　竇儀
臣聞虞帝聰明始恤刑而御物漢高豁達先約法以臨
人蓋此丹書輔於皇極禮之失則刑之得作於凉而弊
於貪百王之損益相因四海之準繩斯在如銜勒之持
逸駕猶郛郭之域羣居有國有家其來尚矣伏惟皇帝
陛下寶圖攸屬駿命是膺象日之明流祥光於有截繼
天而王垂洪覆於無疆乃聖乃神克明克類河圖八卦
惟上德以潛符洛書九章諒至仁而默感哀矜在念欽
恤爲懷網欲自密而疏文務從微而顯乃詔執事明啟
刑書俾自我朝彌隆大典貫體時之寬簡使率土以遵
行國有常科吏無敢侮伏以刑統前朝創始羣彥規爲
刑統表　一　嘉業堂校刊

吴兴嘉业堂刻本《宋刑统》

定夺，止凭契约。”佚名在“争业以奸事盖其妻”判中称：“争业，当论契照先后；争奸，当论踪迹虚实。”胡石壁“质库利息与私债不同”判则说：“大凡官厅财物勾加之讼，考察虚实，则凭文书；剖判曲直，则依条法。舍此而臆决焉，则难乎片言折狱矣。”

《洗冤集录》之诞生于南宋，也说明那个时候对于检查、勘验的重视程度。就如宋慈在《洗冤集录》序文中所说：“狱事莫重于大辟，大辟莫重于初情，初情莫重于检验。”检验就是为了获取证据，以洗冤泽物，起死回生。宋慈还曾自谓：“慈四叨臬寄，他无寸长，独于狱案审之又审，不敢萌一毫慢易心。”审之又审，就体现在“重证据实”。在他担任湖南提点刑狱时，遇到一个“累次追查不到”的恶棍，名叫杨子高。杨子高暴于虎狼，恶贯满盈，宋慈早就想置之死地而后快，但在办案时仍然坚持用证据说话。他在判词中这样说：

> 然而殴死人力，犹须见证追会，旁夺田产，亦要干证索齐。至如假官一节，索到告身批书，皆是揩洗书填，难掩踪迹，唤取前项书铺辨验，造伪晓然。

书铺，可不是卖书的铺子，而是为当事人代写各种书状的专门机构，除此之外，书铺还扮演者鉴定、公证的角色，经常协助官府鉴别辨验契约、婚帖、印记、告身批书等各种书证的真伪。在《清明集》中，可以随处找到这种例子。例如吴恕斋“孤女赎父田”判云：“切惟官司理断典卖田地之讼，法当以契书为主，而所执契书又当明辨其真伪，则无遁情。惟本县但以契书为可凭，而不知契之真伪尤当辨，此所以固士壬执留之心，而激应龙纷纭之争也。今索到戴士壬原典卖俞梁田契，唤上书铺，当厅辨验，典于开禧，卖于绍定，俞梁书押，敻出两手，笔迹显然。典契是真，卖契是伪，三尺童子不可欺也。”

日积月累，司法官也练就了一番辨别书证真伪的本领，有的判词还对此做过一些系统整理。例如人境在“物业垂尽卖人故作交加”判的开头就说了这样一番话：

> 窃见退败人家，物业垂尽，每于交易立契之时，多用奸谋，规图昏赖，虽系至亲，不暇顾恤。或浓淡其墨迹，或异同其笔画，或隐匿其产数，或变异其土名，或漏落差舛其步亩四至，凡此等类，未易殚数。其得业之人，或亦相信大过，失于点检。及至兴讼，一时官司又但知有怜贫扶弱之说，不复契勘其真非真是，致定夺不当，词诉不绝，公私被扰，利害非轻。

在另一道“揩改文字”判中，人境更为人们展示了一番分辨真伪的本领：

> 照得龚敷与游伯熙互争第四十八都第一保承字二百八十七、二百八十八、二百八十九共三号地，两下各执其说，官司初亦未知其谁是谁非。及将本厅出产图簿与两家所执干照参对，得见二百八十七号及二百八十八号地，

见系龚敷管佃；二百八十九号地，见系游伯熙管佃。其二百八十七号地计五亩四十五步，其二百八十八号地计四亩一角三十二步，参之官簿，并无毫发差舛。其二百八十九号地，据游伯熙干照内具载，计一十亩五十五步，参之官簿，却只计五亩一十五步。及与之研穷契勘，乃是续于干照内增益亩数，更改字画，浓淡踈密，班班可考。况各人管业年深，前此即无词讼，是则游伯熙用意包占龚敷地段分明。合押两争人到地头，集邻保从公照古来堑界摽迁，付两家管业。今据龚敷所陈，乃称古来活树篱堑，已被游伯熙锄斫，然亦须有锄斫踪迹可考，并仰从公指定摽迁，不得观望。如再惹词诉，定追邻保勘断。

分辨是基础，真伪既明，谁是谁非也就大白于天下。分辨之外，司法官通常还会结合证据进行分析。我们且读一篇吴恕斋的“诉侄盗卖田”判，揣摩一下他是如何进行分析的：

华纲、华纬及其子惟德、惟忠，绍定二年至嘉熙三年，前后十契，将田六亩有奇，正典断卖与陈舜臣为业，并已经官投印。华纲、华纬死，陈舜臣亦死，而华大成者，乃以为故祖华咏遗下未分之田，诉其侄惟忠、惟德瞒昧盗卖与陈舜臣之子可久。县追各人供对，大成则曰：“此系故祖华咏遗下未分之田。”惟德、惟忠则曰：“此系故父华纲、华纬自己分受之田。”官司于此且合追索两家干照，究证是与不是未分之田，则曲直予夺瞭然矣。夫何含糊于已分、未分之间，依阿乎有分、无分之说，但令华大成备二亩价钱，于可久家拨赎二亩。惟其是非未明，此大成望蜀之心，独不止于得二亩；可久全璧之意，又未忍于割二亩，其讼所以不已也。要之，拨二亩之说未为至当，而已分、未分之争合与究竟。使其果是未分之田，则华咏生四子，祖业作四分，此田合四分分赎，岂止大成一分可赎二亩而已。照得华咏四子，先分析于开禧二年，华纲、华大成兄弟又分析于嘉定年间，何为已分析三十年，而尚有未分之田耶？又何为不争诉于三十年前华纲未死之日耶？又为何诸分不争，而一分独争耶？此田谓之未分，官司何所凭据？若曰故祖遗下未分之田，则必有众存文约，又必有各分分书，互载可照。所合索上究证，则无者不得尽其辞矣。但两争干涉人众，若一一追到府，恐成烦扰，欲送富阳县，详所拟追索干照，从公结绝。限五日申。

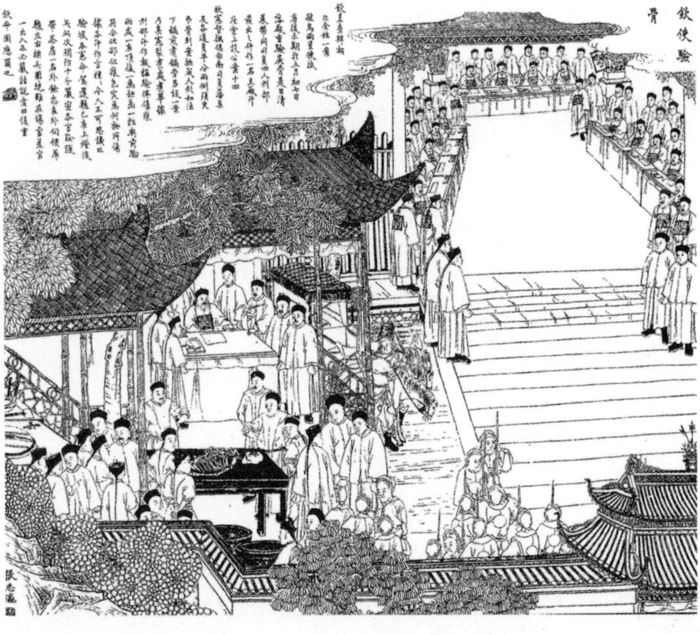

钦差验骨

在这个案件中，争议的焦点在于“是与不是未分之田”。一方曰是，一方曰不是，针尖对麦芒，各不相让。吴恕斋首先摆明：“官司于此且合追索两家干照，究证是与不是未分之田，则曲直予夺瞭然矣。”接着指出：正是由于县府的原判不以证据说话，“含糊于已分、未分之间，依阿乎有分、无分之说”，才使得两造各存“望蜀之心”与“全璧之意”，最终导致“其讼所以不已也”。不重视证据，则会“是非未明”；不分清是非，则会嚣讼不已。为给县府作出示范，吴恕斋对于关键事实发出一连串疑问，最终的结论是：“所合索上究证，则无者不得尽其辞矣。”最后的结果也是一个亮点——考虑到“一一追到府”会给“两争干涉人众”造成烦扰，所以将案件发还富阳县重审，令其五日内“追索干照，从公结绝”。对于证人给予必要的尊重与保护，也是证据制度是否发达的标志之一。

对于证据情伪是否能够剖析到位，直接关系着能否绝词息争；换句话说，对于证据情伪的鞭辟入里的分析，本身就会成为一篇法律关系宣言书。吴恕斋对于此道无疑有着清醒的自觉，他在“王直之朱氏争地”判中说了这样一段话：

> 切详两人之辞，仅争一角之地，展转逾年，道路经营之费，不知其直几角矣。昧于逊畔，至于此极，深可念也。今将两家契书反复究问，期于息争。朱氏当全有桑地，王直之只合得屋基，彼此不容昏赖。本县虽曾委主簿摽迁，以桑地还朱氏，以屋基还王直之，但剖析两家情伪，全不分明，故直之尚欲徼觊于万一。欲当厅责状，将各人干照逐一给还，庶可绝词。

回过头来，我们再欣赏一下吴恕斋在这道判词中是如何“切详两人之辞”、“剖析两家情伪”的：

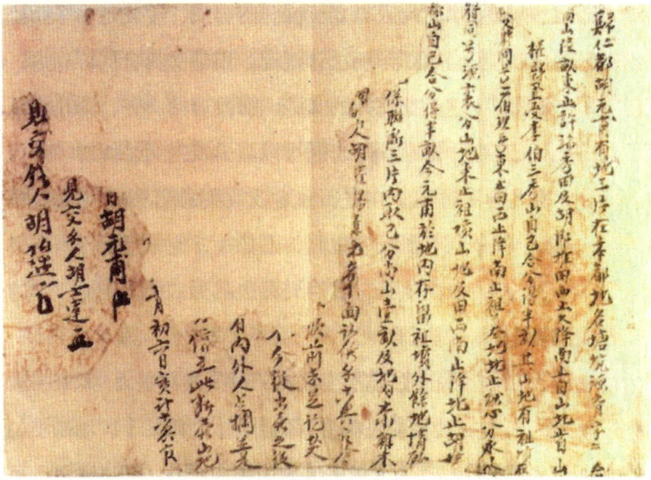

南宋土地买卖契约

交争田地，官凭契书。徐监狱媳妇朱氏执出绍熙、庆元间典买施文霸桑地七契，计二亩一角十九步，该载亩步四至，坦然明白，末后两契，且声说除将住屋及屋基，滴水为界，典卖与施王德外，余并系卖与徐宅之数，此朱氏契书也。王直之执出嘉熙三年、四年典买施王德屋地四契，且缴到施王德元置施文霸屋地未印老契，该载屋宇间架及随屋地基，明即不曾声说有屋外桑地亩角，此王直之契书也。以两家契书考之，朱氏当尽有桑地，直之仅买得屋基，彼此干照，极是分晓。今直之施王德死后，乃欲于屋基外，冒占朱氏桑地一角，不知何所凭据？若曰缴到施王德原置文霸老契可照，四十余年一幅竹纸，竟不投税，已是难凭。今纵以为可凭，则契内只言“住房基”，即无“桑地一角”四字。但是施王德初典契内平白撰出“桑地”二字，又无亩角四至。续于嘉熙四年闰月，施百二娘断卖于施王德既死之后，又旋添“一角”之语。

不知施王德、施百二娘何所据而卖桑地一角，王直之又何所据而买桑地一角乎？盖朱氏桑地，原系施王德承租，及据施百二娘供证，当来止是出卖住屋基地，即不曾滚同桑地卖与直之。此非直之有意贪图，则是施王德盗卖主产，无可言者。今直之不自反其契书之不正，乃推求朱氏契书，谓其不合投税于嘉熙年间，必是假伪。照得朱氏七契，一契印于绍定三年，六契印于嘉熙四年，其印于嘉熙四年者固若可疑，但所置施文霸桑地，其一亩已于绍熙四年经官批上砧基簿，其二亩一角十九步又于庆元五年经官批上砧基簿，又该载嘉定六年分书，并有官印官押分明。直之尚欲将庆元元年至今未印之片纸为可据，而朱氏绍熙、庆元、嘉定已印之砧基、分书乃不可凭乎？无缘朱氏预于绍熙、嘉定年间伪造砧基、分书，以为昏赖嘉熙四年产业之理？

分析的过程就是是非曲直渐次明确的过程，分析清楚之后，则会是分配。所谓分配，也就是依据事实证据定分予夺。我们来看一看吴恕斋“叔侄争”判的“再判”：

盛荣诉友能强占竹地、桑地二段事，今追到友闻、友能供对。照得桑地一段，委系盛荣父文旺先买得文智之产，绍定年间，其侄友闻盗卖与友能为业。友能不问来历，不收上手契照，卤莽交易，宜有今日之讼。但县判谓：“盛荣与友能为族叔侄，居止相近，安有绍定二年卖过此产，而不知之理？况友能自得此地，筑屋其上，种竹成林，已十四五年，而盛荣始有词诉，何邪？”在法：“诸同居卑幼私辄典卖田地，在五年内者，听尊者理诉。”又：“诸祖父母、父母已亡，而典卖众分田地，私辄费用者，准分法追还，令原典卖人还价，即满十年者免追，止偿其价。”揆之条法，酌之人情，历年既深，在盛荣只合得价，不应得产。欲帖县，监友闻，先卖契字仍给还友能管业。外所争竹地一段，据盛荣执出分书，委系文旺、文贵各得其半，盛荣即文旺之子，友能即文贵之孙，今友能乃全有之，别无片纸干照，必是影带包占，此盛荣所以反复嚣讼不已也。欲并帖委官，照分书将上件竹地标钉界至，作两分管业，庶几予夺各得其当。如盛荣再敢健讼，照已判断治施行。

虽然有证据清楚说明，盛荣的桑地系友闻盗卖与友能为业，但案件的处理却不是只凭证据说话，还要“揆之条法，酌之人情”，既然“历年既深，在盛荣只合得价，不应得产”。这是吴恕斋对于桑地一段的处理。至于竹地一段，情况则有不同。盛荣一方能够提供当年的分书，委系“各得其半”；友能一方独占竹地，却“别无片纸干照”。因此，盛荣“反复嚣讼不已”，实乃事出有因；友能“必是影带包占”，亦是不言自明。是非既明，合当重新分配，于是乎判决“照分书标钉界至，作两分管业”。真是“予夺各得其当”，读罢大呼过瘾。

大凡法官中的高手，既能认真对待证据，又能在必要时跳出证据。吴恕斋在“兄弟争业”判中说：“官司予夺，若不将两词究竟到底，则无以绝其诬罔之根。”在这个案件中，吴恕斋确实做到了“究竟到底”——将所争赤契逐一从公比对，细如毫发，慧眼辣手，但他又不完全拘泥于证据之中，考虑到争议双方是一对亲兄弟，便从大处着眼，对两兄弟施以教化：“小人为气所使，唯利是趋，所争之田，不满一亩，互争之讼，不止数年，遂使兄弟之义大有所伤而不顾，官司更不早与剖决，则阋墙之祸，何时而已？”

在“士人因奸致争既收坐罪名且寓教诲之意”判中，赵知县也表达了注重教化的倾向。判词开头就讲：“词讼到官，事有关繫，若但剖析曲直，收坐罪名，而不少寓教化之意，非善政也。”在赵知县的心目中，仅仅剖析曲直都不是善政，更何况只是满足于照抄“供对”，因此，在剖析曲直之后，拿出很大篇幅施以教诲。他说的是：“婚以礼成，妻由义合，天伦所在，岂容或亏？县令奉为，正救此事。”当然，任何教化之词都应是建立在“供对既明”的基础之上。虽然判词通篇都没有援引具体的“供对”，但那“供对”显然是查明了的，所以判词才说：“两造在庭，供对既明，合行予决。”

还有很多判词，干脆直接认定事实，对于具体的供证，只是一笔带过。例如刘后村“妄以弟及弟妇致死诬其叔”判，开头一段这样写：

> 阿周所堕之胎，月数已满，非惊堕也。许千八自以病死，非惊死也。有邻有证，一一分明。许佳为人之姪，辄将弟妇堕胎，妄论叔父许三杰，又敢将自死之弟，重叠诬执叔父，又敢将叔父殴打，验伤有尖物痕，见之县案。

堕胎非惊堕，病死非惊死，又敢将叔父殴打，这些都是案件的关键事实，但刘后村并不将相关证据全盘罗列，只是说：“有邻有证，一一分明。”只是说：“验伤有尖物痕，见之县案。”证据并非目的，证据只是手段，当证据分明、足以证明事实时，直接叙述事实才是最重要的；至于证据本身，存案备查就是了，跑不了的。这就是古代法官的务实之处，这或许也是古代判词都那么短小隽永的诀窍所在。

贰贰

问世间情为何物？

我们常常将“天理、国法、人情”挂在嘴边，但你有没有认真想过：国法之外，理当何讲？情为何物？

先来说说“天理”吧。孔子云：“唯天为大。”顾名思义，“天理”就是自然界最大的理，也就是人类无法抗拒、只能顺应的自然规律。老子云，“人法地，地法天，天法道，道法自然”，说的就是这个意思。所以，“天理”有时也称作“天道”，“道”和“理”并用，也就构成了“道理”。关于“道理”，宋代理学家陈淳在他的《北溪字义》中有一段非常清晰的解说：

> 道与理大概只是一件物，然析为二字，亦须有分别。道是就人所通行上立字，与理对说，则道字较宽，理字较实，理有确然不易底意。故万古通行者，道也；万古不易者，理也。理无形状，如何见得？只是事物上一个当然之则便是理。则是准则、法则，有个确定不易底意。只是事务上正合当做处便是“当然”，即这恰好，

老子像

无过些，亦无不及些，便是“则”。

“天垂象，圣人则之”。人们论证“天道”的目的，在于为“人事”提供效法的模式，所以就有了人间的“国法”。就像朱熹所说：“法者，天下之理。”世界的本原是“理”，法律也是“理”的体现。“国法”源于“天理”，自不能有悖于“天理”，其目标一脉相承。

但在古代中国，“天下之理”并非只是一个“法”，中国传统法是“礼”与“法”的共同体。在儒家看来，“礼”就是广义的法，“律”也是受其支配的。可以说，礼和法共同构成人间的“理”，就像《乐记》所说：“礼也者，理之不可易者也。”朱熹也把“礼”、“法”与“理”相提并论，他说：“礼字、法字实理字，日月寒暑往来屈伸之常理，事物当然之理。”至于礼和法的关系，自古便主张“礼主刑辅”、“礼本刑用”，而这一观念其实也是“则天象地”而来，一如《唐律疏议》所说：“德礼为政教之本，刑罚为政教之用。犹昏晓阳秋相须而成者也。”

虽说礼是中国传统法的灵魂，但礼的含义却包罗万象。究竟什么是礼？法史学家指出：“简单地说，礼所追求和提倡的是‘人伦道德’，也就是直到今天乃至将来，中国人也无法完全割舍的忠、孝、节、义。”在古代判词中，人伦也的确常常和天理一道出现。例如南宋胡颖“子妄以奸妻事污父”判就称黄十为“天理人伦，灭绝尽矣”，而这里所说的“天理人伦”，乃是“父慈子孝”，所谓“父有不慈，子不可以不孝。”胡颖在另一篇“叔父谋吞并幼姪财产”判中也提到了“天理”，判词说：“李文孜蕞尔童稚，怙恃俱亡，行道之人，所共怜悯。李细二十三为其叔父，非特略无矜恤之心，又且肆其吞噬之志，以己之子为兄之子，据其田业，毁其室庐，服食器用之资，鸡豚狗彘之畜，毫发丝粟，莫不奄而有之，遂使兄嫂之丧，暴露不得葬，孤遗之侄，逃遁而无所归。其灭绝天理亦甚矣！”这里所说的“天理”，亦是人伦道德，“不孝不友”者也。对于此等“灭绝天理”之举，“若不痛惩，何以诘暴！”但值得注意的是，判决的依据却不是“天理”，而是“国法”：

准敕：诸身死有财产者，男女孤幼，厢耆、邻人不申官抄籍者，杖八十。因致侵欺归隐者，加二等。厢邻不申，尚且如此，况叔侄乎？因致侵欺，尚且如此，况吞并乎？又敕：诸路州县官而咆哮凌忽者，杖一百。凌忽尚且如此，况夺囚乎？又律：诸斗以兵刃斫射人，不着者杖一百。斫射平人，尚且如此，况拒州县所使者乎？合是数罪，委难末减。

所以，即使在“灭绝天理”的情况下，只要有直接的法律依据，也是不须直接援据“天理”判案的。随着以礼入律，礼刑合一，法

魏征像

的规则与礼的教条二者之间水乳交融，天衣无缝，通常情况下，依法裁判也就是依了礼和理。当然，也不排除在法无明文、且无习惯时，依据法理为断。从另一方面讲，即使对法律条文并不那么熟稔，只要“存大体”、“顺人情”，裁判的结果也不会差。唐代名相魏征就有这本事，《新唐书·魏征传》载：“迁侍中，尚书省滞讼不决者，诏征平治，征素不习法，但存大体，以情处断，人皆悦服。”

复杂而不可捉摸的是“人情”。一方面，“人情”在不同语境下有着不同的含义；另一方面，“人情”也是变化不居的，因时而异，因地而异，因案而异。正像庄子所说：“彼亦一是非，此亦一是非。”又如《关尹子》所云：“古今之俗不同，东西南北之俗不同；至于一家一身之善又不同。”所以我们有必要专来说说“人情”，探讨一下“人情”与“国法”究竟是一种什么关系。我所要用的样本，仍是南宋判词《名公书判清明集》。主要是考虑，有宋一代，法律明确要求“官司须具情与法”；司法实践中，司法官亦对“情与法”有着非常精深的体悟。在《清明集》中，随处可见“人情、法理两得其平”的经典裁判。

在宋代司法官眼里，“天理、国法、人情”，“国法”是核心。既然“祖宗立法，参之情理，无不曲尽”，那么也就可以理解为：“法意、人情，实同一体”。“人情”不是“国法”的对立面，“一准于法”，也就兼顾了“天理”与“人情”。在《清明集》中，随处可见司法官们对于“法令”的尊崇之词。蔡久轩“莲堂传习妖教”判说：“法令所载，昭如日星。”拟笔“命继与立继不同”之“再判”说：“法令昭然，有如日星，此州县当奉行。”胡颖“质库利息与私债不同”

判说："大凡官厅财物勾加之讼，考察虚实，则凭文书，剖断曲直，则依条法。舍此而臆决焉，则难乎片言折狱矣。""不当立仆之子"判说："事既到官，只当以理法处断。"韩似斋"官为区处"判说："当此之时，为官司者，便当据条任理而行之。" 真西山"劝谕事件于后"说："如卑幼诉分产不平，固当以法断。" "争田业"判说："论理婚田，自有年限，金科玉条，凛不可越。"

庄生图

"人情"不是"私情"，不是"情面"，这也是宋代司法官的鲜明态度。例如真西山在"谕州县官僚"中曾经这样说：

> 公事在官，是非在理，轻重有法，不可以己私而拂公理，亦不可骩公法以徇人情……殊不思是非之不可移者，天理也；轻重之不可逾者，国法也。以是为非，以非为是，则逆乎天理矣！以轻为重，以重为轻，则违乎国法矣！居官临民而逆天理、违国法，于心安乎？雷霆鬼神之诛，金科玉条之禁，其可忽乎？

这里似乎表明，天理是解决是非问题的，国法是解决轻重问题的，而人情不可徇，否则将拂公理、骩公法。在他提到的情理法三者中，只有"人情"一词带有否定意义。而他在"示僚属"中说的一段话，更为清楚地表明，他所反对的"人情"，乃特指"私情"："本司乃九州刑狱所在，关系非轻，中间外官入佥厅，不知事体，徇人情、

王夫之像

坏法度。书信络绎，甚至赍传简牌，入佥厅嘱托讼事，遂使佥厅为市易关节之地。”刘后村“女家已回定帖而翻悔”判也说：“公事到官，有理与法，形势何预焉？”“合与不合成婚，由法不由知县”。范西堂“因奸射射”判则云：“重其所当轻，而轻其所当重，为政如此，非谬而何？守令亲民，动当执法，舍法而参用己意，民何所凭？”既然“人情”不是“私情”，那么，宋代司法官所要考虑的“人情”

又是何物呢？又是如何将其与“国法”相互参酌呢？

很多情况下，“情”是一种客观之情，亦即“情节”、“情况”。例如在叶岩峰“妄称遗腹以图归宗”判中，陈亚墨声称系孙华遗腹子，“辩说哓哓，非孙华可敌”，法官“切详情节”，查明了真相——原来陈亚墨并非孙华遗腹子，乃系有意设谋，“特以孙华景迫桑榆，只俟瞑目之后，便可妄认归宗，占据产业”。

又有时，“情”是一种主观心理状态，也就是行为人的内心“情状”。在汉代，董仲舒提出的“原心定罪”、“原情定过”，就是考察行为人的内在动机。他说：“《春秋》之听狱也，必本其事而原其志。志邪者，不待成；首恶者，罪特重；本直者，其论轻。”“原情”、“原心”，并不是废法，相反，却是为了更准确地用法。正如明代思想家王夫之所说：“原情定罪，而罪有差等；饬法明伦，而法有轻重。”胡颖“因争财而悖其母与兄姑从恕如不悛即追断”判，就运用了“原心”术：

> 人生天地之间，所以异于禽兽者，谓其知有礼义也。所谓礼义者，无他，只是孝于父母，友于兄弟而已。若于父母则不孝，于兄弟则不友，是亦禽兽而已矣。李三为人之弟而悖其兄，为人之子而悖其母，揆之于法，其罪何可胜诛。但当职务以教化为先，刑罚为后，且原李三之心，亦特因财利之末起纷争之端。小人见利而不见义，此亦其常态耳。恕其既往之愆，开其自新之路，他时心平气定，则天理未必不还，母子兄弟，未必不复如初也。特免断一次。本厢押李三归家，拜谢外婆与母及李三十二夫妇，仍仰邻里相与劝和。若将来仍旧不悛者，却当照条施行。

不孝不友，违背人伦，禽兽不如，依法应当重惩，但胡颖通过“原心”，认为李三只是因贪图财利而与其母其兄起了纷争，所以决定免断一次。他的容恕之举，并非为了徇私废法，相反，却是为了实现法律所要追求的更高目的——使其教化之下而知礼义；倘能“开其自新之路”，母子兄弟和好如初，“则天理未必不还”。判词极短，但在处理“天理、国法、人情”三者关系方面，却有如教科书一般。

胡颖的另一篇“兵士差出因奔丧不告而归其罪可恕”判，也是“原情”，原的是一个逃兵“不告而归”的“背后原因”。判词云：

> 吴保随直上幕，不告而归，其罪固不可容恕。原其逃避之故，却系奔母之丧。古之孝子，行役则瞻望母，出使则思将母。今吴保因差出在外，母卧病则不得侍其医药，疾革则不得启其手足，闻讣之日，方寸之乱，不言可知，见星而舍，犹以为缓，尚何暇于谒告哉？昔吴起仕于魏，母死不归，而曾子绝之；孟宗为吴县令，因奔母丧，自囚以听刑，陆逊表其素行，乃得免死。然则吴保之罪，提干必能以情宥之矣。备申提举司，乞免行追究，仍告示兵马司，今后如差军兵往二千里外，约往来该四月以上，而其人有父母年老衰病，别无以次可供侍者，并免指差。

军人吴保“差出在外”，“不告而归”，论罪难恕，但胡颖不是一判了之，而是查明其之所以逃避，乃是奔其母丧，因此认定其系“行役则瞻望母，出使则思将母”的孝子，“以情宥之”，“免行追究”。不仅在个案中融入核心价值观，充盈着正能量，还进而确立了一个普遍适用的法律规则——“家中若有父母年老衰弱抱病，没有其他亲人可以侍奉者，一律免除差遣”。值得玩味的还有讲明情理的方法。

先是设身处地，描摹情状，继而援引先例，以作比附，层次清晰，开合有致，简练隽永，言近旨远。

还有时，“人情”代表的是“公众情感”。例如，蔡久轩“假伪遗嘱以伐丧”判就对一个招摇撞骗伪造遗嘱的无赖使用了“人情所同恶”的说法：

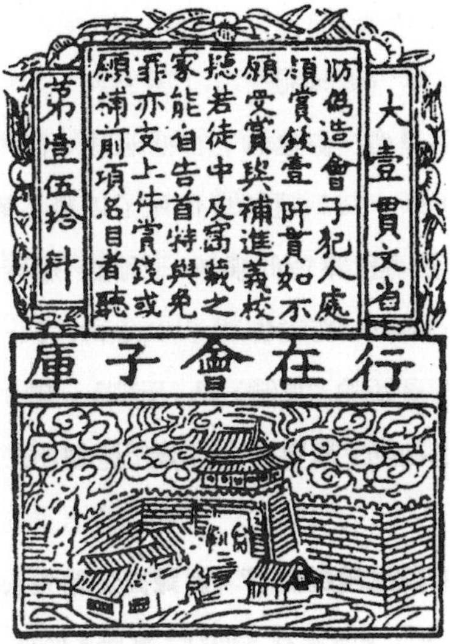

南宋官会

> 范瑜放荡无藉，乘范大佑神朝奉不禄，妄起觊觎，既教唆族人，使于范朝奉垂绝之际，登门伐丧，骗去钱会，今又敢恃其破落，自行诈赖。鞫之囚圄，理屈词穷，即无所谓遗嘱，特凿空诬赖，为骗取钱物之地耳。国家大臣薨，肉未寒，而不肖之族已群起而吞并之，此风俗之大恶，人情所同恶，不行重惩，无以戒后。

还有时，“人情”指代的是风俗习惯。在“典卖田业合照当来交易或见钱或钱会中半收赎”判中，争议的核心主要在于赎回田产时是用官会还是现钱支付。胡颖在判词中说：“州县征纳赋税，商贾进行交易，官会与现钱一并流通使用，只有民户典买田宅、当铺收取物品，涉及诉讼时，则‘参酌人情’——假如当初交易时支付的是现钱，就以现钱赎回；交易时支付的是官会，就以官会赎回，交易时现钱与官会各半支付，则现钱与官会各半赎回。”为什么说这是“人情”？因为“从京畿之地到边远地区，无一不照此方法处理，以为‘成说’”。“成说”也就是“风俗习惯”。李边不遵从这个“成说”，执意要以现钱五十贯、官会六十五贯赎回人家以现钱一百二十贯典到之业，就是“不近人情”。不仅如此，胡颖还“采之舆论”——“都认为他素来好打官司，恶行深重”，“倘若此时又侥幸得逞，那么对于肆行违背天理伤害道义之事，官府对其也无可奈何了，这简直是助长恶行之道，岂是为政治理之方呢”！此处的“采之舆论”，又是一种“参酌人情”，参酌的是“民意”和“舆情”，考虑的是社会效果。

还有时，“情”是一种矜恤之“情”。在“典主迁延入务”判中，胡石壁说：

> 当职观所在豪民图谋小民田业，设心措虑，皆是如此。当务开之时，则迁延月日，百端推托，或谓寻择契书未得，或谓家长出外未归，及至民户有词，则又计嘱案司，申展文引，逐限推托，更不出官，展转数月，已入务限矣。遂使典田之家终无赎回之日。且贫民下户，尺地寸土皆是汗血之所致，一旦典卖与人，其一家长幼痛心疾首，不言可知。日夜夫耕妇蚕，一勺之粟不敢以自饱，一缕之丝不敢以为衣，忍饿受寒，铢积寸累，以为取赎故业之计，其情亦可怜矣。而为富不仁者，乃略无矜恤之心，设为奸计，以坐困之，使彼赎田之钱，耗费于兴讼之际，纵是得理，而亦无钱可以交业矣。是以富者胜亦胜，负亦胜，而贫者负亦负，胜亦负。此富者所以田连阡陌，而贫者所以无卓锥之地也。

“其情亦可怜矣”中的“情”，乃是对“贫民下户”的矜恤之“情”。善待弱势群体是中华司法文化的优良传统，所以在涉及孤幼的案件中，用“情”最多。例如韩似斋“房长论侧室父包并物业”

判就说：“当职于孤幼之词讼，尤不敢苟，务当人情，合法理，绝后患。”甚至把“当人情”放到了“合法理”的前面。但是，一味“怜贫扶弱”的“滥情”也是不可取的。人境在“物业垂尽卖人故作交加”判中就认为：“及至兴讼，一时官司又但知有怜贫扶弱之说，不复契勘其真非真是，致定夺不当，词诉不绝，公私被扰，利害非轻。”反对的是：是非不分，一律“按贫弱分配”；倡导的是：“交易有争，官司定夺，止凭契约。”

有人说，法外强调“情理”，通常容易息事宁人。但在《清明集》中，司法官们却认为，如果不依照法律裁定，反而得不到当事人认可。胡颖对此做过反复表达。“妄诉田业”判说：“户婚之法，不断则词不绝。”“禁步内如非己业不得再安坟墓起造垦种听从其便”判说：“详阅案卷，知县所断，推官所断，于法意皆似是而非……执法而不详其意，宜乎黎友宁之不伏退业也。”“质库利息与私债不同”判说：“今李四二所欠黄公才之钱，正系质库利息，知县乃以私债定夺，是又不依条法以剖判曲直矣，然则何以息讼哉？”范西堂也说过：“户绝之家，自有专条，官司处置，一从条令，非惟绝讼，死者可慰舐犊之念，生者可远兼并之嫌，纵有健讼，奚所容喙。”拟笔“再判”则说：“再三绸绎，欲合情，欲息讼，必当酌其法之中者而行之，斯可以。”

如何做到“情法两尽”？拟笔“命继与立继不同”判为我们提供了一个范例：

> 命继有正条，在有司惟知守法，而族属则参之以情，必情法两尽，然后存亡各得其所。江齐戴无子，论来昭穆相当，则江渊之子名瑞者可继之。而族党之诉，则谓江渊尝以子继齐孟矣，不能尽为人后之责，故欲以江超之孙名禧者继齐戴。

《御制耕织图》之祭神

今契勘禧乃超之子，非孙也，非孙则昭穆不顺，有司虽欲从之，不可得也，无已，则别择他派。按江氏宗图，自仲任而下，分为三枝，其应亿、周彦二派之下，各五传而止，惟元伟一派至八传，如此则惟有元伟派下第八传诸孙，可以继齐戴耳。八传诸孙，不惟江瑞一人为可继，但词讼纷纷，既失族党之意，官司若遽然令其继之，恐无以得众心，或生后词，是继之者乃所以累之也。当职再三审处，必欲使情法之两尽，然犹虑族党之论未能尽公，而枝派所画或有所隐，不可遽凭以定断者。窃见江渊、江齐戴二人者，皆集撰侍郎游公之婿，今争立人江瑞，正侍郎之外孙，当立不当立，可立与不可立，只当取正于侍郎。盖侍郎硕德雅望，必能为息族党之纷诉，公心正理，必能照破族党之私情，一语可决，庶几情法两尽，而可全其族党之义，顾不美欤！帖本县知县，请亲诣侍郎宅，禀白上项曲折，仍与其族长折衷，定为一说，回申，本府却与从公照条施行。一行人并送县，照已判。

这个案件是族党内部因为立继问题产生纷诉，上诉到了州府，法官认为，对于此类案件，如果遽然照条下判，固然痛快，只是这样做“恐无以得众心，或生后词，是继之者乃所以累之也”。怎样才好呢？“必情法两尽，然后存亡各得其所”。但法官又指出，虽然对于情法都要考虑周全，但又须各有分工：“在有司惟知守法，而族属则参之以情”。法官再三审处，发现两位当事人都是“硕德雅望”的集撰侍郎游公之婿，于是“帖本县知县，请亲诣侍郎宅，禀白上项曲折，仍与其族长折衷，定为一说”，他期待，一旦游公出面，“必能为息族党之纷诉”。可惜调解未能达成。州府的法官“再三紬绎”，认为“欲合情，欲息讼，必当酌其法之中者而行之，斯可矣”。于是援引相关法律依据，依法作出裁断。本案的处理过程反映出，法官对于“和解”与依法作出裁断有着明确的区分意识，对于亲戚骨肉之讼，自以和解为优选，但在和解的尝试失败之后必须照条处断。对此真西山亦曾有论：“当职昨在任日，遇亲戚骨肉之讼，多是面加开谕，往往幡然而改，各从和会而去，如卑幼诉分产不平，固当以法断，亦须先谕尊长，自行从公均分，或坚执不从，然后当官监析。”蔡久轩的“一视同仁”判也曾强调，不能为了“人情”就要久调不决：

岂特姨妳坟不可动，虽古墓亦不可动也。国家法禁，一视同仁，岂有所轻重哉！若刘自诚已安葬在彼，只当照条监移，官司按法而行，若要如此委曲劝谕，几时是了？

也不是说为了“人情”，就要模棱是非，各打五十大板。方秋崖在“契约不明或业主亡者不应受理”判中就对提刑司的裁判提出了批评：“郑氏非，则汤氏是，二者必居其一，于此而不两然之，举而归之学官，此汤执中之所以不已于讼也。”他自己判案，考索的是“证据”，注重的是“法意”：“批阅两契，则字迹不同，四至不同，诸人押字又不同，真有如刑台之所疑者，谓之契约不明，可也。在法：‘契要不明，过二十年；钱主或业主亡者，不得受理。’此盖两条也。谓如过二十年不得受理，以其久而无词也，此一条也。而世人引法，并二者以为一，失法意矣！今此之讼，虽未及二十年，而李孟传者久已死，则契之真伪，谁实证之？是不应受理也。合照不应受理之条，抹契附案，给据送学管业。”

万水千山总是情，从来只有情难尽。国法就在那儿，天理最恒久，唯有人情最难把握。怎么办？关键是要做到“中节”，也就是符合规则。陈淳曾讲：“情之中节，是从本性发来便是善，更无不善。其不中节是感物欲而动，不从本性发来，便有个不善。”许倬云也讲：“天理、人情、国法，要活一点看……不要在字眼里边直打转。”怎样才能做到不“打转”呢？除了应当具备足够的法律素养，还要有一颗正直矜恤之心，另外，恐怕还要有那么一点点“情商”。就像胡颖所说的那样：“徇人情而违法意，不可也，守法意而拂人情，亦不可也。权衡于二者之间，使上不违于法意，下不拂于人情，则通行而无弊矣。”

贰叁

如何避免成为诉讼大国？

子曰："听讼，吾犹人也。必也，使无讼乎！"为什么孔子倡导无讼？因为在古人看来，"讼终凶"。《易经·讼卦第六》云："讼，有孚窒，惕，中吉；终凶。利见大人，不利涉大川。""彖辞"对此又作了补充："讼，上刚下险，险而健，讼。讼，有孚窒，惕，中吉，刚来而得中也；终凶，讼不可成也；利见大人，尚中正也；不利涉川，入于渊也。"文字有些玄奥，大致的意思是说：争讼乃由诚信被窒塞而产生，必须加以控制。如果穷争不已，必将导致凶险不利的结局。这种认识，导致"花落讼庭"的"无讼"境界几乎成了古代中国士大夫阶层的共同理想，普罗百姓也相应形成"惧讼"、"贱讼"乃至"避讼"的传统观念。就像明人王士晋所说："太平百姓，完赋税，无争讼，便是天堂世界。"

这一局面，到宋朝为之一变。为什么会是宋朝？因为唐宋之交发生了变革，正如黄仁宇说的那样："宋代兴起，中国好像进入了现代。"贵族式微，平民崛起，契约时代，全民皆商，都是与前代社会截然不同的样

孔子圣迹图

貌。吴钩说："近代化的渐次展开，塑造出一个复杂化的陌生人社会，以及一个庞大的治理体系，熟人关系、习俗与道德已不足于应对这种复杂性，因此，国家需要创制出更加繁复的法律，以适应时代的嬗变。"

国家不仅更加注重立法，也史无前例地开始公布法律。宋之前的历代统治者，一直信奉"愚民"政策，所谓"刑不可知，则威不可测"，"民可使由之，不可使知之"。但到宋朝，情况为之一变。徐道隣曾说："宋朝皇帝，懂法和尊重法律的，比中国任何其他朝代都多……所以中国法治，在过去许多朝代中，要推宋朝首屈一指。"这当中，就包括更加注重编纂公布法律。建隆四年，朝廷命工部尚书判大理寺窦仪与权大理寺少卿苏晓等撰集《宋刑统》三十卷和《编敕》四卷，"诏模印颁行"。州县官员亦以各种形式"晓示民庶"，例如李元弼《作邑自箴》卷九《劝谕榜》就云："朝廷法令，明白颁告郡县，欲纳民于厚。"加之南北两宋正值雕版印刷的黄金时代，印刷术也带动了法律文本的大规模普及。

在民间，教授诉讼、律文的“讼学”应运而生，民间学法习律的自觉意识蔚然成风，替人书写诉状、教唆词讼的职业讼师、“珥笔之民”也渐次出现。沈括《梦溪笔谈》卷二五就记载了当时江西的情形：

沈括像

世传江西人好讼，有一书名《邓思贤》，皆讼牒法也。其始则教以侮文，侮文不可得，则欺诬以取之；欺诬不可得，则求其罪劫之。盖思贤，人名也，人传其术，遂以之名书，村校中往往以授生徒。

宋末元初周密辑《癸辛杂识·续集上》“讼学业觜社”条也有类似记载：

江西人好讼，是以有簪笔之讥，往往有开讼学以教人者，如金科之法，出甲乙对答及哗讦之语，盖专门于此。

各种因素叠加，一时间不少地方出现“诉讼爆炸”的局面。只看判词《清明集》，就能感知好讼之风吹遍南宋大地。例如胡石壁“侵用已检校财产论如擅支朝廷封桩物法”判说：“湖湘之民，率多好讼，邵阳虽僻且陋，而珥笔之风亦不少。”蔡久轩“俾之无事”判说：“徽为江东名郡，而有此不美，此观风问俗者之罪也。”佚名“资给人诬告”判说：“婺州东阳，习俗顽嚣，好斗兴讼，固其常也。”马裕斋“哗徒反复变诈纵横捭阖”判则说：“浙右之俗，嚣讼成风，非民之果好讼也，其中一等无籍哗徒，别无艺业，以此资身，逐臭闻腥，索瘢寻垢，事一到手，倒横直竖，一惟其意，利归于此辈，祸移于齐民。”

好讼之风不仅在地方上呈燎原之势，甚至有所谓“诣阙”上诉，直达朝廷者。宋真宗曾对王旦说：“广开言路，理国所先，而近日尤多烦紊。车驾每出，词状纷纭，洎至披详，无可行者。”在南北两宋，国家也格外警惕诉讼爆炸问题，有针对性地采取了许多措施，以避免成为诉讼大国。过去有一些观点认为，这些限制是“对私权的漠视、侵害，对法律追求公平正义的精神的践踏，也大大减少宋代法律文明进步的色彩”，但平心而论，宋代的开明程度远非各朝所能比，那些限制措施也并非一概消极，对此略作梳理，即使今天仍不乏借鉴意义。

一曰宣明德化。“法安天下，德润人心”，强调的是法治与德治各有其功能。德主刑辅，明刑弼教。教化为先，刑罚为后。如果平时注重宣明德化，则风俗既美，诉讼便少。所以自古官府就将“厚人伦，美教化”当作自己的天职。胡石壁《勉寓公举行乡饮酒礼为乡闾倡》，就曾引述唐代两位刺史的史迹：“唐李正一为常州刺史，大起学校，堂上画孝友，传示诸生，为乡饮酒，而人人知劝。裴焕之为宣州刺史，亦举行此，歌至《白华》、《华黍》、《南

宋真宗像

垓》等章，言孝子养亲。及物遂性之义，闻者至于泣下。天理之在人，其不可泯灭也如此。”

裴焕之所歌的《白华》、《华黍》、《南垓》，均是《诗经·小雅》“鹿鸣之什”中的篇目，但却有目无诗。有人曾考证过这几首诗为什么会亡佚，但通行的说法却是，它们本就“有声无辞”，原是用笙演奏的曲目，所以又称为“笙诗”。《仪礼·乡饮酒礼》曾对演奏这些“笙诗”的场面作过描述：“笙入堂下，磬南北面立，乐《白华》、《华黍》、《南垓》。”为什么要在乡饮酒礼上演奏这些曲目？正是为了教化。因为这些乐曲表现的都是奉养和孝敬双亲的内容。例如李善在为《南垓》做注时就曾说：“循垓以采香草者，将以供养父母。”可见，教化的传统源远流长，早在先秦时期就已经盛行。

对于“三代教民之法”，胡石壁也“辄有效颦之心”，他在许多判词中表达了这个志向。如“母讼其子而终有爱子之心不欲遽断其罪”判云：“当职承乏于兹，初无善政可以及民，区区此心，惟以厚人伦，美教化为第一义。每遇听讼，于父子之间，则劝以孝慈，于兄弟之间，则劝以爱友，于亲戚、族党、邻里之间，则劝以睦姻任卹。委曲开譬，至再至三，不敢少有一毫忿疾于顽之意。”而当治下出现好讼之风时，他会痛加自责，深表惭愧，如“叔侄争业令禀听学职教诲”判云：“当职德薄望浅，不足以宣明德化，表率士风，而使乖争陵犯之习见于吾党，有愧于古人多矣！”

不只是胡石壁，宋朝的地方官几乎率皆如此，这当中，真德秀又是比较突出的一个。真德秀是朱熹之外，又一位既是大儒又做过法官的人。在他任湖南安抚使时，曾经以三事谕民，一为孝悌父母兄弟；二为和谐亲族，赒济里间；三为有司不得非法扰民，民众不应非理性扰官，非法之事勿妄作，无理之讼勿妄为。在知泉州时，他还特意“请各县知、佐勤行访问，如民间有孝友笃志之人，保明申州，特加褒表。其有悖逆父母，凌犯尊长，为父兄所愬者，宜以至恩大义谆谆劝晓，苟能悔过，姑许自新，教之不从，即加惩治。甚者解州施行，庶几可儆愚俗”。西山先生认为：“此邦之人，本来易化，只缘官司不知训励，故有无知而轻犯者。”

我们大家非常熟悉的《正气歌》的作者文天祥，不仅注重教化，还十分注重教化的通俗性，让老百姓听得懂。在他知宁国府期间，曾经写下一篇《劝农文》，鼓励当地父老“为士为农，仰事俯育，为忠为孝，戮力以事田畴”。文曰：

第一劝尔勤耕作，布种及时休落魄。
惟有锄头不误人，饱食暖衣良快乐。
第二劝尔行孝弟，敬重爹娘比天地。
前人做样后人看，滴滴相承檐溜水。
第三劝尔勤教子，有子读书家道起。
若还饱暖不知书，十万庄田不禁使。
第四劝尔常修善，粜米救荒极方便。
但从心上做阴功，管取儿孙多贵显。
第五劝尔了王租，莫教人唤作顽都。
年年早纳早收钞，那有公人来叫呼。

瞿同祖曾云：“一切的善行都是教化所致。”“……教化已成，人心已正，只要心术不变，便可永不为恶，所以教化可以一劳永逸，垂之永远，使社会长治久安，不像法律只有短暂的功效。”教化在平时，但诉讼阶段仍行教化一点儿也不晚。胡石壁“侵用已检校财产论如擅支朝廷封桩物法”判就说：“自当职到官以来，每事以理开晓，以法处断，凡素称险健者，率皆屈服讼听，未尝有至再讼者。”

二曰词讼约束。“人生而有欲，欲而不得，则不能无求；求而无度量分界，则不能不争。”所以，谆谆劝晓，固能治本，但也难以将那诉讼完全禁绝，这就需要对起诉有个约束。其实，从很古的时候起，诉讼就不是没有任何代价的随意之举。据《周礼》记载，在周代，无论是民事诉讼，还是刑事诉讼，都要以一定的保证金作为起诉的代价。在前者，原被告双方要交“束矢”，也就是箭百只；在后者，则要交“钧金”，也就是铜三十斤。在宋朝，诉讼几有爆炸之趋势，也就比前朝更加注重词诉约束，不得不采取一些必要的限制措施。除了律令有大量规定之外，地方主官也普遍在到任之后即发放“词讼约束”榜，预期开列约束事项。例如朱熹的四传弟子、有“朱学之兴，盖自震始”之称的黄震知抚州时就尝感叹：“讼乃破家灭身之本，骨肉变为冤仇，邻里化为仇敌，贻祸无穷，虽胜亦负，不祥莫大焉。但世俗惑于一时血气之忿，苦不自觉耳。抚州礼义之乡，何有于讼，近亦间复珥笔之谤，识者固羞之。”他的《黄氏日抄》卷七九就专门有一篇《词讼约束》，对词诉条画、词诉次第、词诉日分均作出相关规定。例如词诉条画这一部分就包括：

文天祥像

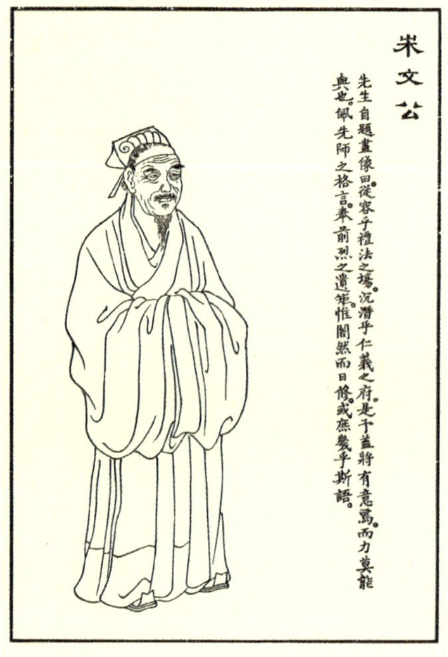

朱熹像

不经书铺不受，状无保识不受，状过二百字不受，一状诉两事不受，不干己不受，告讦不受，经县未及月不受，年月姓名不的实不受，披纸枷布枷、自毁咆哮、故为张皇不受，非单独无子孙孤孀、辄以妇女出名不受。应受者隔夜抛箱，当日五更听状，并先立厅前西边点名，听状了则过东边之下。

我们注意到，在上开一系列情形当中，也包括对于起诉格式的要求。诉状是诉的主要承载物，是诉讼赖以进行的基础文本，所以不应我行我素，随意发挥。在宋朝，律令对此有许多具体要求。例如《宋刑统》卷二四要求：（诉状）“皆须注明年月，指陈事实，不得称疑。”不仅是文书格式有统一规定，甚至对诉状中的语言也有严格要求。徽宗政和四年七月四日，依中书省所言，今后官司承受诸色人词诉，状内有称“上命”及“与民作主”之类言语者，“并勿受理，令别承状”。朱熹在知潭州时曾经发布《约束榜》，其中也有这样的要求：“状词并直述事情，不得繁词带论二事。仍言词不得过二百字。”

越诉通常也被禁止。《宋会要·刑法》三之三一对逐级投诉这样规定：“人户诉讼，在法：先经所属，次本州，次转运使，次提点刑狱，次尚书本部，次御史台，次尚书省。”如果轻易越诉，官府不予受理。《宋刑统》卷二四还对禁止越诉作出明确规定:“今后诸色词讼,及讼灾沴,并须先经本县，次诣本州、本府，仍是逐处不与申理，及断遣不平，方得次第陈状，及诣台省，经匦进状。其有蓦越词讼者，所由司不得与理，本犯人准律文科罪。”朱熹在知潭州时发布的《约束榜》，也对越诉规定了严厉惩罚措施：“今仰民户，经由书铺依式书状，仍于状内分明声说，的于某年月日经县陈诉，已经几日本县不结绝，以凭行遣。如不明注经县月日，或不候限满，妄称已过所立日限陈述，致追承行人到州，见得元经月日未及，其人户连书铺并行收坐，仍毁劈书铺名印。若经本州一月未满，状词亦不许再行。”

在《清明集》中，不乏惩治恣意越诉、“遍经逐司”的篇什，胡石壁“侵用已检校财产论如擅支朝廷封桩物法”判，就是其中一个。却说这曾氏父子，“狼戾顽嚚，犯义犯刑，恬不知畏。本府未及结断，而遽经漕司；漕司方为索案，而又经帅司；帅司方为行下，而又经宪司。”胡石壁说：“使其果抱屈抑，亦须候逐处官司施行了当，方可次第经陈，岂有首尾不及两月，而遍经逐司者。何况本府之所处断，未尝敢容一毫私意己见，皆是按据条令。”他还认为，对此须加惩治，“若不照条科断，则闻者将谓本府亦为其所持，莫敢致诘，自此奸民皆将是则是傚矣。”最后对其作出“决脊杖十五”的惩罚。

胡石壁在“妄诉田业”判中尝云：“纵是有理，亦不应隔百余年而始有词，况理曲乎！”严格执行时效制度，亦是词讼约束的重要内容。宋代时效制度较为完善，对于理诉田宅之诉的时效规定尤为详尽。时效制度之设，既是维护法律关系之稳定，也是基于年月久远，证佐不明。天佑元年的一则诏令就规定：“证佐明白，官司乃得受理，违者坐之。”判词当中，以超过时效为由不予受理的例子很多。如“吴肃吴镕吴桧互争田产”判云：

准法：诸典卖田宅，已印契而诉亩步不同者，止以契内四至为定；其理年限者，以印契之日为始，或交业在印契日后者，以交业日为始。又准法：诸理诉田宅，而契要不明，过二十年，钱主或业主死者，官司不得受理。吴桧所赍干照已经五十余年，其间破碎漫灭，不明已甚，夫岂在受理之数。所批收赎已经四十余年，其田并未交业，仍在元户，岂应不以吴肃交业为正？

为了不使讼事影响农务，宋代还规定了一种独特的"务限"制度。诸婚田词诉事干务农者，须在"务限"之内，"务限"之外不得受理。关于"务限"的具体起止，高宗绍兴二年两浙转运司所引《绍兴令》曾有规定："诸乡村以二月一日后为'入务'，应诉田宅婚姻负债者毋受理。十月一日后为'务开'。"关于这一制度的趣旨，宋代官箴书《州县提纲》卷二《禁告讦扰农》叙述甚详：

奈有一等无图之人，不务农业，当农事正急时，辄乘间以此诬告扰农民，邀挟钱物。方其讼时，未必一一知其实，惟择善懦或有雠之家泛然入词，以侥幸其一中。且如告一户冒占，画一不下数十项，有司追究不尽，则恐终不能绝词。若悉追究，则牵连动是数十人，淹延动是数月，都保之追逮，邻里之供证，一乡骚然。良民业在务农，耕耘一失其时，则终岁饥馁，往往不惮厚赂以求和。或不赂，则至于有司穷究得直，彼不过负妄诉之罪，而被诉之家所损已多矣。"

在词讼约束这一节里，最后要说的是诬告反坐。诬告比滥诉更为严重，是意图陷害他人的恶劣行为，所以历代均予严惩。在宋代，

《耕织图》之簸扬

或许因为有了讼师的幕后教唆，诬告之风更其猖獗。《州县提纲》卷二《诬告结反坐》云："近世风俗，大率初入词者辄以重罪诬人者，不可不察。如白日相殴于路，则必诬曰劫夺；入于其家而相竞，则必诬曰抢劫；与其妇女交争，则必诬曰强奸；坟墓侵界，则必诬曰发掘骸骨。……甚至公然以大辟诬人，略不知惧。……事属大辟，有司不敢不受。势须委二官检复，吏胥之追求，里保之乞觅，一乡骚然。幸值明有司早得脱，而其家已破矣。"而诬告者那边呢？即使穷见实情，"不过杖一百耳"。有鉴于诬告之害，《宋刑统》规定："诸诬告人罪者，反坐其所诬之罪。"刁民为了规避法律，也是费尽心机，"内有畏反坐者，辄令老人、妇人入词"，但魔高一尺，道高一丈，法律对此又规定："老人须追子，妇人须追夫，同结反坐后追究。"

《清明集》"惩恶门"中，收录不少诬告反坐的判词，例如蔡久轩"以死事诬赖"判云："江东风俗，专以亲属之病者及废疾者诬赖报怨，以为骗胁之资。”其“诬讦”判又云：

死有冤滥，自有血属能诉，何待他人干预？杨日之死，方福平白生事，节节资给教唆，以兴大辟之狱，不特挤陷方三，抑亦尝试台府。照条反坐，理所当然。方福且从轻决脊杖十二，编管五百里。杨梓年老免徒，断编邻州，以为诬讦者之戒。牒府录问讫，照断。

翁浩堂“叔诬告侄女身死不明”判显示，对于有些存在疑点的案件，在起诉时可以责令原告具结诬告反坐的保证状。这篇判词云：“照得本县昨据璩天佑论张崇仁娶侄女息娘不当及兜占田产事。追对未到间，忽又据璩天佑入词，称侄女息娘身死不明，乞行检复。当职以事干人命，遂押下璩天佑，责反坐状入案。”经开馆验尸，息娘“的系病死分明”；再经勘问，查明璩天佑乃为挟取息娘田产而行诬告。翁浩堂说：“骨肉恩义，至此迨绝。天佑之罪，可胜治哉！”于是“案照璩天佑原责反坐状，申提刑使台取自裁断”。

三曰关口前移。宋代设“开拆司”，为受理控告的第一道关口，在此阶段通常就加以劝谕。洪迈《夷坚志》卷一《余杭何押录》记载了这样一个故事：

余杭县吏何某，自壮岁为小胥，驯至押录，持心近恕，略无过愆。前后县宰，深所倚信。又兼领开拆之职，每遇受讼牒日，拂旦先坐于门，一一取阅之。有挟诈奸欺者，以忠言反复劝晓之曰：“公门不可易入，所陈既失实，空自贻悔，何益也！”听其言而去者甚众。

蔡久轩“一状两名”判也提到了“开拆司”：

本是夏千一，先作夏时富名，今又作夏申名，可见奸猾。及至传唤，又逃避不出，就保识人名下押上取问。仍榜示：应今后投状人不许作两名，如作两名者，开拆司并不许收受。

开拆司还只是初次审查，到得法官那里，仍须再行审查，如此则能剔除不少不应受者。宋代官箴书《州县提纲》卷二有一篇《判状勿凭偏词》，讲的就是判状的审查之道：

讼者之词，大率自掩其过，而归咎于人，甚至凿空撰造，以欺有司。若今日甲讼乙，辄凭偏词以甲为是，明日乙讼甲，又凭偏词以乙为是，迨二词并至，而吾之所判已矛盾矣。故判状勿凭偏词，必得活法。若其词无理者，不加诘问，则投状者必多。一状之出，牵连追逮，未至有司而其扰已甚矣。兼有一等无图人，本欲脱状牵扰良民，觅赂休和，其实不敢对辩。故览其词无理，必反复穷诘，灼无可疑，则勿受斯妄词者寡，而良民得以安居。未见情实，不若平词而判，俟二竞俱至，然后剖决未晚。成周大司寇以两造禁民讼，吕刑两造具备而后师听五词，盖惧其以偏词定曲直也。

有经验的法官，甫一拿到诉状，先会“原情”。“原情”的含义很多，其中一个意思就是透过现象看本质，查明发生争端的真正起因。蔡久轩“争墓木致死”判就说：“决断大辟公事，要见行凶人起争之因，所谓原情定罪者是也。”不仅是“大辟公事”，对于“以细故视之”的民事纠纷，“原情”也是关键一环。找到了真实动因，就能化繁为简，对症下药；甚至还能戳穿“小人奸状”，以利釜底抽薪。胡石壁“赁人屋而自起造”判，通篇就是在“原情”：

> 李茂森赁人店舍，不待文约之立，不取主人之命，而遽行撤旧造新，固不无专擅之罪。但自去年十月初兴工，至今年三月末讫事，历时如此其久，蒋邦先岂不知之？若以为不可，则当不俟终日而讼之于官矣，何为及今而始有词？况当其告成之后，又尝有笔贴，令其以起造费用之数见论。以此观之，则是必已有前定之言矣，不然，则李茂森非甚愚无知之人，岂肯贸然捐金縻粟，为他人作事哉！词讼之兴，要不为此，必是见李茂森具数太多，其间必不能一一皆实，所以兴讼以邀之，其意不过欲勒其裁减钱数耳，非果欲除毁其屋也。小人奸状，有何难见，两家既是亲戚，岂宜为小失大，押下本厢，唤邻里从公劝和，务要两平，不得偏党。五日。

在这个案件中，李茂森租赁蒋邦先店舍，“不待文约之立，不取主人之命，而遽行撤旧造新”，蒋邦先乃兴词讼，要求官府判决“除毁其屋”。胡石壁通过对诸般情状的分析，找出了真实动因：“必是见李茂森具数太多，其间必不能一一皆实，所以兴讼以邀之，其意不过欲勒其裁减钱数耳，非果欲除毁其屋也。”原情既成，争点立现，审理的重点也就能够聚焦。既然只涉及钱数多寡，那么“唤邻里从公劝和”也就能够解决问题。“押下本厢”，“五日”为限，案件的“分流”就此完成。说到“本厢”，又可以多说两句。厢者，城厢也。宋初，京师开封府于府下设厢，厢下设坊。南宋临安沿之。或许是为了减轻专业审判机构的压力，也可能是有利于矛盾下移，前后两宋都曾赋予厢官处理部分轻微斗讼案件的职能。

滨都创观

四曰调解优先。南北两宋非常注重发挥调解的作用，虽然具体制度并不见于律令规定，但作为“活的法律”的判词，却为我们提供了足够丰富的样本。

在宋代，民间自行调解大量存在，官府亦承认调解的效力。叶岩峰“下殇无立继之理”判记载：朱司户与族人朱元德因立继之事起争，“不欲争至讼庭，竟从族人和议，捐钱五百贯足与朱元德。此与可谓无名，其意盖图安静耳。”不料朱元德欲壑难填，“已和而复讼”，叶岩峰如何能够支持？不仅驳回他的诉讼请求，还确认了和约的效力。判词云："朱元德已立领钱文约，又责立罪罚二千贯，文墨显然，合族乃朱修炳等一一签押于其后，亦有一状申缴在官矣。岂谓朱元德已和而复讼，朱修炳又从而曲证之，却谓亲约文书不可照用，有此理否？"

也有很多是在进入诉讼之后，官府将案件交由宗族或者邻人先行调处。以刘克庄"德兴县董党诉立继事"判为例，因是继母与养子之间的争议，且养子董党多有可谅之处，刘克庄认为，"此事当以恩谊感动，不可以讼求胜"，乃"帖两县"，"请二士更为调护"。同时还建议："董党亦宜自去转恳亲戚调停母氏，不可专靠官司。"胡石壁"因争财而悖其母与兄姑从恕如不悛即追断"判，则是"仰邻里相与劝和"。这道判词主要致力于说理，因为宋人明白，"劝和"能否成功，关键在一个"劝"字。劝和不是强压，服气才有和气。判词云：

> 人生天地之间，所以异于禽兽者，谓其知有礼义也。所谓礼义者，无他，只是孝于父母，友于兄弟而已。若于父母则不孝，于兄弟则不友，是亦禽兽而已矣。李三为人之弟而悖其兄，为人之子而悖其母，揆之于法，其罪何可胜诛。但当职务以教化为先，刑罚为后，且原李三之心，亦特因财利之末，起纷争之端。小人见利而不见义，此亦其常态耳。恕其既往之愆，开其自新之路，他时心平气定，则天理未必不还，母子兄弟，未必不复如初也。特免断一次，本厢押李三归家，拜谢外婆与母及李三十二夫妇，仍仰邻里相与劝和。若将来仍旧不悛者，却当照条施行。

官府亲自出面调解也是常态，许多官员甚至还自觉地将其当作职责所在。例如蔡久轩“俾之无事”判就说：“兄弟叔姪交争兴讼，此风俗大不美也。徽为江东名郡，而有此不美，此观风问俗者之罪也。”“委曲劝谕，导以天理”，“果能消争融隙，变阋为怡，此正当职之本心”。在“母子兄弟之讼当平心处断”判中，吴雨岩则是“选择好同官，俾之引上三人，作一处审问，然后母子得以相告语，兄弟得以相勉谕，而哗徒不得以间隔于其间，融融怡怡，翻然如初”。调解成功之后，他不由得感叹：“母子也，兄弟也，天伦也，奈何而不平心邪？”“为政者先风化，刑杀云乎哉！”

宋代亦有自行和解的司法确认程序，蔡久轩“俾之无事”判就是例证。在这起案件中，若泾、若庸先是兄弟阋墙，打得不可开交，后经委曲劝谕，导以天理，兄弟二人达成了谅解。蔡久轩认为：“人谁无过，过而能改，即是好人。”今若泾、若庸持无争状赴司，“则其兄弟之间，退省静思，良心善性固未泯灭也”，于是“特从所请，仰速具无争状并申，如更展转嗾使，定照已判施行。”由此我们也可以得知，宋代调解结案的方式是出具“无争状”，这有些类似于我们今天的调解书或者撤诉申请书。在吴恕斋“争界至取无词状以全比邻之好”判中，还曾使用过“无词状”的称呼，大概是一回事情。判词云：

> 厢官究实，其曲已全在刘正甫。两家共一藩篱，正甫如欲撤而新之，先当以礼告于周掌膳可也。今不告撤篱，直入其圃，周乌得而不怨。正甫此时尚能早辞逊谢，则可以全乡曲之义矣。复行抗骂，周又乌得而无词。况周为士人，刘为牙吏，亦当自识高下，岂应无礼如此。但周之所以召侮者，岂非以其地相连接，而怨刘之取赎乎。天地之间，物各有主，却正不必为此怀憾。未欲遽有施行，以亏比邻之好，再帖厢

宋代民居

官，监刘正甫以礼逊谢，夹截界至，取无词状申。如再侍强，定行断科。

和解之道，求的是“和”的结果，那过程却不是一味和气、模棱两可，必须把道理说透，把是非分清。在另一篇不著作者姓名的“争地界”判中，就明确提出了“事既到官，惟以道理处断”的观点。判词云：

傅良绍鲍家产业，沈百二承赁乔宅屋宇，交争地界互诉，委官审究。今详主簿所申，则沈百二之无道理者三。以干照考之，卢永执出乔宅契书，该载四至，其一至止鲍家行路。既曰至路，则非至鲍家明矣。今沈百二旋夹新篱，乃欲曲转钉于鲍家柱上，一也。以地势参之，非但高低不同，鲍家屋

> 侧，古有水沟，直透官街，则一沟直出，皆是鲍家基地明矣。今沈百二转曲新篱，乃欲夹截外沟一半入篱内，二也。以邻里证之，沈九二等供，当来篱道系夹截于沈百二屋柱上，渠口在沈百二篱外，则沟属鲍家，篱附沈屋，众所共知，信非一日。今一旦改篱跨沟，曲折包占，纵傅良可诬，而邻里不可诬，三也。考之干照，参之地势，证之邻里，其无道理如此，何为尚欲占据？原其所以，傅良父在日，尝以此地借与沈百二，其时两家情分绸缪，彼疆此界，初不计较。久假不归，认为己物，且欲筑室其上，傅良乃以好意欲归侵疆，而沈百二反以秽语肆行抗对，是以力争。事既到官，惟以道理处断，引监沈百二除拆新篱，只依干照界至，归还地段，庶可息争。然所争之地不过数尺，邻里之间贵乎和睦，若沈百二仍欲借赁，在傅良亦当以睦邻为念。却仰明立文约，小心情告，取无词状申。再不循理，照条施行。

在这道判词中，沈百二与傅良因交争地界而互诉，法官“考之干照，参之地势，证之邻里”，无论从哪个方面讲，沈百二都是“无道理”的一方。如此详尽考论，就是要分清是非，更是要沈百二明白，如果依律裁断，必定会判其“除拆新篱”，“归还地段”，只是考虑到“所争之地不过数尺，邻里之间贵乎和睦”，才建议他以调解方式解决。

五曰惩治哗徒。兴许是因为权利意识和法律观念爆棚，传统的义利观在宋代百姓那里有所颠覆，一般民众“只争眼前强弱，不计长远利害。才有些小言语，便去要打官司”。对于那些“因闲唇舌，遂至兴讼”者，法官们往往少不了一番规劝。例如胡石壁“乡邻之争劝以和睦”判就说：“且道打官司有甚得便宜处，使了盘缠，废了本业，公人面前陪了下情，着了财物，官人厅下受了惊吓，吃了打捆，而或输或赢，又在官员笔下，何可必也。”官府也深知，许多妄诉，背后都有哗徒教唆架讼，这才是真正的罪魁祸首。

宋高宗像

这些“城狐社鼠”，上蹿下跳，“鞭车惊牛”，对于民风的影响不可低估。胡石壁在“先治依凭声势人以为把持县道者之警”判中就曾指出：“新化本在一隅，民淳事简，果不难治。只缘有数辈假儒衣冠，与一二无赖宗室，把持县道，接揽公事，所以官吏动辄掣肘。”方秋崖“惩教讼”判则云：“袁自韩文公时，称为民安吏循，守理者多，则其风俗淳厚，盖已久矣。不知何时有此一等教唆之辈，不事生业，专为嚣嚣，遂使脑后插笔之谣，例受其谤。”

所以宋代官府一直致力于打击哗徒。真宗咸平元年七月诏：“所诉虚妄、好持人长短，为乡里害者，再犯徒，三犯杖讫，械送军头引见司。”景德二年六月诏：“诸色人自今讼不干己事，即决杖枷项令众十日。情理蠹害屡诉人者具名以闻，当从决配。”天禧元年十月诏：“自今后所诉事并须干己、证佐明白，官司乃得受理，违者坐之。”官府还不无极端对民间风行的教授词讼行为痛下杀手，高宗绍兴十三年令：“诸聚集生徒教辞讼文书杖一百，许人告。再犯者，不以赦前后，邻州编管。从学者各杖八十。”

州县主官亦以追捉哗徒为己任，例如胡石壁就在判词中说：“当职疾恶此曹，如恶盗贼，常欲屏之远方，以御魑魅。”李元弼《作邑自箴》卷六《劝谕民庶牓》也说：“所在多有无图之辈，并得替公人之类，或规求财物，或夸逞凶狡，教唆良民，论诉不干己事，或借词写状，烦乱公私。县司不住察探，追捉到官，必无轻恕。”方秋崖初到袁州任太守，便遇到一个教讼之徒，他认为，“初开杖封政，当断以奸猾，以厚风俗”。于是将那厮“杖一百，枷项本州，其四县各令众五日，镂榜晓谕”。并且警告：“后有教讼，非杖一百所能断也。”

《清明集》“惩恶门”收录多篇惩治哗徒的判词。例如胡石壁“妄诉田业”判云：“今刘纬自是姓刘，乃出而为龚家论诉田地，可谓事不干己。想其平日在乡，专以健讼为能事。今事在赦前，固难追断，然若不少加惩治，将无以为奸狡者之戒。”翁浩堂“专事把持欺公冒法”判则云：

> 西安词讼所以多者，皆是把持人操执讼柄，使讼者欲去不得去，欲休不得休。有钱则弄之掌股之间，无钱则挥之门墙之外。事一入手，量其家之所有而破用，必使至于坏尽而后已。民失其业，官受其弊，皆把持之人实为之也。郑应龙身居县侧，自称朝奉，孙又称宗女婿，专以把持为生。日在县门听探公事，凡有追呼，辄用钱买嘱承人，收藏文引，或得一判，则径驰报之所追之家，民讼淹延，皆此为祟，当职知之久矣。今所追缪元七等证对陈元亨争产事，郑应龙公然收留陈元亨，饮食于家，收藏缪元七，不与到官。隅官、保正信帖来往，指证明白。及承人上门，则推后户而使之窜，又殴打捕人家人吴元有伤，其冒法欺公有如此者。缪元七、

陈元亨事，本县已与决断，吴元、马曾之违慢，郑应龙之把持三名，且与勘杖一百。引监郑应龙唤出缪元七来，申州及请监司照会。

六曰打假禁伪。虚假诉讼、伪造证据，不独紊烦官府，更毁害世风，因此亦在严打之列。《清明集》中有一则“假作批朱”判，惩治的就是“假作本司批”的书铺。宋代的书铺并不是买书的铺子，而是处理公文和公证事务的民间机构。书铺之设立，意在打假，不打反教，岂可容忍？正如判词所云：“争赌之罪小，假作本司批最大。受书铺教唆之罪犹可恕，身为书铺，而教人假作批朱之罪不可恕。杨璋勘杖一百，编管邻州，取上断。其赵澄、胡寿等情罪，备拟牒州佥厅重断讫，申。”蔡久轩“出继子卖本生位业”判，则是对诉讼中的伪造证据行为予以惩戒。判词云：

所拟已为详尽。余自强出继余端礼，系是绍定五年经县、经提刑司除附，张皇如此，谁不知之？李宅买自强田业，印契乃在绍定六年正月，则是自强于出继一年之后，盗卖本生家田，李宅明知违法，而明与交易也。设使余自强不曾出继别位，而昧瞒母亲出卖，犹合钱归官，业还主，而况为他位之子，乃盗卖本生位之业，违法悖理，莫此为甚。李安抚宅抵拒监司、州郡及御史台已判断毁抹之契，十五年不肯出官，强行收苗，横已甚矣！纵不监李宅苗还许氏，岂有监钱还李宅之理？余自强、夏潭各从杖八十，并监纳苗钱入官。伪契非特假作许氏花押，兼所写字画皆在朱印之上，又无年月，全不成契照，可见作伪之拙，毁抹附案。业还许氏管佃。余照拟行，仍申御史台照会。

以上我们梳理了宋代在避免成为诉讼大国方面所做的一些努力，或许能够得到一些有益启发。但要说明的是，不能就此认为，宋代只是一门心思地限制诉讼。这只是一端，如果只执一端，在治理社会方面也会出问题。没有纠纷当然最好，但那只是理想国的场景；诉讼固然不值得提倡，但诉讼却又是理性解决纠纷的不可或缺的平台。事实上，在积极的一端，宋代也多有探索和建树。例如在司法机构设置上，能够随着形势发展的需要改革完善，鞫谳分司、翻异别推、法官回避、同僚复查，都是其中的亮点。宋代首创的提点刑狱司制度，也强化了对地方司法审判的监督。高宗朝时汪应辰就曾说："本朝比之前世刑狱号为平者，盖其并建官师，所以防闲考复有此具者。"

在受理起诉方面，虽然有限制控告的一面，但也有奖励控告的一面。太祖建国之初即下诏："诸行赂获荐者，许告讦，奴婢、邻、亲能告者赏。"吴雨岩"豪民越经台部控扼监司"判也曾说："若使本司可以泯没发案，不行申控，则监司可废，国法不行，奸民得志，手足倒植。"不应受理而受理者固要治罪，应受理而不受理者亦要治罪。包拯知开封府后，就致力于解决"诉讼难"，

包龙图智赚合同文

"开正门，径使至前，自言曲直，吏民不敢欺"。虽然有"务限"要求，但同时也允许例外。《宋刑统》规定："如是交相侵夺及诸般词讼，但不干田农人户者，所在官司随时受理遣断，不拘上件月日之限。"隆源元年又补充规定："应婚田之讼，有下户为豪强侵夺者，不得以务限为拘。如违，许人户越诉。"朱熹作地方官时，衙门设有两面木牌，以区分缓急，有紧急事件之人，"即时收领出头，切待施行"。虽然宋初法律严禁越诉，但之后却逐渐开禁，南宋时，又增立了越诉之法，扩大了越诉范围，允许越诉的对象主要指向路州县官吏违法害民的行为。在实际案件中，法官也会对何以引发越诉进行原情。《清明集》中就有星渚所写的一道"越诉"判，全文如下：

> 讼公吏取受，多因县官好恶之偏，所以经府，岂可罪其越诉。主簿所断具当，从申行下。

虽然严惩健讼，诬告反坐，但在民告官时却并非一概适用。宋人认为，"天下未闻有因诉吏而坐罪者，明知其带虚不坐，明知其健讼亦不坐，盖诉吏犹诉贼失物，终无反坐也"。不过，对于"名为诉吏而实非诉吏者，却不可不察其故"。在吴雨岩"治豪横惩奸吏自是两事"判中，骆一飞就是"名则诉吏也"，但"所诉之吏，只是向来行案之人"。吴雨岩认为，倘"于其名，不于其实，何以折奸慝，何以行实政？"如果支持随意妄诉，就会给行案之官带来不必要的压力，"今后一飞有事到官，决不敢行案，决不敢承勘。"

法律制度是一个系统工程，司法理念也是一个完整体系，见木不见林，顾此而失彼，都不会有好结果。

贰肆

宋代的家事审判艺术

瞿同祖曾说："中国古代民法不发达，这是很多人的共识。"虽是"共识"，但也不乏挑战者。民国名将徐树铮的三公子徐道邻，就是当中的一个。他说："过去有些学者，……认为中国传统法律，没有民法和刑法之分。这是不对的。中国传统法中民刑之分，在诉讼法里表现得最为显露。"这话并非毫无根据的乱说。早在西周时期，就已经有划分刑事与民事诉讼的记录。《周礼·地官·司徒》云："凡万民之不服教而有狱讼者，与有地治者听而断之；其附于刑者归于士。"郑玄注曰："讼，谓以财货相告者；狱，谓相告以罪名者。"又注曰："争罪曰狱，争财曰讼。"后来，人们就常以"听讼""折狱"分别指代审理民事和刑事案件。

法史学家列举过不少史籍，以证明秦汉至隋唐，"民事诉讼无论是程序还是审判制度，都已达到某种规范化的程度"。但也不必否认，成规模的民事判词，一直到南宋时期方才出现。徐道邻举出的例子，正是《名公书判清明集》。他说："现存名公书判清明集残本，内有一百三十一件判词，尽属民事。"徐氏所说的残本，是只包括户婚门的，就足本《清明集》而言，民事案件所占比例亦甚大。这些"判例"所展现的高超的民事裁判艺术，几乎颠覆了我们的三观。

为什么南宋的民事诉讼比较发达？这也跟宋代开始进入近世社会的大背景息息相关。契约时代，全民皆商，不惮言利，一听于法，都是导致民事纠纷空前增多的重要因素。所谓"利之所在，虽微必争"，以致"诉庭下者日数百"。官府虽然依旧倡导息讼、严惩滥诉，但对于日渐其多的民事争讼，也一改以往"以细故视之"的态度，举轻若重，经典迭出。在众多的民事判例当中，家事案件又占比甚大，其中的理念与艺术，就是放到今天，也属上品。所以本篇就专门谈谈《名公书判清明集》所体现的宋代的家事审判艺术。

一准乎法。长期以来，西方社会一直批评中国传统法重德轻法、重人治轻法治，但是，也还是有比较客观的西方学者对此持不同观点，例如英国学者马若斐（Geoffrey MacCormack）在《南宋时期的司法推理》一文中就曾指出："《清明集》中出现了大量的援引法律的情形。"我自己读过《清明集》之后也认为，"引律入题，准法析理"，可以说是那个时期诸名公的普遍做法。家事纠纷虽然常常是一笔"糊涂账"，甚至不宜太过于"丁是丁卯是卯"，但在法律规定比较明确的情况下，首先还是要"一准乎法"。我们举叶岩峰"已有养子不当求立"判为例，在这道不太长的判词中，竟然四次引用了有关收养立嗣的法条：

照得阿陈，嫂也，张养中，叔也。嫂欲立遗弃子为孙，叔欲以自己子为嗣。嫂叔相争，族义安在哉？在法："户绝命继，从房族尊长之命。"又云："夫亡妻在，则从其妻。"

阿陈自夫张养直身故之后，已守志三十年，抚养亲生一子颐翁，年二十四而夭，遂与颐翁立嗣。以祖母之命，尽可以立幼孙；以寡嫂之分，岂不尊于乃叔？揆之尊长命立之条，委无违碍。又在法："诸遗弃子孙，三岁以下收养，虽异姓亦如亲子孙法。"张颐翁于绍定三年身故，其母阿陈当年收遗弃三岁小儿为孙，名曰同祖。当厅相验，今方八九岁，可见所陈不虚。揆以抱养遗弃之条，委为允当。又在法："诸无子孙，许乞昭穆相当者。"阿陈自情愿为颐翁立嗣，庶几自子而孙，枝派甚顺。况法中亦许无子立孙者听。今张养中必欲以次子亚爱为继，殊不知亚爱颐翁为弟，若以弟为孙，则天伦紊乱。揆之昭穆相当之条，委为不合。今仰阿陈收养同祖为孙；张养中所陈碍法，寄断，今后如再词，押上施行。

"一准乎法"的前提，是成文法完备。有宋一朝，极重立法。"盖终宋之世，殆靡岁不从事于编纂法典之业"，梁启超就曾感叹："宋代成文法之汗牛充栋，实有足惊者。"宋代成文法之发达，并不在律，而在敕、令，日人仁井田陞《〈清明集·户婚门〉研究》在详细梳理《清明集》中所见法条之后就认为："宋代的基本法——律除外——远比唐代详细周密。《清明集》中与户婚相关的许多条文（如户令），在上述现存南宋法典中是找不到的，通观那些条文，也可以知晓宋代基本法的详密。"有关诉讼的规则亦是如此，张晋藩曾指出："宋朝的民事审判制度建树颇多，是中国古代民事诉讼制度史上的重要发展阶段，它所创造的新制度、新原则、新经验对于元明清各朝都有直接渊源意义。"本案就体现了南宋法官在运用法律规范方面是怎样的左右逢源。嫂叔相争，各执一词。孰是孰非，全靠法律说话。判词前后四引法条，且逐一加以解说，有力批驳了小叔的各项主张，

孔子说礼图

也使案件的是非大白于天下。“三尺具存，自当施行。”法条就是天条，法律的说服力胜过千言万语。

依礼裁判。礼在中国文化中具有非常重要的地位，曾宪义教授就曾说：“不研究礼就无法全面理解中国法律史。但这个研究必须尊重历史，首先要原原本本地搞清楚什么是礼，它与法的关系是什么。”礼，最初指一种祭祀仪式。正如《说文》所云：“礼，履也。

所以事神致福也。”《礼记·祭统》亦云：“礼有五经，莫重于祭。”后来，礼的含义已经不限于祭祀，而成为一切“规范”的总称。《礼记·曲礼上》云：“夫礼者，所以定亲疏，决嫌疑，别同异，明是非也。”《左传》云：“夫礼，天之经也，地之义也，民之行也。”足以说明礼之为大。

至于礼与法是一种什么关系，儒家学说论说甚详。首先是礼主刑辅，礼本刑用。盖儒家之论法，以礼教为主，以刑罚为辅。孔子曰：“道之以政，齐之以刑，民免而无耻。道之以德，齐之以礼，有耻且格。”唐律谓：“德礼为政教之本，刑罚为政教之用”，其义尤显。然后是各有分工，互为表里。“礼者禁于将然之前，法者禁于已然之后”。“礼之所去，刑之所取，失礼则入刑，相为表里者也。”儒家之礼教观，自两汉以还，随经学之盛，而整个控制中国法律思想，历魏晋六朝，相沿不磨，至于唐而益显。李甲孚说：“我国古代法最早渊源于礼，由礼而逐渐法制化。”近人徐道隣则说：“说者或谓宋元明清之所以采用唐律者，皆为其‘一准于礼’之故。”

我们这里是在讨论家事审判艺术，所以特别要探讨一下“礼”与民事法的关系。常见有人诟病，中国古代只有刑法，没有民法。之所以产生这种观念，根本之点可能就在于只盯住成文法不放，而忽视了“礼”之为法。固然，在中国传统法中，“一直没有独立典范，列在刑典中的民事法条，并有处刑的规定，已经不是纯粹的民事了”，但一如李甲孚所说：“事实上，民事的私法，其中大部分已有礼去承担了”。甚至有人说，礼与法几乎为“同一物”，“伦常礼教的条目有时即可视为法律条文”，“‘礼’与‘法’有时几乎难以分别。”为什么会是这样？黄源盛在《中国法史导论》一书中说得非常清楚：

> 由于传统中国社会的民事行为，无论户婚、田土、钱债、继承等或深或浅都与尊卑血缘相关，而无所逃于伦常秩序，

因此，必然要受到“礼”的规范与调整。而依礼调整民事行为，解决民事纷争，较之单纯的依“法”裁决尤受信赖。

在《名公书判清明集》中，不乏直接依礼裁判的例子，在家事裁判中，尤其如此。正如吴恕斋在“不可以一人而为两家之后别行选立”判中所言：“存亡继绝，非特三尺昭然，为宗族兄弟子侄者，皆当以天伦为念，不可有一毫利心行乎其间。”“三尺”者，法也；“天伦”者，礼也。且以胡石壁“妻背夫悖舅断罪听离”判为例：

> 阿张为朱四之妻，凡八年矣。适人之道，一与之醮，终身不改，况历年如此其久者乎！纵使其夫有恶疾如蔡人，阿张亦当如宋女曰：夫之不幸，乃妾之不幸，奈何去。今朱四目能视，耳能听，口能言，手能运，足能行，初未尝有蔡人之疾也，阿张乃无故而谓之痴愚，欲相弃背，已失夫妇之义；又且以新台之丑，上诬其舅，何其悖之甚也。在礼，子甚宜其妻，父母不悦，则出之。阿张既讼其夫，则不宜于夫矣，又讼其舅，则不悦于舅矣，事至于此，岂容强合。杖六十，听离，余人并放。

在这个案件中，针对阿张背夫悖舅的行为，胡石壁作出裁判的依据就是“礼”，即：“在礼，子甚宜其妻，父母不悦，则出之。”其出处是《礼记》：“子甚宜其妻，父母不说，出；子不宜其妻，父母曰：‘是善事我。’子行夫妇之礼焉，没身不衰。”所谓“出”，即是“离”和“休”的意思。在古代，有“七出”之说，即：无子，淫佚，不事舅姑，口舌，盗窃，妒嫉，恶疾。只要妻符合这七个条件之一，夫就可以单方面与之离婚。因为与“父子天合”不同，夫妇只是“人合”，“夫妇之道，有义则合，无义则离。”犯了“七出”当中的任何一项，都属于“无义”，“恩义有亏则已矣。”本道判词所说的“父母不悦”，大概就等同于“七出”当中的“不事舅姑”。这一点瞿同祖也曾谈到过：“其所谓不事或不顺，与其说是客观的行为，不如说是系于舅姑的主观态度。不顺舅姑有时即不得舅姑之欢之谓。”阿张既然“不宜于夫”，又“不悦于舅”，当然不能“强合”。所以法官不仅“听离”，还将阿张杖了六十。虽然通篇没有援引任何法条，但一句“在礼”，事实上发挥了法律依据的作用。

以上说的是离婚，认定婚姻是否成立，亦可用到“礼”。在叶息菴的“争田合作三等定夺”判中，一个名叫翁泰的人死亡并成为户绝，但是有一个叫胡五姐的女人跳了出来，主张与翁泰生前有婚姻关系。如果真是这样的话，那么翁泰的所有财产照理都应该归于她。叶息菴对此怎样定夺呢？且摘录判词如下：

> 至于胡五姐，则当究问，昨来是何人主婚，是何人行媒，是何财帛定聘，是何财帛回答，是何人写婚书，是何时成礼，成亲之夕会何亲戚，请何邻里，宴饮用何人庖厨？如果是礼婚，则翁泰死后鬻不尽之业，合令管绍。

日本学者滋贺秀三在其《中国家族法原理》一书中提到了这道判词，他认为，“所谓法律婚主义与旧中国是无缘的”，但是，对于婚姻却存在极有特点的礼的观念。“按照礼的要求所迎娶的女子被认为是妻，不遵循礼的要求就被领回家的女子则为妾；除此之外的肉体关系都作为奸，既要遭到社会的谴责，也要受到法律的处罚。”在本道判词中，法官对于主婚、媒人、聘财、回礼、成婚之仪式与披露宴等的一连串追问，都是基于“礼婚”的世俗习惯来展开调查，事实上是以“礼”作为婚姻是否成立的认定标准。顺带要说的是，这一连串的追问还极具修辞色彩，颇有几分戏文的味道，这就使得判词的感染力大大增强。

参之情理。法史学家黄源盛曾说：“向来执法者下判，守法意而拂人情，不可也；徇人情而违法意，亦不可也。究竟要如何权衡于二者之间，使上不违于法意，下不拂人情，自费思量。”《清明集》中的诸名公对此亦有思考，并且颇有心得。例如作者署名为“司法拟”的“立继有据不为户绝”判，开篇便讲：

> 照得户婚讼牒，不一而足，使直笔者不能酌情据法，以平其事，则无厌之讼炽矣，家不破未已也。事到本司，三尺俱在，只得明其是非，合于人情而后已。

这段话，其实讲的是家事诉讼的裁判理念，其核心之点就在于：不仅要“据法”，也要“酌情”，若想“明其是非”，必要“合于人情”。类似这样的话，在《清明集》中俯拾即是。他们是这样讲的，也是这样做的。且以天水的“子与继母争业”判为例。

> 今据所陈，王氏所置四十七种之田，系其故夫已财置到，及有质库钱物，尽为王氏所有。然官凭文书，索出契照，既作王氏名成契，尚复何说。吴汝求父死之时，非是幼騃，若有质库钱物，何不自行照管，方其鬻产妄费之时，何不且取质库钱物使用？继母已嫁，却方有词，无乃辨之不早乎？以前后亦有领去银器财物，批照俱在，已上二事，皆难施行。但王氏，吴贡士之妻也，吴汝求，吴贡士之子也，倘未忘夫妇之义，岂独无子母之情？王氏改适既得所，吴汝求一身无归，

亦为可念。请王氏以前夫为念，将所置到刘县尉屋子业与吴汝求居住，仍仰吴汝求不得典卖。庶几夫妇、子母之间不至断绝，生者既得相安，死者亦有以自慰于地下矣。各责状入案，照会契书给还。

孟子像

在这个案件中，王氏是吴贡士之子吴汝求的继母。吴贡士死后，王氏改嫁，鬻产妄费、导致一身无归的吴汝求打起了继母的主意，企图通过诉讼分其财产。“然官凭文书，索出契照，既作王氏名成契，尚复何说。”按法，驳回吴汝求的诉讼是毫无疑义的事情，但天水法官却从“夫妇之义”、“子母之情”出发，作出了“将（王氏）所置到刘县尉屋子业与吴汝求居住，仍仰吴汝求不得典卖”的判决。天水法官的这个裁判，得到宋史专家吴钩的击节叹赏，他在《宋：现代的拂晓时辰》一书中说：“如此，王氏的财产权依法得到保护，而子母的情分也得以兼顾。大宋名公的司法理念与仲裁技艺，纵是千载之下，也未过时。”他进而指出：“宋朝尽管没有系统性的民事立法，但这些分散的无数判例，以及它们背后共同遵守的情理法衡平原则，已经凸显出宋代的民事司法制度明显有别于刑事司法制度的鲜明特点。称华夏传统法系‘民刑不分’的论调，可以休矣。”

教化为先。教化为先，刑焉其后，明刑弼教，堪称中国法的精义。对此精义，历代圣贤多有阐发。为什么要强调教化为先？荀子说得

孝子曾子与母亲

很清楚：“不教而诛，则刑繁而邪不胜。”孟子说得更明白：“仁言不如仁声之入人深也，善政不如善教之得民也。善政，民畏之；善教，民爱之。善政得民财，善教得民心。”这个观念甚至在古代的法典当中亦有体现，《唐律疏议》开宗明义便宣布：“德礼为政教之本，刑罚为政教之用，犹昏晓阳秋相须而成者也。”宋代亦重教化，理学家朱熹就曾说：“政刑能使民远罪而已。德礼之效，则有以使民日迁善而不自知。”

遍览《名公书判清明集》，关于教化为先的论述也比比皆是。例如赵知县“士人因奸致争既收坐罪名且寓教诲之意”判云：“词讼到官，事有关系，若但剖析曲直，收坐罪名，而不少寓教化之意，非善政也。”佚名“不当立仆之子”判则云：“郡守职在宣化，每欲以道理开导人心，闾阎小人，无不翻然悔悟，近来亲戚骨肉之讼，十减七八。”韩竹坡“同宗争立”判，将劝行孝道说得更加透彻：“古诗云：‘百年能几时，奄若风中烛。达孝在承宗，可免亲龄促。’文植八衮余老，固可优游数年，以享期颐之寿，为人子若孙者，亦合体《孝经》‘养则致其乐’之语，朝朝奉养无阙……天下万善，孝为之本，若能翻然感悟，劝行孝道，天地鬼神，亦将祐之，家道日已兴亦！倘或不然，再词到庭，明有国法，有司岂得而私之哉！”

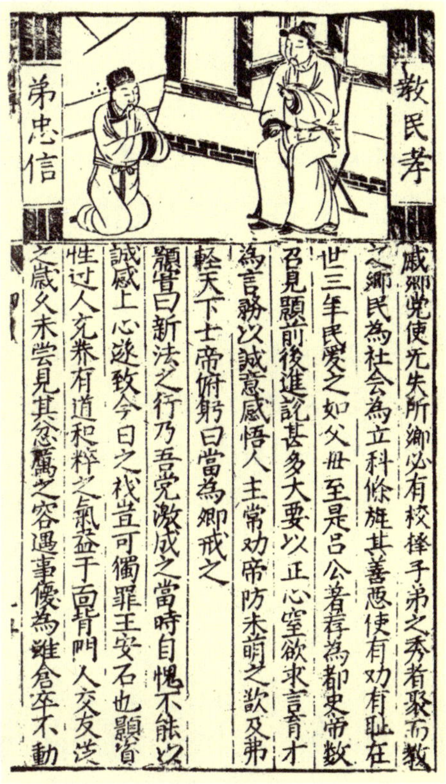

教民孝弟忠信

在家事案件中，宋人尤其注重教化的作用，蔡久轩说：“人谁无过，过而能改，即是好人。”“果能消争融隙，变阋为怡，此正当职之本心。”我们且举蔡久轩的两道判词为例。其一是“子未尽孝当教化之”判。在这个案件中，儿子偷了父亲的牛，并且还不孝顺自己的父亲。蔡久轩并不“便行编管”，而是“有以教化”，以“候父慈子孝”。判词云：“子盗父牛，罪当笞。至于不孝一节，本州当有以教化之，岂可便行编管。送州佥厅，且将彭明乙枷项日程，仍令日设拜其父，候父慈子孝，即与踈放。”在另一个案子中，遇到的是外孙对外公不敬，蔡久轩在进行必要的晓谕之后，竟以令其读一个月孝经的方式结案。这就是“读孝经”判：

送县照已行戒约。但子之于母，自宜孝顺，于母所敬亦敬之，而况所谓外公者乎！田业固不可逼卖，至于一二家事之类，亦何足道。监下替彭宣教读孝经一月。帖县唤上徐立之来问，限三日。

判词中“至于一二家事之类，亦何足道”这句话，值得细细品味，其实它正道出了处理家事案件的精髓，那就是不要太把它当回事，未必非要以法之名率然行事。家事纠纷本就没有绝对的是非，双方当事人本是一家人，将来还要一起过，因此最好的办法当是“曲加讽喻，以启其愧耻之心，以弥其乖争之习，听其和允”。如果是动辄行刑，大动干戈，非但不利于纠纷的化解，反而更容易激化矛盾，甚至造成亲情破裂难以弥合的局面。

亲属容隐。“亲亲相隐”，为儒家所提倡，也是历代法律所承认的原则。传说，汉武帝时，衡山王刘赐的太子刘爽派人到长安告发其父与其弟谋反朝廷，结果自己反被判以“不孝”之罪，惨遭“弃市”。汉宣帝为此明令天下，汉律亲亲得首匿。唐以后的法律，容隐的范围更为扩大。何以律许容隐？瞿同祖在《中国法律与中国社会》一书中这样解释：“不许容隐则伤骨肉之恩，不许为首则恐无以救其亲，若任子孙告讦则不惟干名犯义，且恐子孙有贼害其亲之意，故并存之，实天理人情之至，面面都顾到。”《清明集》中的许多判词，在处理家事纠纷时都遵从了“亲属容隐”的原则。且举胡石壁“子妄以奸妻事诬父”判为例：

父有不慈，子不可以不孝。黄十为黄乙之子，纵使果有新台之事，在黄十亦只当为父隐恶，遣逐其妻足矣，岂可播扬于外，况事属暧昧乎！符同厥妻之言，兴成妇翁之讼，唯恐不胜其父，而遂以天下大恶加之，天理人伦，灭绝尽矣，此风岂可长乎？决脊鲸配，要不为过，且以愚蠢无知，从轻杖一百，编管邻州，勒归本宗。阿李悖慢舅姑，亦不可恕，杖六十。余人尽放。

所谓“新台之事”，是指不正当的翁媳关系。其典出自《诗经》，原为《诗经·国风·邶风》篇名。《毛诗序》谓，刺卫宣公也。传说春秋时，卫宣公为儿子伋娶齐女，闻其貌美，欲自娶，遂于河边筑新台，将齐女截留。“国人恶之，而作是诗也。”在本案，黄十就是符同他的妻子阿李之言，状告他的父亲黄乙与儿媳有所谓“新台之事”。胡石壁在判词中说：“纵使果有新台之事，在黄十亦只当为父隐恶，遣逐其妻足矣，岂可播扬于外，况事属暧昧乎！”于是从天理人伦出发，不仅驳回了其起诉，还分别对其夫妇施与了杖刑。

不仅亲属之间要“亲亲相隐”，作为法官，亦应为当事人之间的暧昧情事“委曲掩覆”，而“不宜扬播”，这是审理家事案件的道德要求。胡石壁在另一道“既有暧昧之讼则合勒听离”判中就体现了这样一种美德：

新台之事，委属暧昧，阿黄陈词于外，则以为有，供对于狱，则以为无。若但据其先后之词，而遽以为有无之决，是非鲜有不失实者。当职今亲至院，逐一唤问，耳听其辞，目察其色。阿黄应对之间，颇多羞涩，似若有怀而不敢言；李起宗争辩之际，颇觉嗫嚅，似若有愧而不能言。当职今固未敢决然以为无也。如必欲究竟虚实，则捶楚之下，一懦弱妇人岂能如一强男子之足以对狱吏哉，终于诬服而已矣！况此等丑恶之事，只当委曲掩覆，亦不宜扬播，以贻乡党之羞。又尊卑之间反且如此，纵无此事，亦难复合。子甚宜其妻，父母不说，出，此礼经之所以垂训万世者也。阿黄之不见说于舅必矣，其夫妇虽欲偕老，其可得乎？合勒听离，黄九二将女别行改嫁，李起宗免根究。

说的是，胡石壁又遇见一起儿媳公公事涉暧昧的案件。究竟有无诉称之事，儿媳阿黄语多反复，“陈词于外，则以为有，供对于狱，则以为无。”胡石壁觉着，“若但据其先后之词，而遽以为有无之决，是非鲜有不失实者。”于是，“今亲至院，逐一唤问，耳听其辞，目察其色。”他观察到：“阿黄应对之间，颇多羞涩，似若有怀而不敢言；李起宗争辩之际，颇觉嗫嚅，似若有愧而不能言。”尽管胡石壁“未敢决然以为无”，但也决定不再一究虚实。因为，“如必欲究竟虚实，则捶楚之下，一懦弱妇人岂能如一强男子之足以对狱吏哉，终于诬服而已矣！况此等丑恶之事，只当委曲掩覆，亦不宜扬播，以贻乡党之羞。”虽然如此，最终的结果还是判离改嫁，这是考虑到，“尊卑之间反且如此，纵无此事，亦难复合。”既遵从了礼经之垂训，又符合案件的实际情况。品读此判，不能不感佩胡石壁的慧眼仁心。所谓慧眼，是指当查清时必查清，耳听其辞，目察其色，均属必须。所谓仁心，则又指该糊涂时且糊涂，尊其隐私，遏其是非，行所当行，止所当止。

惩恶扬善。一个案例胜过一打文件，一个好的裁判就是一堂生动的全民公开课。古代法官在处理家事案件时，也深谙此道。我们来看真西山“孝于亲者当劝不孝于亲者当惩”判：

当职昨以三事谕民，首及孝悌。数月以来，累据东厢申到，如承信郎周宗强者，其母安人陈氏得疾几危，宗强割股救疗，遂平复。虽非圣经所尚，然其孝心诚切，实有可嘉。今忽据百姓吴拾同妻阿林愬其子吴良聪不孝，再三审问，具言其详。

当职忝为郡守，不能以礼义训人，致使民间有此悖逆，日夕惭惧，无地自容。周承信除依条支赏外，特请赴州，置酒三行，以示宾礼之意，用旗帜、鼓乐、鞍马、繖扇送归其家。吴良聪罪该极刑，姑与从轻，杖脊二十，髡发，拘役一年，仍就市引断。使人知孝于其亲者，有司所深敬，不孝于其亲者，王法所必惩。兼此邦之人，本来易化，只缘官司不知训励，故有无知而轻犯者，今为尔民略陈大义。

此为一判两案，正反对比。正者乃孝子周宗强，其母疾危，割股救疗，真西山“除依条支赏外，特请赴州，置酒三行，以示宾礼之意，用旗帜、鼓乐、鞍马、繖扇送归其家”。反者乃吴良聪，其母诉其不孝，“再三审问，具言其详”。于是决以“杖脊二十，髡发，拘役一年”。一正一反，旗帜鲜明。值得注意的是，判完之后，真西山还特意要求“仍就市引断”。用现在的话说，就是要求在闹市上公开宣判，其用意无非是推而广之，亦“为尔民略陈大义”，使广大民众都能知道，“孝于亲者当劝，不孝于亲者当惩”。

民刑混沌。说到“当惩”，有必要说说古代中国一个独具特色的制度，那就是“民刑混沌”。百年以来，西人对此多有诟病，认为古代中国私法规定少而公法规定多，且“诸法合体，民刑不分”。事实也的确如此。历代的法典编纂，都是实行以刑为主的规范混同体例，“纵然是纯民事性的问题，也有处刑的规定。”在司法层面，针对民事纠纷的裁判，也常常杂以刑罚的内容。清末民初的时候，迫于西方列强压力，着手进行“民刑分立”改革。但于今观之，“民刑混沌”究属“野蛮落伍”，还是“独具特色”，恐怕也不是一句话就能说得明白。黄源盛在分析传统中国法“民事裁判与刑事裁判的程序常两相重叠”时，曾经指出：“刑事的诉讼与民事的诉讼，非诉讼标的本质上的差异，只不过其所具有之犯罪的色彩有浓淡之差而已。在诉讼程序上，民事与刑事并无‘质的差异’，即其所依据的原则并无二致。”

与“民刑混沌”有些类似的，是所谓“狱讼皆理于县”，也常常遭到西人诟病。徐道隣对此认为：“县令之职，在‘审察冤屈，躬亲狱讼，务知百姓之疾苦。诉讼之曲直，必尽其情理。’此即所谓司法权行政权为同一官吏所掌握，而每为人所诟病者也。然依中国传统政治哲学，德礼与刑罚，同为政教施之方。‘管’与‘教’不分，则其集中于一人，亦理之必然。”以此逻辑来反观“民刑混沌”，庶几也可以说，既然是礼主刑辅，那么由同一个法官解决是否“出礼入刑”的问题，岂不更为方便？再进一步说，“明礼以导民，定律以绳顽”，在处理民事案件时，有刑罚手段在那儿摆着，即使不用，也可以起到“以刑去刑”的作用。

我们还是来看看宋人是如何在家事案件中适用刑罚，以翁浩堂“婚嫁皆违条法”判为例：

谨按律曰：诸和娶人妻及嫁之者，各徒二年，即夫自嫁者亦同，仍两离之。又曰：诸妻擅离去，徒二年。叶四有妻阿邵，不能供养，自写立休书、钱领及画手模，将阿邵嫁与吕元五，父子共交去官会三百贯，尚有未尽会二百贯寄留叶万六家。既已亲书交钱，又复经官陈理，若如此而可取妻，是妻可以戏卖也。吕元五贪图阿邵为妻，令裴千七夫妻与杨万乙啜诱叶四，虽已写约，尚未心服，而遽占留阿邵在家。若如此而可得妻，是妻可以力夺也。律有两离之法，正为此等。阿邵身为叶四妻，虽夫不良，且合依母，遽委身于吕元五，唯恐改嫁之不速。如此而可免罪，是妻可以擅去也。三名按法各得徒罪，且就本县各勘杖一百，照条两离之。叶四、吕元五皆不得妻，阿邵断讫，责付牙家别与招嫁。杨万乙、裴千七、叶万六不安本业，辄造事端，和离人妻，亦合徒断。杨万乙、裴千七知情押契，两人各勘杖一百。叶万六不知本谋，只是受寄官会，勘杖六十。叶千七、阿郑各系所由违法离嫁，亦合收罪，念其年老，各且免科。索到赃钱没官，裴千七案后追断。

举案齐眉

依户婚律，夫妻不相和谐，可自和离。滋贺秀三在《中国家族法原理》一书中说：“这曾是从古至今不变的中国法一贯采取的立场。”但是，法律却不允许买卖，妻也不可以擅去，违反者不仅不能得逞，甚至还要被追究刑事责任。本案就是民事刑事两相交织。一个纠纷，一揽子解决，不能说不彻底。

封案拆断。即使有刑罚的手段，也主要是用于惩罚干名犯义、诬告、欺诈等触及刑律的行为。例如“争田业”判中，李氏伪造证据，“粘贴欺罔”，司法官认为：“是其为奸之意甚深，而为欺之术甚浅。使其不惩，后不止与李行可讼而已也。自合送狱，根勘本情，重置于罚。”通常情况下刑罚更多地是作为一种威慑。在《清明集》判

销弥嫌隙

词中，常常会见到两个词——“封案”、“拆断”，例如：“张达善勘杖八十，且与封案，再犯拆断。”这其实是宋朝所独有的一种缓刑制度。“封案”，指的是对于轻微犯罪案件，先将判决书入匣，暂不执行刑罚；如果不思悔改，再开匣取出，执行刑罚，这叫做“拆断”。这一缓刑制度主要适用于杖刑，所以又有个名称叫“寄杖”，也就是先把应处的杖刑“寄存”起来。例如翁浩堂在“因争贩鱼而致斗殴”判中，就对黎七“寄杖十下”，并声明“后犯定断”。

息事宁人。调解是中国古代司法的一项重要经验，在家事案件中，尤以调解为要。寓教化于调解，不仅可以“服负者之心”，亦能激发争讼之人的羞恶之心、辞让之心、是非之心，以收美教化、厚人伦之效果。以调解方式结案，又能修复几近破裂的亲族关系，使其和好如初。此外，将调解之责委与乡里邻人，还可减少生民诉累与司法负荷。在宋代，虽无法定调解程序，但实际的运用非常普遍。例如真德秀《劝谕事件于后》云：“当职昨在任日，遇亲戚骨肉之讼，多是面加开谕，往往幡然而改，各从和会而去。如卑幼诉分产不平，固当以法断，亦须先谕尊长，自行从公均分。或坚执不从，然后当官监析。”《清明集》所收尽管均是判词，但也时见有关调解的记录。例如佚名“争山各执是非当参旁证”判云：

> 而两词柄凿如此，况书契之人并无一存可以为证。本厅既难根究，何缘可得实情？故未免令两家在外和对，其意无他，……盖欲彼此永绝讼根，免至频频紊烦官府耳。今两家既坚执所长，当职只得从公区处。

欲达息事宁人之目的，并非全要依赖调解，在实体判决方面有意做一些妥协与让步，亦不失为“以土地换和平”之策。《清明集》中有不少这样的佳构，且以“双立母命之子与同宗之子”判为例。在这个案件中，黄廷珍亡后，其妻毛氏少而守节，慨然以不嫁为誓，为续其香火，又立黄臻为后，可是黄家兄弟以黄臻为异姓为由提起诉讼，要求立本族禹龙为后。几级官府审理之后都认为，“黄臻为廷吉之子，既合于三岁以下异姓听收养之法，又合夫亡妻在之法，止立黄臻，不立禹龙，可也”。并且，前提举还“洞照肺肝”，非常明了欲立禹龙的真实目的，是“以黄廷吉薄有家产，利所在，小人必争”。但为了“塞诸黄之意，而息其讼”，“是以又于黄氏子孙之中，亦立一人”。仓司和提举都支持了这一判决，不过并非无原则地“和稀泥”，而是将诸般是非细故一一论列清楚，同时将一干教唆和被教唆兴讼骚扰者施以杖责，“以罚族属徇利忘义之谋”。

灵活变通。在“吴肃吴镕吴桧互争田产”判中，法官讲了一通民事裁判的理念：“夫岂知民讼各据道理，交易各凭干照？在彼则曲，在此则直，曲者当惩，直者当予，其可执一，以堕奸谋。”“执一”，固执一端，不知变通之谓也。“其可执一”，就是要善于变通，以尽曲直。“熊邦兄弟与阿甘互争财产”判，就体现了处理家事纠纷如何不泥于法意律条，而是从厚处之。

> 熊赈元生三子，长曰邦，次曰贤，幼曰资。熊资身死，其妻阿甘，已行改嫁，惟存室女一人，户有田三百五十把。当元以其价钱不满三百贯，从条尽给付女承分。未及毕姻，女复身故。今二兄争以其子立嗣，而阿甘又谓内田百把系自置买，亦欲求分。立嗣之说，名虽为弟，志在得田。后来续买，亦非阿甘可以自随。律之以法，尽合没官，纵是立嗣，不出生前，亦于绝家财产，只应给四分之一。今官司不欲例行籍没，仰除见钱十贯足埋葬女外，余田均作三分，各给其一。此非法意，但官司从厚，听自抛拈。如有互争，却当照条施行。

在吴恕斋“兄弟一贫一富拈阄立嗣”判中，甚至出现了拈阄决案的情形。说的是容之、詠之为两兄弟，争欲以其子为堂兄弟秀发后，而不愿为亲兄弟瑞之后，以秀发富而瑞之贫也。吴恕斋既对容之、詠之的徇利忘义而不齿，又要把这官司平心区处，最后想出了一个解决办法，那就是“焚香拈阄，断之以天”。判词曰：

> 叶秀发无子，本县援“经据法”，谓孙与吴皆异姓不应立，只当于同宗昭穆相当者求之，可谓名正言顺。若论昭穆相当，则容之、詠之皆秀发堂弟，而容之子慧孙、詠之子寄孙皆可立也。今乃各以其子争欲立为秀发后。容之谓已立慧孙三年；詠之亦谓已立寄孙三年。但其亲兄瑞之亦无后，容之谓寄孙系已立为瑞之之子；詠之亦谓慧孙系已立为瑞之之子。二说交驰，争欲以其子为秀发后，而不愿为瑞之后。及详其母孙氏供，初不曾经官除附，则是所立本无定议，明矣。大义所在，亲兄瑞之之无后，重于堂兄秀发之无后，舍亲就疏，此其义为义乎？为利乎？盖秀发生理颇裕，瑞之家道侵微，容之、詠之徇利忘义，遂阋于墙而不顾，讼于官而不耻，甚至污其母以偏爱，人情至此大不美。官司若不早与平心区处，非特瑞之、秀发身后俱失所托，而容、詠手足之义，参商益深，甚非所以慰母心而厚风俗也。欲唤上容之、詠之当厅以慧、寄二名焚香拈阄，断之以天，以一人为瑞之嗣，以一人为秀发嗣，庶几人谋自息，天理自明，存亡继绝，安老怀少，生死皆可无憾。

惩治滥讼。“子曰：听讼，吾犹人也。必也，使无讼乎！”自有生民以来，莫不有讼，但“草生公府静，花落讼庭闲”的无讼境界却一直是中国士大夫阶层的共同理想。宋代商品交易发达，权利意识觉醒，诉讼也就空前兴旺，但官府依然提倡“无讼观”，在家事审判中尤其如此。《清明集》中诸多判词都对兴讼之弊予以晓谕，例如胡石壁在“妄诉田业”判中开篇便讲：

词讼之兴，初非美事，荒废本业，破坏家财，胥吏诛求，卒徒斥辱，道途奔走，犴狱拘囚。与宗族讼，则伤宗族之恩；与乡党讼，则损乡党之谊。幸而获胜，所损已多；不幸而输，虽悔何及。故必须果抱冤抑，或贫而为富所兼，或弱而为强所害，或愚而为智所败，横逆之来，逼人已甚，不容不一鸣其不平，如此而后与之讼，则曲不在我矣。

如果说对于普通当事人只是劝其息讼，对于教唆架讼之徒则是痛加惩治。马裕斋在“哗徒反复变诈纵横捭阖”判中就指出：

浙右之俗，嚣讼成风，非民之果好讼也，其中一等无籍哗徒，别无艺业，以此资身，逐臭闻腥，索瘢寻垢，事一到手，倒横直竖，一惟其意，利归于此辈，祸移于齐民。若不痛加蕴崇，风俗何由可变。

署名“莆阳”疑是莆田县丞所作“典卖园屋既无契据难以取赎”判，就是惩治滥讼的一个名篇。说的是曾氏兄弟本是“先正之孙，名宦之子”，却“以天伦之厚，而疾视如仇雠，以骨肉之亲，而相戕几豺虎，纷纷诉牒，曾无岁月”。“今来事到本厅，以其各是名宦士类，无不再三劝谕，使之从和，庶可以全其恩义，而皆难以告语”，只得使出绝招，那绝招就是：“合备申县衙，乞备榜晓示，应今后词讼，有与曾氏兄弟干涉者，非弟使人诉其兄，即兄使人讼其弟，并与根究来历，将套合教唆之徒，痛与惩治，则曾氏之讼庶几其少息矣！”

贰伍

朱门立雪名公多

这篇朱门立雪，是要说说朱熹和他的弟子，他们当中颇有几个很会写判词。日本历史学家小岛毅在《中国思想与宗教的奔流：宋朝》一书中就这样说过：

> 《清明集》所收判词的作者们，也就是“名公”们中的很多人都是朱子学派的人物。开头三篇文章（不是判词，而是对官吏的告诫）的作者就是那位真德秀；接着上场的蔡杭，全书收录他的判词超过七十篇，自祖父以来他们家三代连续师事朱熹。由此可见，本书的编者应该是属于朱子学系统的人物，由此体现的就是他们的地方统治的理想形态。

朱门立雪的标题，当然是从程门立雪套用而来。程门，说的是北宋时伊川人程颐，他和他的哥哥程颢并称“二程”，均是道学（即理学）的创始人。程颢虽说有很大的学问，但一生都没有著书，在他担任县

程颢（左）、程颐兄弟像

令期间，倒是办理过不少案件，郑克的《折狱龟鉴》还记载了一则，叫作《程颢校年》：

程颢察院知泽州晋城县时，有富民张氏子，其父死未几，晨起有老父在门，曰："我汝父也，来就汝居。"具陈其由。张氏子惊疑莫测，相与诣县，请辨之。老父曰："业医，远出治疾，妻生子，贫不能养，以与张氏。某年月日某人抱去，某人见之。"颢谓："岁月久矣，尔何说之详也？"老父曰："某归而知之，书于药法册后。"因怀中取册以进，其记曰："某年月日，某人抱儿与张三翁。"颢问张氏子："尔年几何？"曰："三十六。""尔父在年几何？"曰："七十六。"谓老父曰："是子之生，其父年四十，人已谓之'三翁'乎？"老父惊骇服罪。

程颐二十七岁时廷试报罢，从此不再参加科举，所以五十岁之前一直是个布衣处士，专心作他的学问。兄弟俩学问难分伯仲，但个人性格却迥然不同。据二程的弟子讲，程颢饶有风趣，程颐“直是谨严”，也难怪程门立雪的故事发生在程颐身上。传说是，弟子杨时来洛中向程颐问学，虽然年已四十，但“事伊川愈恭”。“一日见颐，颐偶螟坐，时与游酢侍立不去，颐既觉，则门外雪深一尺矣”。

杨时是二程很看重的弟子，当他学成返乡时，程颢曾道：“吾道南矣！”后人对杨时推崇，还因为“杨时三传而有朱子”。朱熹虽说是宋代理学的集大成者，但也是以传承二程思想为己任的。他不仅为二程编次《程氏遗书》和《伊洛渊源录》，《近思录》也多采周张二程四家。他曾说：“道丧千载，圣远言湮。不有先觉，孰开我人。”这是《濂溪先生像赞》中的话。濂溪先生又是谁呢？他是二程的老师，也就是我们耳熟能详的《爱莲说》的作者周敦颐。所以我们在讲朱熹和他的弟子之前，不妨先讲讲他这位老师的老师。

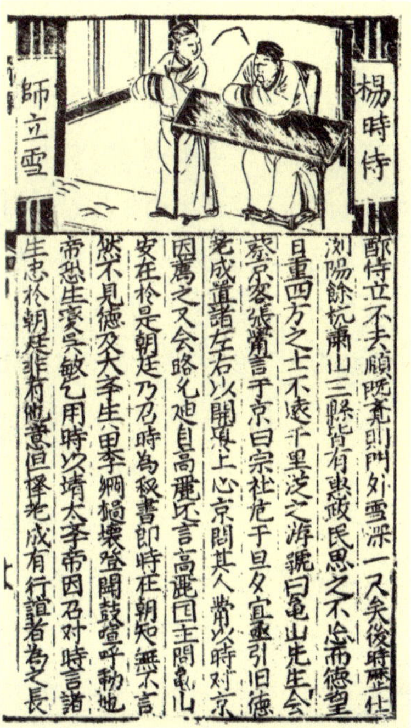

杨时侍师立雪

周敦颐是与王安石同时代的人，比安石长四岁，据说，安石提点江东刑狱时，与敦颐相遇，“语连日夜，安石退而精思，至忘寝食”。朱熹《周敦颐事状》云：“先生家世道州营道县濂溪之上。姓周氏，名敦实，字茂叔。后避英宗旧名，改敦颐。”黄庭坚曾经这样评价周敦颐的为人：“茂叔人品甚高，胸中洒落，如光风霁月。”友人潘兴嗣尝视其家，“服御之物，止一敝箧，钱不满百”。

苏东坡诗云：“先生本全德，

茂叔爱莲

廉退乃一隅。”周敦颐最重要的著作还不是《爱莲说》，而是《太极图》。朱熹曾说：“其妙具于《太极》一图，《通书》之言皆发此图之蕴。”陈亮则说：“濂溪周先生奋乎百世之下，穷太极了蕴，以见圣人之心，盖天民之先决也。”周敦颐正是以太极本体论奠定了“道学宗主”“理学开山”的地位，“播天下，传后世，如此其大”；“若夫爱莲有说，吟咏有作，及古今人之颂扬而赠及其后裔者，乃其芳中之余芳。”《宋史·道学传序》这样评价周敦颐之“上继往圣，下启后儒”之功：

孔子没，曾子独得其传，传之子思，以及孟子，孟子没而无传。两汉而下，儒者之论大道，察焉而弗精，语焉而弗详，异端邪说起而乘之，几至大坏。

千有余载，至宋中叶，周敦颐出于舂陵，乃得圣贤不传之学……

清光绪年间贺瑞麟作《周子全书序》，则以这样一段文字开端：

孔孟而后，千有余年，圣人之道不传。道非不传也，以无传道之人耳。汉四百年得一董子，唐三百年得一韩子，皆不足与传斯道。至宋周子出，而始续其统，后世无异词焉。

这样一位圣人级的大儒，其实还是一位非常有名望的法官。《宋史·道学传·周敦颐传》这样记载他的折狱功夫：

以舅龙图阁学士郑向任，为分宁主簿。有狱久不决，敦颐至，一讯立辨。邑人惊曰：“老吏不如也。”部使者荐之，调南安军司理参军。有囚法不当死，转运使王逵欲深治之。逵，酷悍吏也，众莫敢争，敦颐独与之辨，不听，乃委手版归，将弃官去，曰：“如此尚可仕乎！杀人以媚人，吾不为也。”逵悟，囚得免。

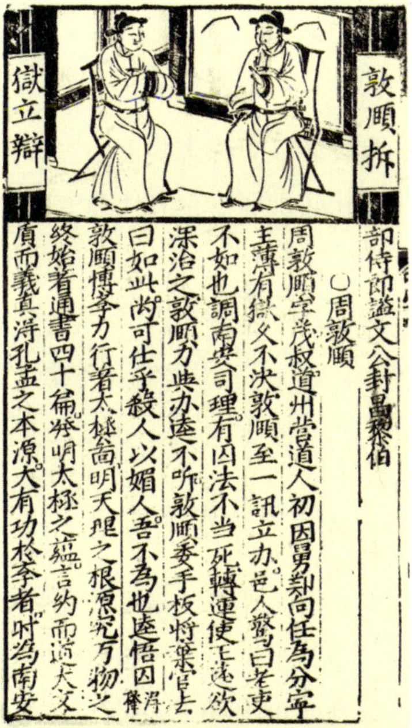

敦颐折狱立辩

因此两案，周敦颐名声大噪，以至于在他知南昌时，“南昌人皆曰：‘是能辨分宁狱者，吾属得所诉矣。’富家大姓，黠胥恶少，惴惴焉不独以得罪于令为忧，而又以污秽善政为耻”。后来，他还获任广东转运判官，提点刑狱，“不惮

章衣萍著《朱子》书影

出入之勤，瘴毒之侵，虽荒崖绝岛，人迹所不至处，皆缓视徐按，务以洗冤泽物。”可惜的是，“未及尽其所为，而君已病矣”；更可惜的是，他的判词也一篇未能留下。朱熹晚年弟子、官至礼部侍郎的度正，生于周敦颐曾经为官的合州，他当年就曾试图搜求他的书判，可惜片纸未得。他在《书濂溪先生周元公年表后》中是这样说的：

而先生仕吾乡时，已以文学闻于当世，遂搜求其当世遗文石刻不可得。又欲于架阁库讨其书判行事，而郡当两江之会，屡遭大水，无复存者。

周敦颐史称宋代五子之首，经张载、程颢、程颐，到朱熹时完成了中国古典哲学的伟大复兴。黄榦曾言：

道之正统待人而后传，自周以来，任传道之责者不过数人，而能使斯道章章较著者，一二人而止耳。由孔子而后，曾子、子思继其微，至孟子而始著。由孟子而后，程、张子继其绝，至熹而始著。

我们无意阐述朱熹的道学思想，单表他的法律生涯和司法理念。英国传教士卜道成曾经这样描述周敦颐：“与政府官员的工作相比，他更在意的身份是一名道德教师和一个学派的开创者。”朱熹也是这样，一生都在“竭其精力，以研穷圣贤之经训”，因此“辞官文字甚多”，“登第五十年，仕于外者仅九考，立朝才四十日。”虽有“短熹者，谓其疏于为政”，但孝宗皇帝却曾留下“朱熹政事却有可观”的评价。《宋史》本传还说：“熹日钩访民隐，按行境内，单车屏徒从，所至人不及知。郡县官吏惮其风采，至自引去，所部萧然。朱熹在知南康、漳州、潭州以及提点江南西路刑狱公事等任上，处理过不少狱讼，例如知漳州时，因为民间讼争纷纷，案件积压如山，提刑司状下如雨，朱熹刚到漳州，一下子就判了二百四十三道词状。

关于朱熹的执法，“普遍印象，以为朱子执法太严”。朱熹亦自认：“治财太急，用刑过严，二事亦实有之。”陆象山亦云：“朱元晦在南康，已得太严之声。”那么，南康时期的“严”是怎样一种情形呢？朱熹在《语类》中是这样回忆的：“某南康临罢，有跃马于市者，踏了一儿将死。某时在学中，令送军院。次日以属知録。晚过廨舍。知録云，‘早上所喻，已栲治如法’。某既而不能无疑。回至军院，则其人冠履俨然，初未尝经栲掠也。遂将吏人并犯者讯。

考亭书院

次日吏人杖脊勒罢。偶一相识云，‘此是人家子弟，何苦辱之？’某曰，‘人命所系，岂可宽驰？若云子弟得跃马踏人，则后日将有甚于此者矣’。况州郡乃朝廷行法之地，保佑善良，抑挫豪横，乃其职也。纵而不问，其可得耶？”

其实，朱熹“严”的名声，还不是始于知南康军时，在他初入仕途、担任同安县主簿时，就已露端倪。据明代蒋一葵《尧山堂外记》载，同安流传着一则朱熹处理民田争讼的佚事：

> 文公为同安主簿日，民有以力强得人善地者，索笔题曰：“此地不灵，是无道理；此地若灵，是无天理。”后得地之家不昌。

束景南在《朱子大传》中评论说：“用地理风水诅咒富家的强力夺田自不免软弱可笑，但他终身敢于不惜丢官犯上抗命，严惩豪强势力的飞扬跋扈，已经在同安初仕中初露锋芒了。”

因“严”而引祸上身，以至于成为一大罪状的，还是发生在朱熹二入湖湘，出任荆湖南路安抚使期间。庆元党禁中，胡纮上劾章指控朱熹：“帅长沙，则匿藏赦书，而断徒刑者甚多”。对于这一事件，宋代吴子良著《林下偶谈》有较详细描述：

> 晦翁帅潭，一日得赵丞相简密报，已立嘉王为今上，当首以经筵召公。晦翁藏袖中，竟入狱取大囚十八人，立斩之。才毕，而登极赦至。翁恐赦至而大恶脱网也。

同治七年刊本《长沙县志》也沿袭了这一记载。但据束景南考证，《林下偶谈》的故事不过是从胡纮的劾章附会而来。朱熹自己在《语类》中曾谈到这事的来龙去脉：

> 某在长沙治一姓张人，初不知其恶如此，只因所犯追来，久之乃出头。适有大赦，遂且与编管。后来闻得此人凶恶不可言人。只是平白地打杀，不问。门前有一木桥，商贩者自桥上过，若以柱杖拄其桥，必捉来吊缚。此等类甚多。若不痛治，何以惩戒！

束景南认为，朱熹斩杀的是一些“平白地打杀人不问”的凶恶之徒，而且，朝廷早就有规定，凡遇大赦，“罪人情重者，毋得以一赦免”，所以，朱熹明知大赦天下而仍公然提斩凶囚，并没有违反朝廷规定，也没有必要偷偷藏匿赦书斩囚。束景南的辩白不乏爱屋及乌、为贤者讳的色彩。其实，朱熹的“严”是摆在那里的，是他自己都承认甚至极力鼓吹的。不仅没必要掩饰，甚至都有认真挖掘梳理一番的必要。

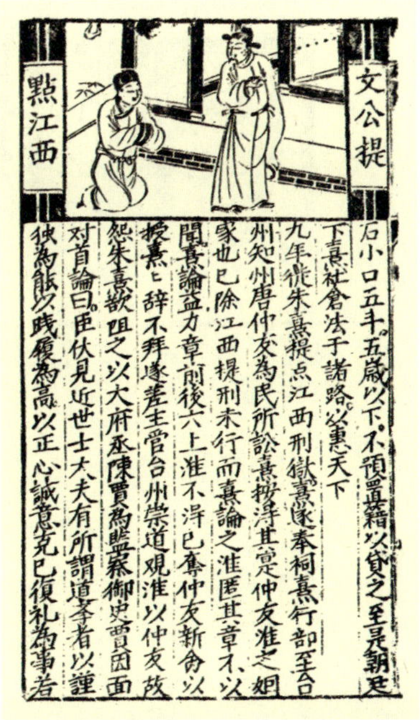

文公提点江西

人们常说，“为政以德”，还是“唯治为法”，实乃儒家与法家的分水岭。崇礼而视法为末节，似乎是儒家的代表性主张。但事实上，早在孔子的时候，对于宽猛相济就已经给予了肯认。《左传·昭公二十年》记载了郑国国相子产的一则故事，据说这也是宽猛相济原则的最早出处：

孔子抚琴图

郑子产有疾，谓子大叔曰："我死，子必为政。唯有德者能以宽服民，其次莫如猛。夫火烈，民望而畏之，故鲜死焉；水懦弱，民狎而玩之，则多死焉，故宽难。"疾数月而卒。大叔为政，不忍猛而宽。郑国多盗，取人于萑苻之泽。大叔悔之曰："吾早从夫子，不及此。"兴徒兵以攻萑苻之盗，尽杀之。盗少止。

当听闻子产死的时候，孔子出涕曰："古之遗爱也。"他对于子产的宽猛相济论也做了一番阐发：

> 善哉。政宽则民慢，慢则纠之以猛。猛则民残，残则施之以宽。宽以济猛，猛以济宽，政是以和。

朱熹的发展，在于修正了孔子的"宽以济猛，猛以济宽"，而是主张"以严为本，而以宽济之"。史家指出，此说"似有意提高礼、刑关系中刑的地位"。他强调："为政以德，非是不用刑罚号令，但以德先之耳。以德先之，则政皆是德。"又说："圣人为天下，何曾废刑政来！"虽说朱熹是儒家的巨擘，但他的"刑以止刑"思想与法家的申韩倒是异曲同工，例如《商君书》就云："刑重者，民不敢犯，故无刑也。"朱熹的这一思想也与周敦颐一脉相承。周子在《通书·刑第三十六》中曾说："圣人之法天，以政养万民，肃之以刑。民之盛也，欲动情胜，利害相攻，不止则贼灭无伦焉。故得刑以治。"西方研究者显然也注意到这种儒中有法、外儒内法的现象，例如美国学者卜德与莫里斯在《中华帝国的法律》一书中就指出：

> 然而，在汉代取得独尊的儒家却是一个折中主义的思想体系——它广泛吸取了与其相对立的其他学派的思想，其中也包括法家的思想。因此，法家学派的消失，并不表示法家的理论和作用也随之彻底消亡。相反，法家思想继续对汉代及以后各代的政治思想和经济理论产生影响。

为什么主张"以严为本"？朱熹在不同场合做过许多解释。首先，

唐太宗像

严是为了“辟以止辟”。朱熹说：“古人为政，一本于宽，今必须反之以严。”“刑愈轻而愈不足以厚民之俗，往往反以长其悖逆作乱之心，而使狱讼之愈繁。”又说：“今之士大夫耻为法官，更相循袭，以宽大为事，于法之当死者，反求以生之。殊不知‘明于五刑以弼教’，虽舜亦不免。教之不从，刑以督之，惩一人而天下人知所劝戒。所谓‘辟以止辟’。虽曰杀人，而仁爱之实已行乎中。今非法以求其生，则人无所恐惧，陷于法者愈众；虽曰仁之，适以害之。”

其次，严是对无辜良民负责。他说：“今人说轻刑者，只见所犯之人为可悯，而不知被伤之人尤可念也。如劫盗杀人者，人多为之求生，殊不念死者之无辜。是为盗贼计，而不为良民计也。”关于这一点，前朝的唐太宗其实就有过极为精辟的论述。据《贞观政要》记载，唐太宗在贞观二年曾对侍臣说：“天下愚人多而智人少，智者不肯为恶，愚人却好犯刑章。大凡特赦的恩惠，只有那些不轨之徒才能享受得到。古语说：‘小人之幸，君子之不幸。’又说：‘一岁再赦，善人喑哑。’要知养稂莠者伤禾稼，赦奸宄者害良民。”宋朝于立朝之初，就在宽猛政策方面考虑到“禁奸宄”与“惠良民”到关系，哲宗时侍御史陈次生曾这样说：

祖宗仁政，加于天下者甚广。刑法之重，改重从轻者至多。惟是强盗之法，特加重，盖以禁奸宄而惠良民也。

至于“以宽济之”，首先体现在“临民以宽”。余英时曾说：“理学家在朝廷则念念不忘‘得君行道’，在地方则往往强调‘泽及细民’。”这话总结得很到位。朱熹有一句名言：“知县若宽一分，百姓得一分之惠。”而欲使百姓“宽一分”，则必要有严的另一面，否则只会“长奸惠恶”，最后遭殃的还是百姓。其次，则体现在“恤刑”。既然刑罚严酷，则不可不慎，所以周敦颐就曾说：“呜呼！天下之广，主刑者民之司命也。任用可不慎乎！”朱熹也认为，“恤刑”的目的是避免司法枉滥，所以要求“疑罪从轻”，应当“详审曲直”，“令有罪者不得幸免，而无罪者不得滥刑也”。但这并不意味着一概从轻。无原则地一味从轻，就是“于不当恻隐处恻隐，即是恶”。换句话说：“使无罪者不得直，而有罪者得幸免，是乃所以为恶尔”。关于此点，朱熹的同时代人洪迈在《容斋随笔·奏谳疑狱》中亦有过精辟论述。他是通过三个案例故事来展开的：

白鹿洞讲学

州郡疑狱许奏谳，盖朝廷之仁恩。然不问所犯重轻及情理蠹害，一切纵之，则为坏法。耿延年提点江东刑狱，专务全活死囚，其用心固善。然南康妇人，谋杀其夫甚明，曲贷其命，累勘官翻以失入被罪。予守赣，一将兵逃至外邑，杀村民于深林，民兄后知之，畏申官之费，即焚其尸，事发系狱，以杀时无证，尸不经验，奏裁刑寺辄定为断配。予持敕不下，复奏论之，未下而此兵死于狱。因记元丰中，宣州民叶元，以同居兄乱其妻而杀之，又杀兄子，而强其父与嫂约契，不讼于官，邻里发其事，州以情理可悯，为上请。审刑院奏欲贷，神宗曰："罪人已前死，奸乱之事，特出于叶元之口，不足以定罪，且下民虽为无知，抵冒法禁，固宜哀矜。然以妻子之爱，既杀其兄，仍戕其侄，又罔其父，背逆天理，伤败人伦，宜以殴兄致死律论。"此旨可谓至明矣。

朱熹曾经这样评价周敦颐："周茂叔胸中洒落，如光风霁月。其为政，精密严恕，务尽道理。"朱熹自己也是以此为理想，他在任湖南安抚期间，举荐治才的标准就是"严恕"并备，例如他这样称道邵州守潘焘：

以学问持身，以儒雅饬吏，不鄙夷其民。首以教化为务，崇尚学校，修建先贤祠宇，民嚣讼，谕之以理，事至有司，敏于决遣，由是庭讼日简，郡圄屡空。

他又将"精密严恕"做过进一步分解，那就是："临民以宽，待士以礼，驭吏以严。"这话是讲给辛弃疾的。按照陈亮的说法，朱熹与辛弃疾堪称南渡之后的"双子星座"，一个是"人中之龙"，一个是"文中之虎"。朱熹与辛弃疾也确实志向相同，命运相近，相交既久，相见亦深。淳熙七年冬，江西发生严重旱灾，担负救荒使命的安抚使辛弃疾贴出八字榜文："劫禾者斩，闭粜者配！"朱熹听闻，深表钦佩。当辛弃疾一度被罢官闲居时，朱熹为他愤愤不平：

“辛幼安是个人才，岂有使不得之理！”朱熹死后，辛弃疾哭得最为真挚沉痛：“所不朽者，垂万世名。孰谓公死，凛凛犹生！”绍熙三年春，在家闲居十年的辛弃疾被朝廷起用为福建提刑，一到福建就向朱熹问政，朱熹就对他说了前面那三句话。这既是对辛弃疾的忠告，又何尝不是他自己的夫子自道。

黄榦像

朱熹的思想不仅对辛弃疾有所影响，更惠泽了成百上千的门徒。近人陈荣捷云：“予尝谓汉代经师学生数千人以后，学徒人数最多者以朱门为首，……及门者四百六十七人，未及门而私淑者二十一人，一共四百八十八人。”其中从游最久、以死相从，最终得传朱熹衣钵者当属黄榦。有趣的是，他也是在一个大雪天来投朱熹。《宋史·黄榦传》的开头是这样记述的：

> 黄榦字直卿，福州闽县人，父瑀，在高宗时为监察御史，以笃行直道著闻。瑀没，榦往见清江刘清之，清之奇之，曰：“予乃远器，时学非所以处子也。”因命受业朱熹。榦家法严重，乃以白母，即日行。时大雪，既至而熹它出，榦因留客邸，卧起一塌，不解衣者二月，而熹始归。榦自见熹，夜不设塌，不解带，少倦则微坐，一椅或至达曙，熹语人曰：“直卿志坚思苦，与之处甚有益。”尝诣东莱吕祖谦，以所闻于熹者相质正。及广汉张栻亡，熹与榦书曰：“吾道益孤矣，所望

于贤者不轻。”后遂以其子妻榦。……病革，以深衣及所著书授榦，手书与决曰：“吾道之托在此，吾无憾矣。”

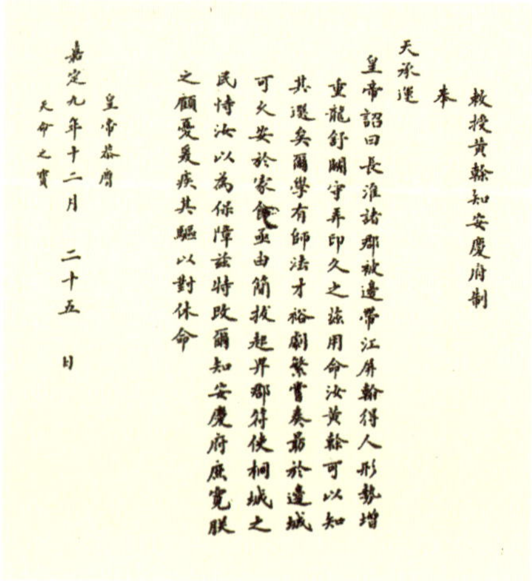
敕授黄榦知安慶府制
奉
天承運
皇帝詔曰長淮諸郡被邊帶江屏翰得人形勢增
重龍舒關守弄印久之該用命汝黄榦可以知
其選矣爾學有師法才裕劇繁嘗奏易於邊城
可久安於家食亟由簡拔起界郡符使桐城之
民恃汝以為保障兹特敗爾知安慶府庶寬朕
之顧憂爰疾其驅以對休命
皇帝恭膺
嘉定九年十二月 二十五 日
天命之寶

敕授黄榦知安庆府制

黄榦半生追随朱熹左右，成为朱熹学术思想的重要助手。朱熹去世后，他致力于确立朱熹的道统地位，宣扬朱熹的“绍道统，立人极，为万世宗师。”他自己亦“编礼著书，日不暇给”，继承和弘扬朱熹的思想体系，“弟子日盛”，“朝夕往来，质疑请益如熹时”。后世常常把他之与朱熹，誉之为颜回、曾参之与孔子，这一评价最早见于真德秀《勉斋先生祝文》，其云：“唯公之在考亭，犹颜曾之在洙泗。发幽阐微，既有补于学者；继志述事，又有功于师门。”

一如尊师朱熹，黄榦亦“心事有如秋月”，无意仕宦。一如与他齐名的朱熹门人李燔所言：“凡人不必待仕宦有位为职事，方为功业。但随力到处有以及物，即功业矣。”朱熹逝世后，黄榦“持心丧三年毕”，这才经人举荐调监嘉兴府石门酒库，又先后知临川、新淦、安庆、汉阳。所到之处，“治府事，理民讼，接宾客，阅士卒，会僚佐讲究边防利病，次则巡城视役，晚入书院讲论经史”。知安庆府时，他曾请命筑城以备战守，《宋史》本传云：“后二年，金人破黄州沙窝诸关，淮东、西皆震，独安庆按堵如故。继而霖潦余月，巨浸暴至，城屹然无虞。舒人德之，相谓曰：‘不残于寇，不滔于水，生汝者黄父也。’”

对于理讼治狱，黄榦亦极富天分。临川地广民众，号称难治，四十余年无贤令尹，以至积讼成山。黄榦到任后，“每日裁决，观者如堵”。据《临川县志·名宦传》记载，黄榦“每五鼓视事至午……逋租积讼委沓，未数月疏涤皆尽”。当他改知新淦时，临川父老“如失父母”，新淦吏民则“习知临川之政，皆喜，不令而政行”。《宋史》本传还留下了他“托梦破案”的传奇故事：

> 淮西帅司檄榦鞫和州狱，狱故以疑未决。榦释囚桎梏饮食之，委曲审问无所得。一夜，梦井中有人，明日呼囚诘之曰：“汝杀人，投之于井，我悉知之矣，胡得欺我。”囚遂惊服，果于废井得尸。

黄榦的判词亦好，虽然不见于宋、明刊本《名公书判清明集》，但中华书局版点校本在卷末附录黄氏判词三十七道，系从北图藏元刻本《勉斋先生黄文肃公文集》辑录而来。这些判词，充分展现出黄榦对于朱子之学的刻意励行以及不凡的听狱决讼本领。

一曰“一决于公”，“未尝有所迁就畏避”。开禧三年起，黄榦知临川三年零二十四天。“临川风俗素号健讼，豪民滑吏动辄生事，以害良民。情伪万端，无所忌惮。”“危教授论熊祥停盗”案，就是典型的例子。危教授是当地士人，豪横乡里，恃强凌弱。他因强夺熊祥山地不得，遂以停盗之罪诬之，并且控胁州郡官吏，倚恃健讼不已，“必欲重困其家，使之流离转徙，尽据其家产业而后已”。黄榦认为：“若此之人，不复顾士大夫廉耻之节，而无复恻隐之心，真所谓虎狼蛇蝎者也。”他不畏强权，一决于公，并在判词中直言：“张官置吏，亦止得据情按法，平理曲直，又岂敢以罪状未明之人，置之囹圄，以快寄居之意乎！”同时，他还连上三札，坚持要求释放熊祥。他在《申抚州辨危教授诉熊祥》中所说的一段话，极富原情诛心意味：

幹窃谓听讼之道，固当执法，亦当原情。熊祥教人告危教授之子杀人，实缘危教授使人诬告熊祥停藏而起，危教授使人诬告熊祥停藏，实缘危教授欲吞并熊祥地产而起，夫身为士夫，不守三尺，欲白夺乡民之产业，夺之不得，而欲以停藏之罪加之，使之枉被追扰。人非木石，岂能无不平之心乎？

二曰"以礼折衷，俱得其平"。宋明理学所讲的"理"，便是"礼"，所谓三纲五常、仁义礼智是也。按照礼的要求，"既为士人，……自合动循礼法，恪守士行"。而理学家当法官，尤其注重"以礼劝勉"。黄榦为朱子门人曾兴宗所写的行状，就对他在肇庆府节度推官任上的做法大加赞赏："凡邻里有纷争，必先于君，君以礼折衷，俱得其平，至或辍己物以息讼。人或有犯，未尝忿嫉，从容训责，终归于恕，使自愧服。"黄榦更是如此，"听讼必以人伦大义断曲直"。他在新淦任上所做"张运属兄弟互诉墓田"判，通篇就是"委曲剖析，纳之义理"：

祖父置立墓田，子孙封植林木，皆所以致奉先追远之意。今乃一变而为兴争起讼之端，不惟辱及祖父，亦且累及子孙。今张解元丑诋运干，而运干痛讼解元，曾不略思吾二人者，自祖而观，本是一气，今乃相诋毁如此，反为门户之辱。详此事，深为运干、解元惜之。世固有轻财急义，捐千金以资故旧者，不以为吝，今乃于骨肉之中，争此毫末，为乡闾所嗤笑，物论所厌薄，所争者小，所失者大，可谓不思之甚。当职身为县令，于小民之愚顽者，则当推究情实，断之以法；

于士大夫则当以义理劝勉，不敢以愚民相待。请运干、解元各归翻然改悔，凡旧所雠隙，一切湔洗，勿置胸中，深思同气之义与门户之重，应愤闷事一切从公与族党共之，不必萌一毫私意。人家雍睦，天理昭著，他日自应光大，不必计此区区也。两状之词，皆非县令所愿闻，牒运干，并告示解元，取和对状申。

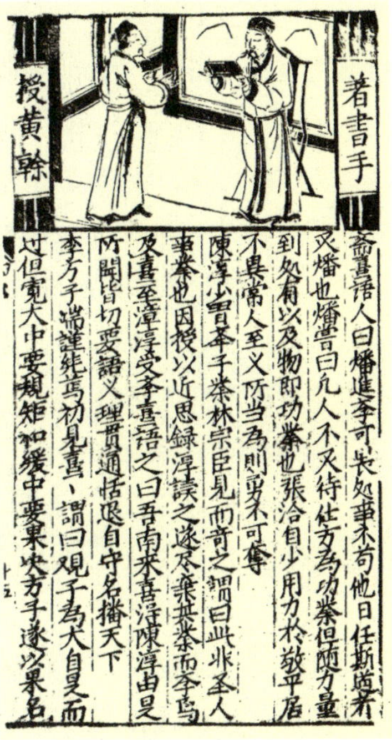

著书手授黄榦

三曰“抑强扶弱，不宜有偏，安富恤贫，要当两尽”。这句话出自《申安抚司辨教授诉熊祥事》，黄榦将其称为“为政之道”。他的诸多判词都体现了这一精神。例如“彭念七论谢知府宅追扰”判，开头就旗帜鲜明地指出：

普天之下，莫非王民，虽有贵贱贫富之不同，其为国家之赤子，则一而已。张官置吏，务以安存百姓，而形势之家专欲骚扰细民，所谓寄居者，既叨冒朝廷官职，寄寓州县，尤当仰体国家矜百姓之意，今乃倚国家之官职，害国家之百姓，此岂士大夫所当为哉！

在新淦任上，黄榦尽心毕力，理断民讼，抚恤困穷，不畏强御，“强者服其威，弱者怀其惠”。例如“徐少十论诉谢知府宅九官人及人力胡先强奸”案，他就一眼看穿了“案吏怕惧谢知府形势，使贫弱之家受此屈抑”的背后隐情，下令重新调查。

胡先供，去年曾与阿张通奸，又称今年系是和奸。据阿张供通，去年不曾有通奸来历，今年系是强奸。两名所供异同，权官即不曾勘对着实，便欲将胡先、阿张同断。若是强奸，则阿张不应同断，胡先亦不应止从杖罪决遣。又阿张所供，曾被谢九官人强奸，如此则是主仆通同强奸阿张，情理难恕。今亦不曾追问谢九官人。此是案吏怕惧谢知府形势，使贫弱之家受此屈抑。再引监阿张，唤上胡先，仍追谢九官人对限。只今如追不到，备申诸司，仍先监词人起离外处居止。

四曰“文尚体要”，“井有条理”。古语云：“文质彬彬，然后君子。”清廉莅民，公正笃意，固是司法者的基本要求，但有没有一支化繁为简的笔，将一决于公的裁判充分完美地表达出来，同样不可或缺。黄榦的判词就获得了同朝贤良的高度评价。江西提刑李珏谓：“操行醇正，持论公平，拨烦治剧，井有条理。”提举常平章良紘谓：“学有师承，文尚体要，更明吏道，甚得民心。”且来欣赏一篇“武楷认金”。

掘土得金，元是武安抚宅基，武楷遂认以为旧物。访之邦人，乃以为元是天井刘家宅基，武安抚复于上居止。以事理考之，必是刘家之物，盖藏金于地，为避贼而藏也。安抚方提兵讨贼，又何为而藏金于地耶？但武安抚有功于此邦，见之墓志，未及百年，其子孙零替如此，使人为之怅然。便无认金之讼，官司亦当赒恤。但闻武楷自少不学，家产破荡，若得钱，又复妄费。公库置历，每月批送钱五贯，仍自七月为头，薄赡其家，以为有功于此邦者之报。

这篇判词短似小令，却韵味悠远，值得一品再品。说它短，短就短在叙事经济，“掘土得金”，四个字就说清楚了案件由来，哪管它是用锹用镐？哪管它是在子时卯时？“访之邦人”，说的是审判方式，大有马锡五断案的风致，也因此查明了来龙去脉：“元是天井刘家宅基，武安抚复于上居止”；紧接着便“以事理考之”，得出“必是刘家之物”的结论。事已至此，裁判结果呼之欲出，掘土所得之金必是归于刘家。谁料笔锋一转，柳暗花明——念及“武安抚有功于此邦”，以及“其子孙零替如此”，黄榦决定另从公库拨款，“薄赡其家，以为有功于此邦者之报”。可谓导向鲜明，正应了黄榦自己在“郭氏刘拱礼诉刘仁谦等冒占田产”判中所说的那句话：“官司理对公事，所以美教化，移风俗也。”最后要说的是赒恤方式，因“闻武楷自少不学，家产破荡”，担心其“若得钱，又复妄费”，所以并不一次付清，而是“每月批送钱五贯”。其细致周全，以至于此。

乾淳正绪，斯文未坠。考亭既没，西山起继。

这是元朝胡助《纯白斋类稿》当中的一段话，西山，指的是真西山，也就是南宋末期贤臣大儒真德秀。真德秀是朱子门生詹体仁的弟子，应当属于朱子的再传弟子，但由于他在朱学发展史上举足轻重，所以很多书籍称之为朱子私淑，例如清代中期理学名宿雷鋐说：“先生未得亲事朱子，与朱子门人游，明体达用莫之先焉。故曰朱子之学私淑而得其宗者，先生也。”清初理学家蔡世远更谓：“有宋道学五子而外，断推西山为第一，体用兼优，才德俱茂，恨不究其用耳。著作亦第一有功。”

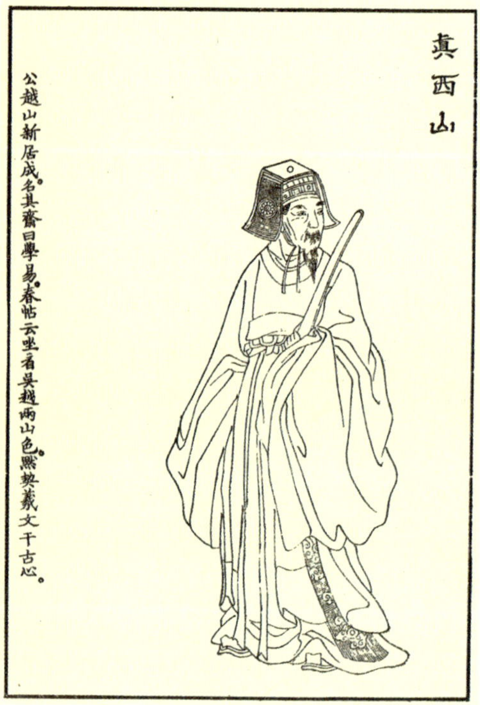

真西山像

真德秀，字景元，后更希元，号西山，浦城人。庆元五年登进士第，继中博学宏词科，累官起居舍人，兼太常少傅，出为江东转运副使，历知泉州、隆兴、潭州，曾任中书舍人、礼部侍郎、户部尚书，官至参知政事而卒，谥文忠。真德秀立朝不满十年，直声震朝廷，四方文士争诵其文。其代表作《大学衍义》被历代帝王奉为圭宝，作为为治之学。例如元仁宗为皇太子时，就曾命詹事王约将其节而译之，并说："治天下，此一书足矣。"

真德秀既丰富了朱子学说，又注重践履笃实，修己化民，政绩彪炳。刘克庄《西山真文忠公》这样记述他再知泉州、主帅全闽时的情形：

迎者塞洛阳桥，深村百岁之老亦扶杖而出，城中欢声动地。公晓士民曰："太守去此十四五年矣，虽泉山一草一木，亦时入思。再叨郡寄，衰病本不能出，念泉人相爱之深，黾勉此来，欲为此邦兴利除害，复还乐土之旧而已。"谓官僚曰："某前帅长沙，尝以廉慎公勤勉同官，今所当勉，无出于此。"

《名公书判清明集》开篇就是他的三篇劝谕文，分别是：《咨目呈两通判及职曹官》、《谕州县官僚》以及《劝谕事件于后》，就像是统帅全书的总纲领似的。在《咨目呈两通判及职曹官》中，他提出："某愿与同僚各以四事自勉，而为民去其十害"。何谓四事？曰律己以廉，抚民以仁，存心以公，涖事以勤是也。何谓十害？曰断狱不公，听讼不审，淹延囚繫，惨酷用刑，泛滥追呼，重叠催税，科罚取财，纵吏下乡，低价买物是也。而在《劝谕事件于后》中，他则提出崇风教、清狱犴、平赋税、禁苛扰四条约束，自云"当职于此，不敢不勉"，并要求诸县知、佐"揭之坐右，务在力行"。

西山尝谓："郡计凋敝，无力惠此民，仅有政平讼理二事可勉。苟又不加意，即为不治之州。"因而狱讼之事"无大小必躬亲之"，"每据案决讼，自卯至申未已。"一方面，他每受民词，必以"存心以公"为先务，其云："公事在官，是非有理，轻重有法，不可以己私而拂公理，

泉州旧影

亦不可骫公法以徇人情。”另一方面，他又“无讼是求”，以“崇风教”、“厚风俗”为己任。其谓：“当职昨在任日，遇亲戚骨肉之讼，多是面加开谕，往往幡然而改，各从和会而去。如卑幼诉分产不平，固当以法断，亦须先谕尊长，自行从公均分。或坚执不从，然后当官监析。其有分产已平，而妄生词说者，却当以犯分诬罔坐之。今请知、佐每听讼，常以正名分，厚风俗为先，庶几可革媮薄。”《名公书判清明集》选真西山判词两篇，全在“人伦门”之“孝”的条目之下，可以见其志趣之一斑。兹特推荐“取肝救父”一读：

百行莫大于孝。郡邑之布宣孝治，尤今日之先务也。詹师尹以父疾弗愈，刲肝膳之，默有所相，旋即更生。其人乡吏之子也，急亲之病，自亲其身不爱焉，人子之孝至此尽矣。然以匹夫小吏，能舍生以活其亲，阖境士民，闻风观感，相戒以养，陶成纯孝之俗，顾不美欤！詹师尹见此照条支给旌赏外，更特支钱二十千发下，仍委自可知县与之补充优轻局分，俾得以为孝养之资，亦所以广风励之意也。

薪火相传，代有其人。真德秀的弟子中亦不乏名公，宋慈、刘克庄就是其中翘楚。关于宋慈受业真门的情况，清陆心源《宋史翼·宋慈传》有云：

慈少受业于同邑吴雉，雉本朱子弟子。慈因得与杨方、黄榦、李方子诸儒论质，学益进。暨入太学，真德秀衡其文，谓其源流出肺腑，慈复师事焉。

至于刘克庄，他在《题郑宁文卷》中自称乃真德秀门人，其云：

“昔侍西山讲习时，颇于函丈得精微。”林希逸撰《后村先生行状》专门有一段写他们的师徒关系，可以说，西山先生不仅传道受业，还始终护佑着这位爱徒的成长。

> 甲申，改宣教郎知建阳县。新考亭之祠，祀朱、范、刘、魏四君子于学宫。庭无留讼，邑用有余，赠籴赈粜仓二千斛，大书其门曰：“聊为尔民留饭碗，岂无来者续心灯。”西山真公记之。更创西斋，北山陈公篆其匾，为赋《于蔿于》之什。西山在朝，以公“学贯古今、文追骚雅”荐。西山还里，公以师事，自此学问日新矣。……西山帅闽，以机幕辟，除将作簿兼帅司参议官。……西山知公吏才高，府事一切委之。……九月，除宗正簿。西山喜曰：“方是本色。”公在麟寺，南塘为卿，游二公间，以文字相得懽甚。西山梦奠，乞假会葬，不许。

刘克庄与宋慈亦是挚友。宋慈先祖本是邢人，“宋氏自唐文正公传四世，由邢迁睦。又三世，孙世卿丞建阳，卒官下，遂为邑人”。刘克庄任建阳县令时，宋慈恰在故里守父孝，两人得以相识相交。刘克庄回忆说：“余为建阳令，获友其邑中，豪杰而尤所敬爱者，曰宋公惠父。时江右峒寇张甚，公奉辟书慷慨就道，余置酒赋词祖饯，期之以辛公幼安、王公宣子之事。公果以才业奋历中外，当事任，立勋绩，名为世卿者垂二十载，声望与辛、王二公相颉颃焉。”

关于刘克庄与宋慈的判词，我会另有专文评述。至于本篇开头小岛毅所说的“蔡杭”，一说实为“蔡抗”，究竟是“杭”还是“抗”，也算一桩公案。但此公在《名公书判清明集》里算得上一个重镇，倒是不容分说。下一篇我们会专门说说他。

贰陆

名与节。久轩久

上一篇我们曾说，蔡杭还是蔡抗，算得上一桩公案，是因为，虽然《宋史》本传作“蔡抗”，但主张应为“蔡杭”之误的，不乏其人。清代黄宗羲著《宋元学案》即作“杭”，邓庆平《朱子门人与朱子学》所列《朱子门人基本情况表》亦如此。陈重业《古代判词三百篇》甚至还给出了言之凿凿的理由：“其兄弟名为模（号觉轩）、名为权（号静轩），均从‘木’，故应以‘杭’为正。”这个推论不无道理，因为他们父辈的名字的确也是这样一种排列方法，均从“水”，即蔡渊、蔡沆、蔡沉是也。闽人祝熹在《蔡氏九儒》中专就“杭”字做过考证，较为可信：

> 按蔡家的辈分取名来推，蔡渊、蔡沉是“水”字辈，蔡模、蔡杭、蔡权是“木”字辈。然而，蔡杭又多写作“蔡抗”。
>
> 《建阳蔡氏九儒研究文选》对此的解释是：因南宋建国都于杭州，蔡杭避“杭”字之讳，

蔡元定像

改名“抗”。不知这种说法有没有依据。其实，蔡杭在史书中还有一个名字——蔡杭。古人已有考证。钱大昕《十驾斋养新录》卷十四记载：“别集载蔡杭事，此西山之孙，九峰之子，《宋史》本纪表传并作蔡抗。予尝见石刻题名，乃是杭字，《杂识》一书固误，《宋史》亦未可据。”

说来说去，蔡杭还是蔡杭，至于蔡抗、蔡杭或是避讳或是笔误。

我倾向于笔误说，古来因为文字漫漶或者手民之误而造成的鲁鱼亥豕事件实在太常见。此事暂且略过不表，值得一说的是，从蔡杭的曾祖蔡发开始，蔡氏家族连续四代出了九位大儒，世所罕见。周培在《重修蔡氏九儒书序》中说：“千古理学之盛，莫盛于宋；七贤过化之妙，莫盛于建阳；建阳中，四代九儒，六经三注，尤莫盛于蔡氏。”更为称奇的是，蔡氏三代七人竟然同入朱门。全祖望补修《宋元学案》时就曾为此感叹：“蔡氏父子、兄弟、祖孙，皆为朱学干城。”其中蔡杭的祖父蔡元定，更是“领袖朱门”的朱熹第一大弟子。

在朱熹诸多弟子当中，蔡元定“从文公游最久”，他自己曾说：“定辱先生不弃，四十余年随遇，未尝不在左右。”黄榦亦曾谓：“于先生之门，可谓粲然者矣。”由《宋史》本传的描述，也可见他在朱门的特殊地位："闻朱熹名，往师之，熹扣其学，大惊曰：'此吾老友也，不当在弟子列。'遂与对塌讲论诸经奥义，每至夜分。四方来学者，熹必俾先从元定质正焉。"元定也确实不辜负朱子的信任，"一意圣贤之学"。"太常少卿尤袤、秘书少监杨万里联疏荐于朝，召之，坚以疾辞。筑室西山，将为终焉之计。"朱熹遭奸相韩侂胄党人以"伪学"之名诋毁，落职罢祠，元定亦受连累，被编管道州。"元定闻命，不辞家即就道。熹与从游者数百人，饯别萧寺中。坐客兴叹，有泣下者。熹微视元定，不异平时，因喟然曰：'友朋相爱之情，季通不挫之志，可谓两得矣。'元定赋诗曰：'执手笑离别，无为儿女悲。'众谓宜缓行，元定曰：'获罪于天，天可逃乎？'杖屦同其子沉行三千里，脚为流血。"

在编管之地舂陵，元定继续传布朱子之学，"远近来学者日众，州士子莫不趋席下以听讲说"。"一日，谓沉曰：可谢客，吾欲安静，以还造化旧物。"阅三日卒。他的儿子蔡渊和蔡沉"皆躬耕不仕"。蔡沉更是"少从朱熹游"，"一以圣贤为师"。"始，从元定谪道州，跋涉数千里，道楚、粤穷僻处，父子相对，常以理义自怡悦。元定殁，徒步护丧以还。有遗之金而义不可受者，辄谢却之曰：'吾不忍累先人也。'年仅三十，屏去举子业，

朱熹与蔡元定对榻论道

一以圣贤为师。隐居九峰，当世名卿物色将荐用之，沉不屑就。”像他的父亲蔡元定一样，蔡沉与朱熹的关系也非同一般。据说，在朱熹临终时，虽然有不少弟子在场，但最后留在身边的，惟有蔡沉。蔡沉在《朱文公梦奠记》中记录下了这最后一刻：

> ……少顷，置笔就枕，手误触巾，目沉正之。诸生退，沉坐首边，益之坐足边。先生上下其视，瞳犹炯然，徐徐开合，气息渐微而逝，午初刻也。

蔡杭正是蔡沉次子、元定之孙。《宋史》有传，但那传记，实在就是一个“干部履历表”，与其父祖之传的文采斐然判若云泥。开头说了句“蔡抗字仲节，处士元定之孙。绍定二年进士”之后，便是历任官职的罗列。不过从中我们得知，他官当得很大，最后干到了同知枢密院事，拜参知政事，此前亦先后做过江东与浙东提刑。叶采《文肃公墓志铭》称：“任江左两浙提刑，遇事立断，人不敢干以私。”仕途的顺利也得益于理宗皇帝的赏识，在《后村先生大全集》中，有一篇《蔡抗枢密院编修官兼权屯田郎官》，其文体称作“外制”，是作为中书舍人的刘克庄为理宗皇帝起草的诰命。所谓“外制”，是与“内制”相对而言，后者系由翰林学士所掌。时人称，刘克庄“在省七十

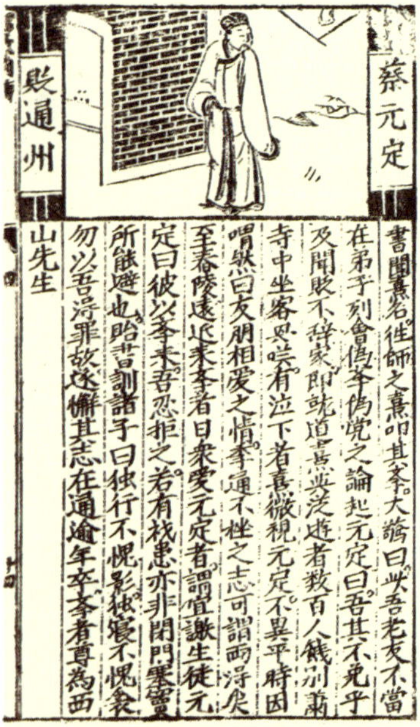

蔡元定贬道州

余日，草七十制，士大夫争相传诵，以为前无古人”。给蔡杭的这一篇是这样写的：

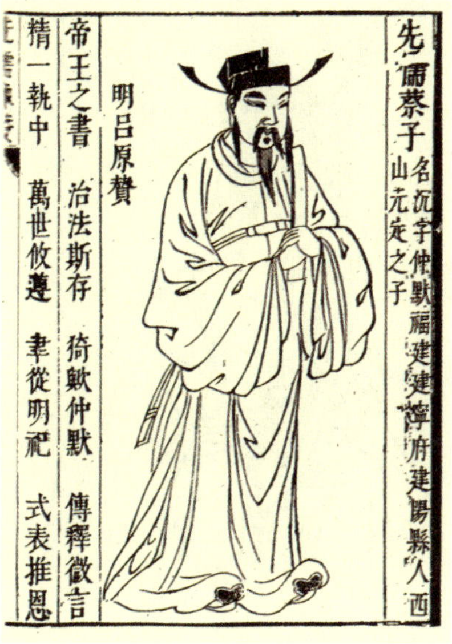

蔡沉像

> 朕甚重朱氏之学，诵其诗，读其书者，皆尊宠之，况于其门人高第之后乎？盖早从考亭，深入阃奥，晚坐锢党以终者，尔王父也。隐居丘园，不求闻达，独抱遗经以老者，尔严考也。尔源委如是，故试玉堂则陈正大之论，掾公府则有忠益之言。及对便朝，则空臆犯颜，无所回隐，非师之传人、家之钜子乎？枢属为真，郎潜其二。予不吝褒嘉之宠，尔益思嗣守之难。可。

《名公书判清明集》收蔡杭书判甚伙，署名用的是他的号“久轩”，分别作于江东和浙东提刑任上。提点刑狱司是宋代路级行政区中专掌司法事务的机构，简称“提刑司”，又称“宪司”、“宪台”，是为梳理地方刑狱，平反冤案，究举违法官吏而设。淳化二年，唐太宗决定设立提刑司时，这样定位其职能：“管内州府，十日一具囚帐供报。有疑狱未决，即驰传往视之。州县敢稽留人狱，久而不决，及以偏辞案谳，情不得实，官吏徇情者，悉以闻。”在路一级中央派出机构中，除了提点刑狱司，还有转运司（俗称漕司）、提举常平司（俗称仓司）等，总称监司。各监司同掌路级大权，互不统属，

蔡杭像

相互监督。为了实现“监司互察”，仁宗景祐三年还规定禁止提刑司与转运司“同在一州”。蔡杭“监司案牍不当言取索”就谈到各监司之间的这种关系：

得照各司案牍，除经朝廷及台部取索外，其同路监司，止有关借之例，即无行下取索，如待州县下吏之理。本职自去冬入境，应诉婚田，念其取使司遥远，间与受状，不过催督州县施行而已。其间有不得已结绝者，皆是前政追人到司，久留不经，出于弗获已，非敢僭也。然公朝设官分职，同是为民，岂有见其焚溺而不之救者。昨承使司，取索邵天昱事理，本司为见台判异常，即已据因依递上，再准行下索案，又即促吏牒解。但区区贱职，系国家建置司存，却不可以某之资浅望轻，而顿废公朝之事体。盖尝太息而言曰：督赞、侍读、判部尚书之尊，不当下兼运司之职，若兼运司之职，不当上废朝廷之法。除已具申督赞尚书外，并谍报运司。

对于转运司径向提刑司取索邵天昱案卷，蔡杭认为不无异常，当即行文向朝廷说明理由，并请按照程序处理。他认为：“尽管我官职卑微，但事关国家建制设立、职权执掌，不能因为我资浅望轻而废弃朝廷体例。”同时，他还提出：“然而朝廷设置官职分派职权的本意，同样是为百姓的利益，岂有遇见他人陷于水火之中而不拯救的道理。”可谓既坚持纲纪体例，又注重实质法治，民本思想亦跃然纸上。这一篇列于《清明集》全书之首、真西山三篇劝谕文之后，颇有提纲挈领之意。

许倬云曾说：“南宋的判例里，儒家精神渗透得非常深。”而在南宋，儒家的道统自然是理学。蔡杭作为“师之传人、家之钜子”，可谓双料生徒，所以他的裁判，理学特色尤为明显。不仅于法有据，于理有依，更是时时处处渗透着被理学家视为“天理”的人之大伦。在有的判词中，他甚至还将“不能正其母子之名分，乃只问其财货之着落，舍本求末，弃义言利，知有货利，而不知有母子之天”的裁判官斥为“鄙哉武夫”。来看一篇“卑幼为所生父卖业”判：

> 此项齐元龟诉业事，本州佥厅之所断、本司检法之所拟，皆为失之。天下岂有二父二本之理也哉？抚育之恩固深，而继承之义尤重，为人后者，不得顾其私亲。设齐元龟诉取其父之业为不当，则齐元龟席卷其业以归齐公旦之家，亦不必为齐司法之子，而“继绝、检校”之条皆可废矣。此不特于法有碍，而于理亦有碍，使人不知有父子之大伦者，皆自兹始也。况卑幼产业为尊长盗卖，许其不以年限陈乞。齐元龟陈乞于齐公旦死后，亦非可以釐革论。但本司不欲侵运司事，难以裁断，给据付齐元龟，仰更自经州陈诉。

如前所说，提刑司之设，最初仅以按问刑狱、究举违法官吏为职事，对于那些所谓的“亦何足道”的“一二家事之类”，通常并不染指。这类案件之所以能到得蔡提刑这里来，恰是因为地方官小题大做，将普通的家庭内部纠纷动辄上升为刑事案件。蔡杭的高明之处，就在于以四两拨千斤，对症下药，因为他深知，“果能消争融隙，变闲为怡，此正当职之本心”。芝麻绿豆点儿事辄用重典，非但不能达成父慈子孝的目标，反而有可能带来化玉帛为干戈的恶果。

日本历史学家小岛毅亦曾注意到《清明集》里的名公们“不愿意对‘愚民’们动辄启动暴力装备，用控告手段压制，而是希望进行教育，令当事者心服口服的志向。在这里他们也拿出圣人的说法来说教”。他将“这种希望把普通百姓也包摄进礼教秩序的志向”，看作一种顺应了“文明化过程”的潮流。这种志向在蔡杭的判词中得到集中体现，例如他在“恃强凌族长”判中曾言：“本职以明刑弼教为先，名分尤所当急。”在“朱文公祠堂”判中又说：“令佐知所先务，能以教化为急，甚为可嘉！”他在处理民间争讼尤其是家事纠纷时，尤其首选教化手段。例如“子未尽孝当教化之”判：

> 子盗父牛，罪当笞。至于不孝一节，本州当有以教化之，岂可便行编管。送州佥厅，且将彭明乙枷项日程，仍令设拜其父，候父慈子孝，即与疎放。

而我们前边介绍过的“读孝经”判，当为此中经典：

> 送县照已行戒约。但子之于母，自宜孝顺，于母所敬亦敬之，而况所谓外公者乎！田业固不可逼卖，至于一二家事之类，亦何足道。监下替彭宣教读《孝经》一月。帖县唤上徐立之来问，限三日。

对于不孝子不加薄惩，只是判决读《孝经》一月，真是太有想象力的裁判方式。不过，以教化为急，固然在于结果，但更在于过程。蔡杭每每在审理过程和判词文本当中“委曲劝谕，导以天理”，冀望其能“退省静思”，良心发现，“人谁无过，过而能改，即是好人”。例如在“兄弟之争”判中，针对两兄弟之争，他这样劝谕：“兄弟之身，其初只父母之身也，世间一等无知之人，争小利便视如仇，若不相识，甚可悲也。黄居易当思同气连理之义，绝彼疆此界之心，周恤其二弟，使兄弟和气复合，不然，则‘父母在，无私财’，索契送狱，自有条法在，毋贻后悔。”

宋太祖像

“其待士大夫可谓厚矣！”这是清代史学家赵翼在《廿二史劄记》中对于宋代的评价。宋代重文轻武的国策的确著称于史。宋太祖曾经对人说：“宰相须用读书人。”传说，在他即位第三年的时候，曾经秘密镌刻一碑，立于太庙寝殿的夹室，叫做“誓碑”，一旦新帝即位，就要独自前往，恭读默记。其实誓词只有简单三条：一是永远照顾禅让的柴氏，二是不以言论杀士大夫，三是赵氏子孙有不守此誓而妄为者天当灭之。史上将此称为“勒石三诫”，两宋历届皇帝都严格遵守。

蔡杭的判词也与这一国策相呼应，经常体现出对于士人的厚待。在“引试”判中，被告人胡大发以“乡下豪横”被控告，但在庭审中他自称是士人，习诗赋，遂当厅以“讼终凶诗”引试，胡大发当即作诗一首：“天与水违讼，分明万象重。始焉微不审，终也遂成凶。有事须求直，无瑕不可攻。昏迷弗知返，悔吝乃相从。中吉当能悟，大贤何不容。圣行使无讼，今日幸遭逢。”虽然只是“文理粗通”，但也得到“姑免勘断，重究竹篦二十”的从轻发落。还有一位叫吴敏中的，也享受了这待遇，蔡杭的“又”判是这样写的：

苏小娟一诗正果

照条合是徒配，以系士人，且与末减，勘杖一百，编管邻州，余并照拟行。寻押上吴敏中，当厅引断，据称乞引试，遂勒试。呈奉台判：“文理粗通，故与免受大杖，改决竹篦二十。致死受财，此是何等刑名，徒降下而朴，所以许其改过，而不失于为士者。意亦厚矣，切宜自勉。”

梁治平在谈到《名公书判清明集》的价值时曾经这样说：

一般法律史的研究者，往往偏重于对法律条文的分析，这种做法有很多不如人意的地方，尤其是在研究中国古代法的时候。作为历史社会学的材料，我们的古代法典除受其本身单一性质的限制之外，还有另一重局限，即法条总是建立在一系列预设的前提上面的，这使它很容易与实际的社会生活拉开距离。在这方面，判决便是必不可少的补充了。……由于判决所针对的总是实际事务，因而能够表明实际上是怎样的情形。

美国学者卜德和莫里斯在其《中华帝国的法律》一书中就对死的法律条文与活的司法判决进行了比较，他们指出："主要是由于'礼'的影响，中国古代法律中较为严厉、苛刻的规定，受到许多例外和特殊情形的限制和缓解，而不像表面看上去那样不近情理。"当然，蔡杭也不是只有"柔"的一手，对于那些冥顽不化者，则严格照条裁断，绝无心慈手软。例如"兄弟之争"判中的三兄弟，就属于"嗜利无耻，顽不可化"之辈，蔡久轩在苦口婆心教导一番之后，也只能"押下本州，请径自从条断遣"。即使一些案件得以和解结案，也常常会留以后手。例如"俾之无事"判的结尾就云："若再来紊烦，必将无理之人重寘宪典"。有意思的是，在"不孝"判中，真的用上了手段，想必那厮的不孝已经达到令人无法容忍的程度且犹自冥顽不化罢。判词云：

知县五日一呈，正所以柔道化之，甚善！甚善！送县于一日呈之，时更讯，以警其善心之生。更改作两日一呈，仍收禁之。满一月不改，解来。

所谓"有其师必有其徒"，作为朱子传人，蔡杭亦以惩治豪强贪吏为己任。在《清明集》人品门和惩恶门中，蔡久轩有关惩治豪强贪吏的判词连篇累牍。"当职曩仕本路，备稔其恶，恨不斩之。"这类言语比比皆是。杀气重，乃因民怨深。蔡杭无时不是以"安百姓而培国脉"的立场权衡轻重，所谓"稂莠不除，终害嘉穀；豺狼不去，终祸乡井"。例如他在"违法害民"判中这样讲：

当职未巡历之前，已闻弋阳有孙、余二吏之横，民不堪之。及至安仁，则弋阳百姓争来哀诉，节次收六十四状，或专状，或联名，伛偻拜起，累累车前，伏地不去，有困迫无聊而自掷于地者，非割剥膏血，民怨彻骨，岂至是乎？一虎咆哮于市廛之间，民且狼顾，斗大之邑，而为虎者数人，民其有不重困者乎？

蔡杭尤其注重对于贪酷之吏的严厉打击，他在"逐出过犯人吏检举升陟"判中有意加重对于过犯官吏的惩处："逐黥配之吏，以安良民，此可见令尹之仁政，本司并行籍记。所有打罪勒霸之人，所犯虽少轻，然能并逐之，尤见嫉恶之盛心。"甚至在他即将离任之际，还不忘对贪酷之吏黄主簿严行根究。其判词"贪酷"云：

黄权簿，以本州人摄本州官，狠愎暴戾，霸一县之权，知县为之束手。积奸稔恶，百姓恨之彻骨，甚至检验受赇，恣为奸利。本司追请之日，百姓千百为群，争以瓦砾粪壤抛掷唾骂，县官以本州之故，护出数十里之外，方始获免，州之佥幕独不闻之乎？当职行部以来，诉之者不知其几状，计赃不知几千百，并送本州追究，州之佥幕独不见之乎？今不照本司行下根勘，却历数黄权簿有黄堂侍郎、大参别相公荐书，岂欲以此见胁邪？无故主掌此等人，冒摄视民官，上误黄堂，下害赤子，事败迹露，尚欲庇之耶？一则曰死节，二则曰死节，死节之家固可念，一县之同胞，独不可念乎？一则曰黄堂诸公，二则曰黄堂诸公，诸公亦曾教其如此贪酷乎？牒州，请照本司送下状严行根究，不可以当职为将去客而可忽也。入锡匣，限两日申。

蔡杭以猛惩恶、为民除害的提点风暴，自然获得市井乡民发自内心的拥护。例如在将恶贯满盈的州吏黄德绳之以法之后，“阖城民庶无不以手加额，呼天称快，虽三尺童稚，亦抛掷砖瓦，切齿唾骂。”蔡久轩在江东提刑任上“断案精明、无屈不伸”的功业也得到理宗皇帝的褒奖，淳祐九年正月初一，上诏蔡杭除直秘阁，依旧江东提刑，制词云：

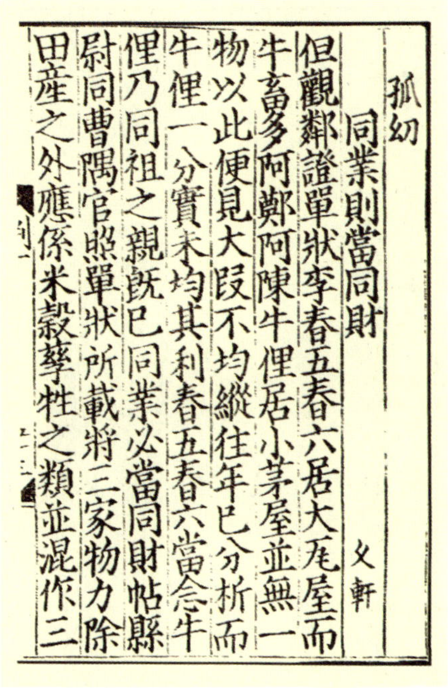
孤幼

同業則當同財　久軒

但觀鄰證單狀李春五春六居大瓦屋而
牛畜多阿鄭阿陳牛俚居小茅屋並無一
物以此便見大段不均縱往年已分析而
牛俚一分實未均其利春五春六當念牛
俚乃同祖之親既已同業必當同財帖縣
尉同曹隅官照單狀所載將三家物力除
田產之外應係米穀孳牲之類並混作三

蔡久轩判词书影

儒者有益于人国也大矣，居中则著忠傥之节，使外则馨询度之猷。此朕所以眷眷不能忘也。尔承再世源流之学，励一己操修之行，立朝未几，直道凛然，江左详刑，厥闻稳重安畅。朕监观四方，欲使万物吐气，正倚贤使者为重。寓直延阁，增耀皇华，益殚乃心，嗣有劳还之宠，可依前朝奉郎特授直秘阁差遣为故。

在浙东提刑任上的表现同样得到理宗的称许，帝嘉其行诏词云：

比司江左，澄清一道，物物吐气，……尔英威有以推山岳，品端足以律官吏，兴教可以止刑辟，顾兹之命，正乃贵德以劝贤，闭邪而陈善……

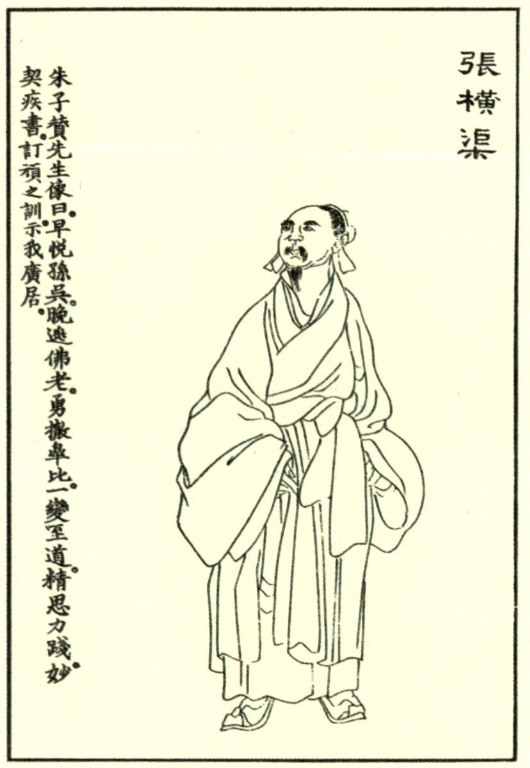

张载像

在前后几道诏词中，皇帝反复强调蔡杭的家学传承与气节品德，例如："具官蔡杭得考亭之传，于父兄师友，其学渊深，其德玉粹，其节严霜烈日，其容和风庆云。"普遍认为，宋朝是中国儒生最得势的时代，宋朝的儒生也最讲究修身、襟抱、气节与民族大义，从范仲淹的"先天下之忧而忧，后天下之乐而乐"，到周敦颐的"予独爱莲之出淤泥而不染，濯清涟而不妖"，再到张载的"为天地立心，为生民立命，为往圣继绝学，为万世开太平"，可谓一脉相承，绵绵不绝。蔡杭的家学渊源亦是如此，他的爷爷蔡元定幼时受父命研读的第一本书，就是张载的《西铭》。蔡元定临死前，反复叮咛儿子蔡沉，要子子孙孙牢记："独行不愧影，独寝不愧衾。"

将宋代士大夫的气节发挥到极致的，是文天祥。每读《宋史·文天祥传》之最后一节，无不为之动容：

> 崖山破，弘范遣使护送天祥至京师。天祥在燕凡三年，上知天祥终不屈也，召入谕之曰："汝何愿？"天祥对曰："天祥受宋恩，为宰相，安事二姓？愿赐之一死足矣。"然犹不忍，遽挥之退。言者力赞从天祥之请，从之。俄有诏使止之，天祥死矣。天祥临刑殊从容，谓吏卒曰："吾事毕矣。"南乡拜而死。数日，其妻欧阳氏收其尸，面如生，年四十七。其衣带中有赞曰："孔曰成仁，孟曰取义，惟其义尽，所以仁至。读圣贤书，所学何事，而今而后，庶几无愧。"

巧的是，在文丞相所崇敬的"圣贤"中，还包括蔡杭的祖父蔡元定。宋亡之际，文天祥带兵勤王，拼死一搏，于屯兵建阳之际还特意谒祭蔡元定祠，撰写了如下祭词：

> 周衰道丧，千有余年。周程崛起，道统勃兴。
> 天生朱子，正学大明。天生先生，羽翼厥成。
> 绍程继朱，朱注诸书。六经垂训，万世作程。
> 揭示迷途，启迪后人。西山隐贲，潜德弗形。
> 拟诸伊洛，为世仪型。祥早师训，勤读宦成。
> 修身絜矩，未之能信。躬赴国难，备香申敬！
> 先生如存，俨然居歆！呜呼，尚享！

文天祥的传记作者汤丽如曾经这样说："伟人就是，坚持一个心

文天祥像

志，而且，彻底的把它实行出来。‘人生自古谁无死，留取丹心照汗青。’文天祥这句话，说得很简单，行出来可不容易。除非你有与众不同的气节，否则，你就不可能有与众不同的表现。”蔡杭虽则比不得文天祥，但也绝对算得上一个与众不同的人，他虽然是蔡氏九儒中进入仕途的唯一一人，但对于权位毫无贪恋之心，因与奸相丁大全水火不容，他甚至“辄擅去国，勉留不返”，将一顶参知政事的官帽远远地抛在脑后。“名与节，久轩久”，王庚的《贺新郎·寿蔡久轩参政》真的抓住了笔下人物的精髓，我们就姑且以此词作为这一篇的结束：

满劝黄封酒。是年年、春色长绕，径花宫柳。碧水丹山添清气，岁月兰亭癸丑。看枢极、光腾台斗。细数中书堂壁记，自欧韩、富范题名后，还有似、我公否。

好知天意生贤候，正造化安排，孕出五阳之秀。何物一阴犹踯躅，尽决还公只手。这一著、邦家之寿。宰相时来须教做，算人间、是处鱼羹有。名与节，久轩久。

贰柒

刘克庄剖决如神

董桥在《文林随想录》中说："江湖派诗人是九百多年前的诗人，名溢缥囊，卷盈缃帙，说敬慕不外是渺远的惦挂……"刘克庄就是江湖派里最大的诗人。说起他的诗，我总会不由得想起钱锺书那句不甚友好的评价："滑溜得有点机械，现成得似乎店底的宿货"。他还曾转述方回那段更不友好的话：

> 在方回骂刘克庄的许多话里，有一句讲得顶好："饱满'四灵'，用事冗塞"；意思说：一个瘦人饱吃了一顿好饭，肚子撑得圆鼓鼓的，可是相貌和骨骼都变不过来。

说是这样说，钱氏在编《宋诗选注》时，还是一口气选了刘克庄七首诗，足见其诗坛地位确实了得。其实，刘克庄的拿手好戏又岂只是诗，南宋最后一位理学名儒林希逸在《后村先生刘公行状》中说："公生有异质，少小日诵万言。为文不属稿，援笔立就。……

诸作皆高，律诗尤精，为李唐诸子所不及。至于骈语，虽祖半山、曲阜，而隐显融化，健奥机沉。表制之外，诰启尤妙，自成一家。”做过刑部尚书的洪天赐在《后村先生墓志铭》里也说：“公早负盛名，晚掌书命，每一制下，人人传写，号真舍人。穆陵尤重公文，凡大诏令必曰：‘非刘某不可。’达官显人欲铭先世勋德，必托公文以传。江湖士友为四六及五七言，往往祖后村氏。于是前、后、续、新四集二百卷流布海内，岿然为一代宗工。”

洪天赐所说的穆陵，是理宗皇帝卒后之庙号。这位宋理宗，也算得上刘克庄的一个铁粉，传说，在景定元年的岁梢，他路过东宫，看到书肆上所传刘克庄文集，不禁“喜之”，就宣谕集录一本进呈，见那边略有推辞，竟“有旨再索”。要说这刘克庄，若只是“蔚然为文章家”，还不足以“擅一世盛名”，他首先是一位“才吏”。南宋大臣郑清之曾说：“潜夫真才吏，为文名所胜，故人不尽知之。”更不为人知的是，他还是一位优秀的司法官，留下许多脍炙人口的判词，《名公书判清明集》录有十二篇，《后村先生大全集》则有书判整整两卷。

刘克庄，字潜夫，号后村，世居莆田。他的父亲刘弥正亦是高官，做到了朝议大夫、吏部侍郎。刘克庄“少小就随父任，受庭训”。在他父亲担任淮东转运判官时，因官事繁忙，文字常令他代劳。他曾连续两年参加科举，词章却“屡不合于主司”，“既无用于斯世，遂专攻乎古文”。二十三岁那年，以荫补将仕郎，从此走上仕途，三十九岁时，才熬了个建阳县令。他并不甘于无所作为，自谓“权力虽轻”，但“余有民社之寄，平生嗜好一切禁止，专习为吏”。在《谒诸庙祝文》中，他将勤政为民的志向表露无遗：“国家秩祀百神，选任群吏，凡以为民也。吏无愧于民，斯无愧于神矣。神有德于民，斯有德于吏矣。某与神皆当勉之，敢告。”在建阳县任职三年，他践行了“聊为吾民留饭碗，岂无来者续心灯”的诺言，也留下了“庭无留讼，邑用有余”的美名。在他离任之时，“彩旗蔽路，送者逾数十里”。

刘克庄能够做到“庭无留讼”，必有他的过人之处。他反对那种高高在上、不接地气的作风，在“户案呈委官检踏旱伤事书判”中，他这样说：“况见任官素与土俗不相谙，一览之顷，又何以得其实耶，不过在轿子内，咸凭吏卒胥口说，遂笔之于案牍耳。”在“乐平县汪茂元等互诉立继事”判中，他自谓：“于听讼折狱之际必字字对越，乃敢下笔，未尝以私喜怒参其间。”我们不妨通过“女婿不应中分妻家财产”判，来一睹他法意人情两不相违的高超审判艺术：

> 在法：“父母已亡，儿女分产，女合得男之半。”遗腹之男亦男也。周丙身后财产合作三分，遗腹子得二分，细乙娘得一分，如此分析，方合法意。李应龙为人子婿，妻家见有孤子，更不顾条法，不恤孤幼，辄将妻父膏腴田产与其族人，妄作妻父、妻母摽拨，天下岂有女婿中分妻家财产之理哉？县尉所引“张乖崖三分与婿”故事，即见行条令女得男之半之意也。帖委东尉，索上周丙户下一宗田园干照并浮财账目，将硗瘠好恶，匹配作三分，唤上合分人，当厅拈阄。佥厅先索李应龙一宗违法干照，毁抹附案。

在这里，有对法律的奉若天条——“如此分析，方合法意”；有对天理的信若神明——“天下岂有女婿中分妻家财产之理哉？”有圆熟精当的法律解释方法——“遗腹之男亦男也”；有矜孤恤幼的仁厚之情——“妻家见有孤子，更不顾条法，不恤孤幼”；有以古为师的先例意识——“县尉所引‘张乖崖三分与婿’故事，即见行条令女得男之半之意也”；有公允中正的裁判方法——“将硗瘠好恶，匹配作三分，唤上合分人，当厅拈阄”。

而要能做到公允中正，还要有不畏豪强、排除干预的胆略与气节。“争山妄指界至”判，就很好地诠释了这一点。在这个案件中，刘克庄不计“县令人微言轻”，勇于排除领导干部祖主簿对案件审判的干预，坚决不使其“变白为黑，改东为西”的企图得逞。特别值得一说的是，刘克庄不仅顶住压力，依法裁断，还对“恃豪富压小民，挟寄居抗官府”的俞行父兄弟进行了惩戒，更将祖主簿“使豪恃气，武断乡曲”的过程全程公之于众，可以说开了司法公开和“有问必录”的先河。判词全文是这样写的：

俞行父、傅三七争山之讼，昨已定夺，而行父使弟定国妄以摽拨界至为词，套合保司，意欲妄乱是非。当职欲将俞行父重断，有祖主簿者来相见，自称是俞行父、定国表亲，以行父兄弟为直，以傅三七为曲。当职寻常听讼，未尝辄徇己见，惟是之从，尚恐祖主簿所言有理，遂委县尉定验。及县尉亲至地头，祖主簿欲以私干县尉，县尉不敢纳谒，祖主簿不胜其忿，将紧切邻人藏匿，公然用祖主簿条印，封闭邻人门户，不容官司追唤。既而县尉见得，俞行父所买山，去傅三七所买田，凡隔一堑，二山二处，判然不相干涉。祖主簿、俞行父、定国，自知理曲，不伏官司定夺，辄用不洁将傅三七新坟浇泼作践。小民买地葬亲，与行父、定国兄弟无相侵犯。始则假作保司朱记，假作究实，变白为黑，改东为西；中则买觅保司，共为欺罔；终则挟寄居，以求必胜。且祖主簿姓祖，而干预姓俞、姓傅人之讼，无乃不干己乎？至于封闭邻人门户，将不洁泼人坟墓，此岂贤大夫之所宜为？建阳乃名教礼义之邦，诸老先生远矣，不可见矣。游郎中家居县后，无一事到县，无一事嘱时官；朱侍郎贵为从橐，每书常切切然，恐干仆骗扰村民。祖主簿，辈行不高于朱游，名位不贵于郎从，遽有使豪恃气，武断乡曲之意。良由县令人微言轻，不能主张百姓，使村民被寄居屈压，空自愧颜而已。俞行父祖父将仕，用钱三百贯买刘德成田三丘、山十二段，委属可疑。大凡置田，必凭上手干照，刘德成形状有如乞丐，所卖田三丘、山十二段，乃是凭大保长凭由作上手干照，不足凭据，今亦未暇论此。但傅三七所买刘八四山，与俞行父山全无干涉，先给还傅三七管业安葬。行父、定国恃豪富压小民，挟寄居抗官府，各勘杖一百。拘契入案，追刘德成对上手来历。干人责戒厉状。

不畏权贵，自会得罪权贵。在建阳县令任上，刘克庄就因诗得谤，遭到矫诏废立的权臣史弥远的陷害，那首诗题目唤作《落梅》：

一片能教一断肠，可堪平砌更堆墙。
飘如迁客来过岭，坠似骚人去赴湘。
乱点莓苔多莫数，偶粘衣袖久犹香。
东风谬掌花权柄，却忌孤高不主张。

落梅诗案，一如噩梦，伴随了刘克庄的大半生。虽然为此曾遭九次罢官，但他“略不以为悔”，“见地既高，而学有定力，穷达得丧，是非毁誉，寄之歌咏，一付嘻笑”。此后，他被任命为江东提刑，“一意访求民瘼，泽物洗冤，劾广信贪守，黔南康黠胥，皆有奥援者，公论称快。”后擢江西提举，改广东提举，“以婴孺视岭民，以冰玉率寮属，岁计羡而商征宽，民夷安之”，“留粤两年，更摄帅、舶，

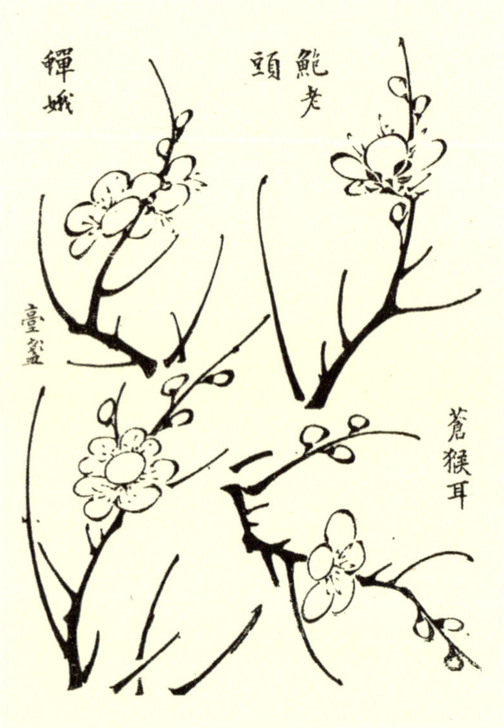

明万历年刊《汪虞卿梅史》

俸给例卷却不受，买田二百亩以赡仕于南而以丧归者，南人刻石纪之。”后又任福建提刑，“访疾苦，扶善良，以哀矜谳狱，以孤远拔士”。林希逸所撰《后村先生刘公行状》对其提刑生涯如此总结：

> 公吏事素长，自领邑建阳，最声已著，为麾为节，剖决如神，处事侔侔有方略。在藩司臬，狱案千纸，一览尽得其情，而行之以恕。

我们从刘克庄的“州县不当勒纳预借税色”判，就能充分感知他的“行之以恕”。这个“恕”，针对的是百姓的“不亦苦哉”。他深知：

“民生斯时，尤可哀痛，宜择良吏，勤而拊之。”他在判词当中提出：“自州宽县，自县宽民，庶几一郡百姓，渐有甦息之望”，强调为官者要逐级减轻下级的负担，最终才能“民心爱戴而不贰”。判词云：

> 当职入信州界，铺寨兵则论县欠其衣粮，都保役人，又论县道勒纳预借，谓如五年田，方夏秋米已交足，又借六年之米。剥下如此，所不忍闻。知县或奋由科第，或出于名门，岂其略无学道爱人之心哉？谅亦迫于州郡期会军兵粮食之故。访闻预借始于近年，同此郡县，昔何为而有余，今何为而不足？任牧养扶字之责者，盍于源头讨论一番。自州宽县，自县宽民，庶几一郡百姓，渐有甦息之望。今贤而明者，但有颦颦叹息；谬而闇者，又纵奸吏舞智其间。如预借税色，既不开具户眼，止据吏贴敷秤数目，抑勒都保，必欲如数催到，钱物或归官库，或归吏手，亦何所稽考。为百姓与都保者，不亦苦哉！今虽未能尽革，亦须以渐讲求，牒州贴县，各以牧养扶字为念，共议所以宽一分者。所论县吏取乞，且帖各县，于被论人内择其尤甚，谓如乾没百姓，都保钱会，不以输官者，断刺一二，以谢百姓，其赃多者解付本州施行。仍榜县市。

刘克庄在提点刑狱司任上，执法如山，不计前途。他在“州县催科不许专人”判中说：“纵使州县力能撼摇当职，不过归奉公观。当职平生无意仕宦，决不以浮议辄差专人。”他还谆谆告诫下级官吏勿伤仁厚，尤其对滥施死刑深恶痛绝。通常认为：“和中世纪刑律内容连在一起的诉讼形式一定是拷问。”由于中国传统审判制度十分看重口供，更免不了“大刑伺候”，我们在戏曲小说中也确实常常见到这种恐怖场景，但真实的情况却不一定从来如此。从唐律开始，就不再主张“唯口供论”，虽说“拷讯”并不完全被禁止，但也是有种种条件和限制的，唐律四七六（讯囚察辞理）条就明确规定：“诸应讯囚者，必先以情审察辞理，反复参验，犹未能决，事须讯问者，立案同判，然后拷讯。违者杖八十。若赃状露验，理不可疑，虽不承引，即据状断之。”宋沿唐律，但用法更见宽厚，在刑讯的条件、工具、程序以及拷囚致死的责任等方面，都有进一步的严格要求。

刘克庄在江东提刑任上就对“拷讯”一事坚持用法宽厚，并对属吏不惜谆谆告诫。在“催苗重叠断杖”判中，他对赵主簿五日而两勘杖，且于湿疮上鞭挞的滥刑匀当予以痛斥。判词当中所强调的“人无贵贱，身体发肤，受之父母，一也”，不仅民本思想浓厚，而且颇有“法律面前人人平等”的意思在内。判词云：

纵是吏卒，亦不当于湿疮上鞭挞，况吏人之子乎！又五日而两勘杖乎！具析申。据赵主簿具析到公状，奉判：人无贵贱，身体发肤，受之父母，一也；先贤作县令，遣一力助其子，云：此亦人之子也，可善遇之。主簿似未知此样意思，只知三月二十七日断杖，四月初八日复决，岂非湿疮上再决乎！似此催科，伤朝廷之仁厚，损主簿之阴骘。当职以提点刑狱名官，不得不谆谆告诫，今后不宜如此。

刘克庄的诗人身份也使得他的判词诗意盎然。你可能在课堂上读过《诗经·小雅·棠棣》，这首诗写的是兄弟宴饮之乐，全诗八章，首章先比兴，后议论，开门见山，倡明主题。诗云：

棠棣之华，鄂不韡韡。凡今之人，莫如兄弟。

据说，以棠棣之华喻比兄弟，是因棠棣花开每两三朵彼此相依。“凡今之人，莫如兄弟”，则表现出华夏先民传统的兄弟天伦观念。刘克庄的“兄弟争财”判，就是以这几句诗开头，判词全文是这样的：

“棠棣之华，鄂不韡韡。凡今之人，莫如兄弟。”岂非天伦之至爱？举天下无越于此乎！徐端之一弟一兄，皆以儒学发身，可谓白屋起家者之盛事，新安教授乃其季兄也。鸿雁行飞，一日千里，门户寖寖荣盛，徐端此身何患其不温饱，而弟亦何忍坐视其兄而不养乎？埙以倡之，篪以和之，此天机自然之应也。今乃肆作弗靖，视之如仇敌，乘其迓从之来，陵虐之状，殊骇听闻。且其家起自寒素，生理至微，乡曲所共知也。端谓其游从就学之日，用过众钱一千缗。是时双亲无恙，纵公家有教导之费，父实主之，今乃责偿，以此恩爱何在？况徐教授执出伯兄前后家书，具言其家窘束之状，历历如此。徐端虽窜身吏役，惟利之饕，岂得不知同气之大义，颠冥错乱，灭绝天理，一至于此乎！前此见于两府判之详议者至矣，尽矣，州家恐为风教之羞，且从佥厅所申，俾以和议。过此以往，或徐端更肆无餍之欲，嚣讼不已，明正典刑，有司之所不容姑息也。

处理兄弟之讼，不仅晓之以礼，更在具体处理上极尽智慧，充满温度，用刘克庄自己的话说，就是“官司不当以法废恩。”请看“兄侵凌其弟”判：

人不幸处兄弟之变，或挟长相凌，或逞强相向，产业分析之不均，财物侵夺之无义，固是不得其平，然而人伦之爱，

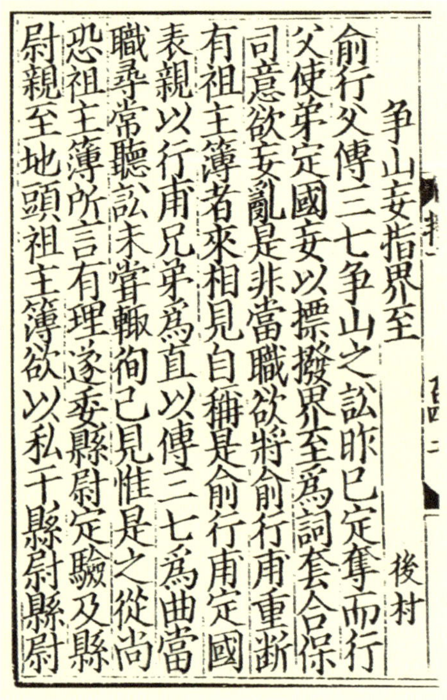

争山妄指界至　後村
俞行父傅三七争山之訟昨已定奪而行
父使弟定國妄以摽撥界至爲詞套合保
司意欲妄亂是非當職欲將俞行甫重斷
有祖主簿者來相見自稱是俞行甫定國
表親以行甫兄弟爲直以傅三七爲曲當
職尋常聽訟未嘗輙徇己見惟是之從尚
恐祖主簿所言有理遂委縣尉定驗及縣
尉親至地頭祖主簿欲以私干縣尉縣尉

刘克庄判词书影

不可磨灭，若一一如常人究极，至于极尽，则又几于伤恩矣。丁瑠、丁增系亲兄弟，父死之时，其家有产钱六、七贯文。丁瑠不能自立，躭溺村妇，纵情饮博，家道渐废，逮至兄弟分析，不无偏重之患。既分之后，丁瑠将承分田业典卖罄尽，又垂涎其弟，侵渔不已。丁增有牛二头，寄养丘州八家，丁瑠则牵去出卖；丁增有禾三百余贴，顿留东田仓内，丁瑠则搬归其家。丁增无如兄何，遂经府县，并牵牛、搬禾人陈论。追到丁瑠，无以为辞，却称牛是众钱买到，禾系祖母在日生放之物。寻行拖照，丁增买牛自有照据，祖母身死已久，安得有禾留至今日。盖丁增原系东田居住，因出赘县坊内，有少租禾安顿东田仓内。丁瑠挟长而凌其弟，逞强而夺其物，而到官尚复巧辨饰非，以盖其罪。官司不当以法废恩，不欲尽情根究，引监丁瑠，备牛两头，仍量备禾二贴，交还丁增。如更不体官司宽恤之意，恃顽不还，并勒丘州八，仍追搬禾人一并监还。丘州八、阿张押下，衍知寨、杨九、刘二先放。

刘克庄说:“公事到官,有理与法。”他曾对“剖决民讼,不论道理,以白为黑,以曲为直”的书拟官严加痛斥,并判决“夺俸一月,追吏人问”。但他又不主张办案只是简单地“以文法相绳”,常常鼓励双方当事人“两下对定”,“从长较议”。在“女家已回定帖而翻悔”判中,他甚至进行了六轮调解,直到和对成功。值得注意的是,刘克庄并非一味和稀泥,也不是凭强制力压制调解,而是每次都给出言简意赅的判语,明之以法,晓之以理。例如他说:

婚男嫁女,非小事也,何不详审于议亲之初?既回定帖,却行翻悔,合与不合成婚,由法不由知县,更自消详元判,从长较议元承,并劝刘颖母子,既已兴讼,纵使成婚,有何面目相见,只宜两下对定而已。今晚更无定论,不免追人寄收。

在《送林太渊赴安溪序》中,刘克庄曾回顾他任建阳县令时狱讼之事的变化:“旧烦于讼,朞年日仅数纸,或无讼。吏不胜饥,多遁去。郡胥或问邑驵:‘何以久无翻诉?’驵曰:‘宰所剖决,农夫皆能传词,士大夫或传写以教子弟。’”这说明,刘克庄特别注重判词的普法和教谕功能,而要做到“农夫皆能传词”,肯定是要通俗易懂。我们试举“都吏潘宗道违法交易五罪”判为例,可以见识刘克庄判词化繁为简、明白晓畅的功夫:

身为本州都吏,违法强买同分人见争田产,罪一也。挟都吏之势,号令歙县官吏,曲断公事,罪二也。本司先勒令分析,再行下诘责,有“追上决配”之文,意欲使之退田还人,免致紊烦,而公然占吞,阳为责退之辞,阴行谋算之计,致使词人哓哓不已,罪三也。为势家望青斫木,患苦田里,罪四也。被追久而不出，罪五也。免尽情根勘，从轻决脊杖十五，配徽州牢城。

据说，刘克庄暮年犹发奋写诗，“目眚之后，口诵成篇，子侄笔受”，目的是要赶超他所心仪的前辈陆游、辛弃疾。在我们后人看来，后村先生诗可能不及放翁，词可能难胜稼轩，但“何其多能哉”的他所留下的两卷书判，已经足够我们甘之如饴、吟咏再三了。

贰捌

是法医鼻祖，亦是判词高手

许同莘《公牍学史》曾云："宋人变骈偶为古文，固矣。然骈偶之文，上自制诰，下至笺启，其用甚广，未尝废也。岂惟善为古文者能之，凡以文字进身者，迨无不能之。"大意是说，我可以不写，但不代表我不会写。判词也是这样。在宋代，固以散判为主，但也有官吏对骈判偶或一试，只不过比之于传统的骈判，典故少了许多，语言也较通俗，四六成文，排比成句，历数罪状，罄竹以书，倒也别有风致。例如宋自牧所写的"结托州县蓄养罢吏配军夺人之产罪恶贯盈"判，当中的"断罪"部分即是如此：

杨子高何等物数，辄以制属自呼；王元吉与结死交，正是凶德参会。倚恃制司芮将声势，顶冒死人王举官资。盐利乃国家所资，至敢夹带私贩，抑配强敷，肆为侵夺；铜于法禁最重，公然剪凿私铸，搬贩砂毛，莫敢谁何。遂使江西三角破钱，尽入湖南一路界内。奸占良人妇女，

宋慈像

为小妻，为宠婢，不敢陈论者七人；贼杀无辜平民，或赴水，或自尽，死于非命者四项。一孔微利，必欲焚林竭泽；万口交怨，恨不食肉寝皮。倾湘江之水，不足以洗百姓之冤；汗南山之竹，不足以书二凶之恶。

宋自牧，即《洗冤集录》作者宋慈也。这部诞生于南宋淳祐七年的奇书，不仅是中国、也是世界上第一部法医学专著，比西方最早的同类著作——意大利医生费德罗的《医生的报告》整整早了三百五十多年。为什么要写这样一部书呢？宋慈在《洗冤集录序》中说："每念狱情之失，多起于发端之差；定验之误，皆源于历试之浅。遂博采近世所传诸书，自《内恕录》以下凡数家，会而粹之，厘而正之，增以己见，总为一编，名曰《洗冤集录》。"

宋慈开辟了法医科学的先河，堪称法医学的鼻祖，历代官司检验，都将《洗冤集录》奉为金科玉律，至今影响深远。遗憾的是，《宋史》却无宋慈传，以至于几百年间人们对宋慈何许人也一片茫然。《四库全书》"法家类存目"著录《洗冤集录》时，只有寥寥八个字记述作者生平："慈字惠父，始末未详。"清代著名史学家、考据家钱大昕《十驾斋养新录》提到《洗冤集录》时，也是不明就里："《洗冤集录》五卷……慈不知何郡人，其书不载于《宋史·艺文志》……"

据考证，现存最早为宋慈立传的地方史志大概是明嘉靖刻本《建阳县志》。其云：

宋慈，字惠父，嘉定中，第进士。历湖南提刑，以朝请大夫直焕章阁，帅广东，致仕卒。慈通经史，能文章，居官所在有声称。尝作《洗冤录》。及卒，理宗以其为中外分忧之臣，有密赞阃画之寄，特赠朝议大夫，御书墓门以旌之。

这段文字之下，还有叙曰："余尝读《洗冤录》，每叹惠父能灼明奥渫，仕者罕俪。及读其传，见其政声赫著，乃知其为有用之学，其见称于理庙也，宜乎！"由此可见，宋慈是有传存世的。有人说，清代陆心源《宋史翼》中就有宋慈传，为此我还专门买来了此书。陆心源是大藏书家，尤以宋版书自矜，自号皕宋楼主。皕者，双百也，意思是比乾嘉时期黄丕烈的"百宋一廛"还要宏富。陆心源藏书多，史料也多，"正如满屋散钱"，但他的文字大多不是原创，《宋慈传》就是由宋代大诗人刘克庄那里抄来。

刘克庄为什么要为宋慈作传？因为他曾在宋慈的家乡建阳做过县令，"获友其邑中，豪杰而尤所敬爱者，曰宋公惠父"。他们还都是彼时大儒真德秀的门生，志趣相投，自不待言。刘克庄撰《宋经略墓志铭》，已是宋慈没后十年。因"积善之墓未题"，其孤请其命笔，云："先君交游尽矣，铭非君谁属？"于是有了这篇珍贵的史传。由铭文可知，宋慈字惠父，号自牧，"由邢迁睦，又三世孙世卿丞建阳，卒官下，遂为邑人"。其父宋巩也是一位司法官，官终广东节度推官。宋慈"少耸秀轩豁"，师事朱熹的授礼弟子吴雉，后得大儒真德秀赏识，"因受学其门"。宁宗嘉定十年及进士第，因父丧丁外艰未仕，一直到四十一岁时，才补了个赣州信丰县主簿。当是时，盗贼蜂起，宋慈先后参与平定南安峒民及福建民乱，平定汀州兵变，"所向克捷"，"众无敢哗"。主将王祖忠惊曰："君智勇过武将矣！"

当年宋慈“慷慨就道”之际，刘克庄曾以《满江红·送宋惠父入江西幕》二首相赠，其一云：

满腹诗书，馀事到、穰苴兵法。新受了、乌公书币，著鞭垂发。黄纸红旗喧道路，黑风青草空巢穴。向幼安、宣子顶头行，方奇特。

溪峒事，听侬说。龚遂外，无长策。便献俘非勇，纳降非怯。帐下健儿休尽锐，草间赤子俱求活。到崆峒，快寄凯歌来，宽离别。

正是由于剿匪有功，宋慈被辟为长汀令，数年间，“听断精明，境内以治”。通判邵武军两年后，开始了司法官生涯，先后担任广东、江西、湖南提点刑狱，最后卒于广东经略安抚使兼知广州任上。其间，还曾奉使四路，皆司刑狱之事。刘克庄《宋经略墓志铭》这样评价他的司法生涯：

听讼清明，决事刚果；抚善良甚恩，临豪猾甚威，属部官吏，以至穷闾委巷、深山幽谷之民，咸若有一宋提刑之临其前。

宋慈的判词亦写得好。刘克庄谓：“公博记览，善辞令，然不以浮文妨要，惟据案执笔，一扫千言，沉着痛快，哗健破胆。”《名公书判清明集》选录宋慈判词七篇，几乎都是刑狱之事，倒与他的《洗冤集录》相得益彰。有趣的是，有两篇还与他剿除盗贼的经历相关。

美国学者马伯良曾指出，在宋朝，社会普遍焦虑的两种犯罪，一为贪腐，二为盗贼，“内部成员的逾矩行为和外部成员企图削弱精英统治基础的尝试都是精英们关注的焦点”。而《名公书判清明集》

所收录的宋慈判词，恰恰都是聚焦于这两类犯罪。其中，“巡检因究实取乞”判，当事人扶如雷则既是盗贼，又是贪官。宋慈在判词里说：“当职在江西时，已闻扶友嵩、扶如雷之名。一时夺江州统领陶俊印以归，残两路，破永新，此人也。往岁范西堂权帅，尝自发其恶，闻于朝，拘于寨，不知后来以何因缘冒滥今官，又以何因缘得此职，宜其以前日贼心戕百姓。”

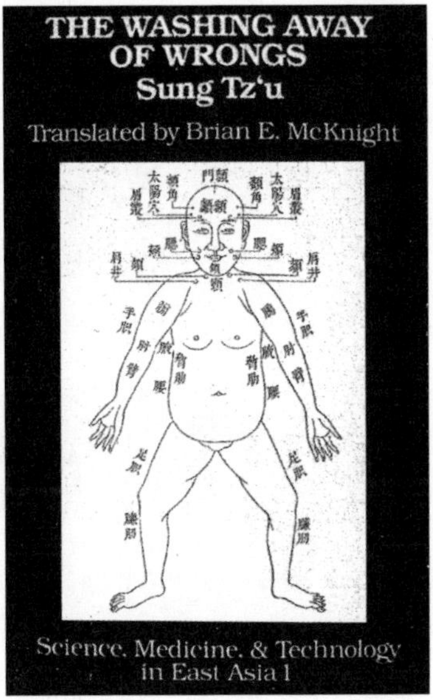

英译本《洗冤集录》书影

原来这都是“招安”惹的祸。北宋中后期，重法统治是惩治盗贼的主要方法，但这种方法并不奏效，反而造成贼盗竞相蜂起。宋徽宗无奈宣布“罢重法”，由单纯的军事镇压转为镇压与招安并用。在动武剿灭之前，先会通过赦免政策进行分化。有时候，对为首者不仅赦免其罪，还会授予其官爵。扶如雷就获得了这个待遇，宋慈在判词里说：“其时官司狃于性习，饵以官资，赏以厚赂，方得贴服。”可谁知，这个昔日盗贼不仅不改过自新，反而“自此益张骄习，江州视效，无岁不忧，常切扼腕。”

常言道：冤家路窄。宋慈转任湖湘之后，“忽于本路在任官员脚色籍中见有凶雏扶如雷者，依然正统部内巡检职事”，只是“以其未招民诉，姑且容养。”但是后来，不断有人户“有状论其不法，或讼其受人户白词，或诉其纵寨兵劫夺”，又于人命案中贪赃枉法。于是“寻院送根问”，终于查明：扶如雷“顷者父子寇攘，邀求官爵，既登仕籍，长恶不悛，流毒于民”。宋慈认为，扶如雷“虎凶豺狼之性，至死不改，却非寻常贪赃之比”，简直“死有余罪”。又考虑到，“今

误认尸亲

其所管之寨，距旧日巢穴，不满三舍，设或断蛇不殊，纵虎出柙，他日必结连残党，倡哄前日所部寨兵，合纵而起，其祸有难言者”。于是奏准朝廷下达行文，将扶如雷“真决刺配，永锁土牢”，“非得朝旨，不许疎放，庶免使复出为恶”。

对于扶如雷的痛下杀手，充分体现出他老师的老师朱熹所主张的“严本宽济”的法律思想。朱熹认为，所谓“宽严相济”，“当以严为本，而以宽济之”。他进而说：“今人说轻刑者，只见所犯之人为可悯，而不知被伤之人尤可念也。如劫盗杀人者，人多为之求生，殊不念死者之为无辜，是知为盗贼计，而不为良民计也。”他还说：“刑愈轻而愈不足以厚民之俗，往往反以长其悖逆作乱之心，而使狱讼之愈繁。”严与宽，正如硬币的两面——对豪强施以权威，就是对百姓施以恩泽；对豪强姑息养奸，就是对百姓养虎为患。

不仅如此，宋慈还深得“刑一正百，杀一慎万”之道，在判决扶如雷“永锁土牢”的同时，还没忘了将那假冒官身文书追缴勾销，并且禀告枢密院备案。他坦言，这样做“非特可以警肃赃贪，抑使萑苇余孽、凡受招携之恩者，皆将有所忌惮，而不为不义。”而在另一篇“把持公事欺骗良民过恶山积”判的“断”语中，他在断罪之余也特别叮嘱：“请备榜晓示”。这在法律术语上叫作公示主义，也是中华法系古老的文明之一。就像黄秉心所说的那样：“我汉族于距今四千余年前即采取公示主义者，乃因注重天理人道，一以预防犯罪之未发，一以不教而罚为不仁故也。”

当然，“严本宽济”也不是一概从严，毕竟还有个宽字在里边。宋慈所要“备榜晓示”的这个裁判，就体现了宽的一面。判词是这样说的：

> 唐梓撰造百端词讼，骗夺一方善良，贪虐甚于豺狼，凶暴烈于虎豹，公吏惟所号召，州郡为其控持。今狱官所勘，法官所拟，仅得其一二尔。其最干系一方利害者，所交所结，无非猺獠；作敌作使，皆听指挥。平时则推肌剥髓，不遗秋毫；有事则挑变激衅，欲邀功赏。方当刬平峒寇之后，正是安辑人心之时，若不杀草除根，必至养虎遗患。原其积恶，虽万死不足赎；若更诛心，尤三尺所不容。姑照今法官所定常刑，不欲于平世更施重典。引上照断，仍报本司，请备榜晓示。

这个唐梓，人称唐黑八，从名字就可知道，乃一个横行乡里的带有黑社会性质的恶霸。虽然“原其积恶”，“万死不赎”，但宋慈还是采纳了检法书拟所建议的刑罚："决脊杖二十，刺配广南远恶州军，仍籍没家财，永锁土牢不放。"之所以保全他一条性命，宋慈给出的理由是"不欲于平世更施重典"。这也反映了宋朝在刑事政策方面的走向，正如马伯良所言："宋代的司法制度可能是整个古代中国历史上最仁慈的司法制度了。国家保留了判处死刑的权力，以展示它拥有统治万民的终极权力，但在实践中，却通过一系列的正规法律形式实行减刑，实际上起到了将死刑搁置，并降低其影响的效果。"其实，"好生恶杀"也是中华法系的古老传统，只不过宋朝的时候将其发扬光大了，宋代官僚蔡勘对此就曾这样阐述："臣闻辟以止辟，刑期无期，古先哲王无不好生而恶杀，乃不可不杀者圣人亦岂为是姑息也？"

宽严相济的"宽"，还体现在"与其杀不辜，宁失不经"。这句话出自《尚书·大禹谟》，整段文字是这样的：

> 罚弗及嗣，赏延于世。宥过无大，刑过无小。罪疑惟轻，功疑惟重。与其杀不辜，宁失不经。好生之德，恰于民心。兹以不犯于有司。

"罪疑从无"的思想对宋慈的影响很深。他在《洗冤集录序》中就说："慈四叨臬寄，他无寸长，独于狱案审之又审，不敢萌一毫慢易心。若灼然知其为欺，则亟与驳下；或疑信未决，必反复深思，惟恐率然而行，死者虚被涝漉。"在《洗冤集录》的"疑难杂说下"，宋慈收录了这样一个案例：

> 广右有凶徒谋死小童行，而夺其所赍。发觉，据行凶日已远。囚已招伏："打夺就推入水中。"尉司打捞已得尸于

下流，肉已溃尽，仅留骸骨，不可辨验，终未免疑其假合，未敢处断。后因阅案卷，见初验体究官缴到血属所供，称其弟原是龟胸而矮小。遂差官复验，其胸果然，方敢定刑。

宋慈的判词也充分体现出对待刑狱“审之又审”的作风。“结托州县蓄养罢吏配军夺人之产罪恶贯盈”判显示，宋慈在担任江南西路提刑官期间，有陈姓一族，与其至亲杨子高因钱粮之事发生纠纷，杨子高倚仗势力在孟马帅面前谗言离间，陈姓父亲被斩首，陈氏家产亦被吞并。陈氏也曾到江南西路提刑司申诉，并且广印怨歌，四路散贴。宋慈当时不知陈氏下落，累次追查不到。不想却在广东任上又遇见了这个恶棍，所以决定，新账旧账，一并清算。他在“又判”开头所写的一段话，对杨子高的恶行几乎是咬牙切齿：

杨子高铜臭恶类，垄断贱夫，逞威倚势，暴丁虎狼，伤人害物，毒于蛇虺。结托州县官吏，禀听风旨，蓄养罢吏配军，分任爪牙。意之所欲，则夺人之产，据人之妻；心之所嫉，则破人之家，戕人之命。恶贯盈于作业成熟之后，奸状败于当职将去之时，尚且名作抱病，迁延日子，巧避刑名，妆点疾病，图免鞠勘。

然而，宋慈并没有感情用事，擅断滥刑，而是严格程序，“证据从实”。因此判词接着说：“然而殴死人力，犹须见证追会；旁夺田产，亦要干证索齐。”这两句话，充分体现出宋慈重证据、轻口供的一贯思想。他深受魏晋时人张斐法律思想的影响，后者尝言：“夫刑者，司理之官；理者，求情之机；情者，心神之使……论罪务本其心，审其情，精其事，近取诸身，远取诸物，然后可以正刑。”宋慈之写《洗冤集录》，用意就是通过“近取诸身，远取诸物”，去伪存真，洗冤泽物。就像他在《洗冤集录·序》中所说：

> 狱事莫重于大辟，大辟莫重于初情，初情莫重于检验。盖死生出入之权舆，幽枉屈伸之机括，于是乎决。……每念狱情之失，多起于发端之差，定验之误，皆原于历试之浅，遂博采近世所传诸书，自《内恕录》以下凡数家，会而粹之，厘而正之，增以己见，总为一编，名曰《洗冤集录》。刊于湖南宪治，示我同寅，使得参验互考，如医师讨论古法，脉络表里，先已洞澈，一旦按此以施针砭，发无不中，则其洗冤泽物，当与起死回生同一功用矣。

回到杨子高案。果不其然，“索到告身批书，皆是揩洗书填，难掩踪迹”，又“换取前项书铺辨验，造伪晓然”。既有确凿证据，以“诈为制书”将其定罪，便不在话下。不仅如此，宋慈还虑及杨子高本人有通神之财，凭借其挟山超海之力，可能在他离任之后片词翻供，决定将本案详细材料呈报朝廷台省，同时还将前项官身文告、批书等等收缴呈报，请求下达公文，通报于各官署。明代邱浚曾说：“盗贼之名，天下至恶者也。”但将盗贼绳之以法，却来不得半点含糊。

宽严相济，最高的境界便是当宽则宽，当严则严。而欲做到宽严允当，必要严于律己，心底无私。在刘克庄笔下，宋慈“性无他嗜，惟喜收异书名帖。禄万石，位方伯，家无钗泽，厩无驵骏，鱼羹饭，敝緼袍，萧然终身。”即使对于身边仆人，他也是“平时惴惴然，唯恐于不知不觉中，为奴仆所累”。在宋代，回避制度非常严格，如《宋刑统》规定：“诸鞫狱官与被鞫人有五服内亲，及大功以上婚姻之家，并受业师，经为本部都督、刺史、县令及有仇嫌者，皆须听换推。”宋慈在“办公吏摊派亲随受赂”案中，就因为身边人涉案，主动申请了回避。这个案件发生时，宋慈正在湖南担任提点刑狱，有一天，他的仆人突然被控收受贿赂。按照规定，案件应当由他的下级——负责纠察府事的知录查办，但他“恐知录牵制人情”，决定将案件移送没有牵连的提举使司秉公处理。他说：“自出衙门，即非干人，既下狱司，便是罪人。或讯或绷，一听狱官之便，千万不必回护。”

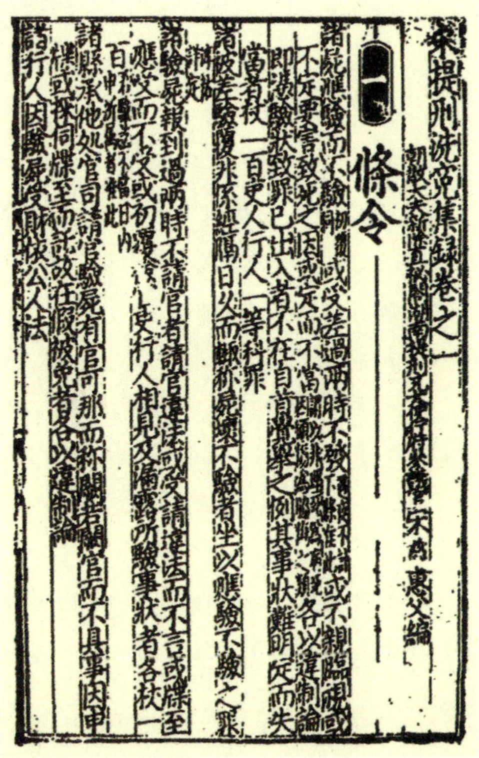
宋提刑洗寃集録卷之一
朝散大夫新除直秘閣湖南提刑充大使行府參議官宋慈惠父編
一 條令
諸屍應驗而不驗或受差過兩時不發或不親臨視或
不定要害致死之因或定而不當各以違制論
即憑驗狀致罪已出入者不在自首覺舉之例其事狀難明定而失
當者杖一百吏人行人一等科罪
諸被差驗覆非系經隔日以上而輒稱屍壞不驗者坐以應驗不驗之罪
諸驗屍報到過兩時不請官者請官違法或受請違法而不言或牒至
應受而不受或初覆吏人行人相見及漏露所驗事狀者各杖一
百
諸縣承他處官司請官驗屍有官可那而稱闕若闕官而不具事因申
牒或探伺牒至而託故在假被差者各以違制論
諸行人因驗屍受財依公人法

元刊本《宋提刑洗冤集录》书影

提举使司和提点刑狱司都是路一级的中央派出机构，虽然都有司法职能，但“互不统属”，且“监司互察”。巧的是，当时湖南的提举使司是另一位“名公”胡颖。虽然他与知录有同年之谊，但在查明案件的真相正是知录逼迫囚人诬陷宋慈仆人之后，果断发文指令所在官署长官备文上奏弹劾。他所写的“提举判”《名公书判清明集》也收录了，全文是这样的：

吏卒之罪，佥厅所拟已当，但造意以启吏奸者谁欤？握笔以改欵词者谁欤？操兵以刃人，不罪所操之主，而罪兵；蓄蛊以害物，不咎所蓄之家，而咎蛊，可乎？不可也。知录与当职有同年之契，见其尚在选调，本甚有意料理之。到官之初，首加访问，不闻美誉，惟有贪声，参众论以皆同，非两怒之溢恶，甚为同年惜之，然犹“耳可得闻，口不可得言也”。不谓一旦手足败露，心术莫揜如此，众目共睹，万口流传，虽欲曲为回护，而不可得。况以鞫讞为职，一出一入，关系非轻。今于监司亲随仆从，犹敢逼迫囚人以罗织之，嗾使吏卒以锻炼之，则他可知矣。帖本官具析案劾，已将赵兴礼断配南康军，王仁寿编管英德府，周袒编管武冈军，将李百二、刘达等踈放外，牒本司照会。

一个是面对自己的仆人，一个是面对自己的同年；一个是自行回避，一个是大义灭亲。这样的名公，怎不令人信服。

贰玖

吴恕斋情法两宜

在《名公书判清明集》总共四七四道判词中，署名吴恕斋的占了二十七道，比例不小，质量也高，算得上货真价实的“名公”，值得专门品评一番。

吴恕斋《宋史》无传，其生平事迹散见于《九江府志》《杭州府志》《咸淳临安志》《福州府志》《八闽通志》以及数种宋人文集。据考，吴恕斋，名革，字时夫，号恕斋，庐山人。其父吴元、叔吴愈，同为进士，均有诗文入选《全宋诗》与《全宋文》，堪称文学世家。南宋诗人刘克庄《恕斋记》云：“今闵帅庐山吴公，少受教于先大君子，以恕名斋。后得紫阳夫子所书恕斋两大字，揭之楣间，公自识之。”“先大君子”是指刘克庄的父亲刘弥正，吴恕斋早年拜其门下。“紫阳夫子”则是大儒朱熹，吴恕斋是他的再传弟子。在临安知府任上，吴恕斋曾主持刊刻朱熹的《易图》《周易本义》和《五赞》，对朱熹的正统理学颇多传承。刘克庄《恕斋平心录》曾云：“恕斋吴公之学，由关洛遡洙泗者，谈经析理，深入圣处。”

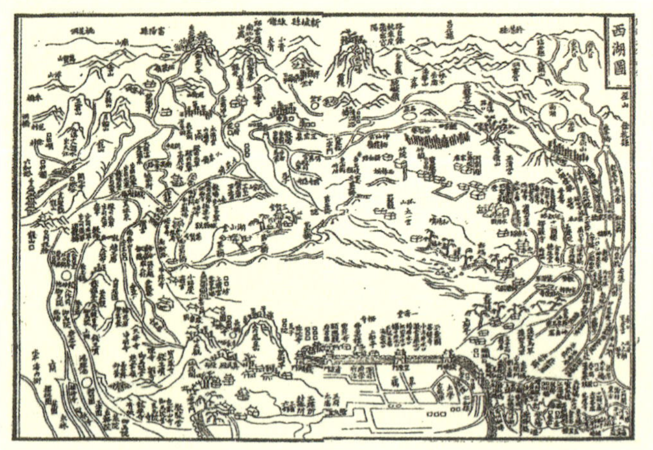

南宋咸淳四年雕版墨印《西湖图》

关于吴恕斋的仕历，据称先是从抚州崇仁尉起步，历任钱塘县令、临安通判和临安知府。《咸淳临安志》载：“吴革，江州人，于景定四年四月二十七日以权发遣户部判官兼知，六月转朝奉大夫，九月二十二日，除司农少卿兼户部判官兼知。至五年四月三日除司农卿依旧兼，七月二十九日罢。”吴恕斋还担任过江南西路提刑，明张景《疑狱集》卷七有《恕斋神政》条，记吴恕斋革决赣州雩都县黎子伦家被寇劫杀狱事。《福州府志》载：“吴革，咸淳二年知福州，为政雅重风化，尝创道立堂，祠濂溪以下诸贤，而附以贤牧。又创经史阁，官至户部尚书。”

论及宋诗，刘克庄的一句名言颇为流行：“近世贵理学而贱诗，间有篇咏，率是语录讲义之押韵者耳。”这句话就出自他为《恕斋诗存稿》所作的题跋。据刘克庄说，吴恕斋不仅“深于理学”，诗写得也好：“其诗皆关系伦纪教化，而高风远韵，尤于佳风月好山水大放厥词，清拔骏壮。”吴恕斋的诗今已难寻，倒是刘克庄有多首诗言及恕斋，极尽惺惺相惜之情。其中《丙寅赠月篷道人》一诗，更是将恕斋比作当代包公。诗云：

孝肃以来风力少，今龙图是恕斋公。凭谁为请南山判，两个道人争一篷。

另有二诗，则将吴恕斋与苏东坡相比，并且追溯到汉代张汤甚至更古的蹇修。诗题《昔坡公倅杭，有悯囚诗。后守杭，几岁除狱空，公和前作。庐山吴公前倅后守，践坡补处，亦以岁除狱空，和坡二诗，寄示墨本，次韵附诸公后》。题目很长，但由此我们也得知，吴恕斋亦像先贤苏东坡那样，前倅后守，任职杭州。两诗一则赞其谈文谈政，二则颂其折狱制判。就我目力所及，此为古代不可多得的摹写法官行状的诗作。录此共赏：

坡去二百载，尚有遗爱留。孤山领重客，三圄无一囚。吴尹学问人，刀笔盖所羞。惓惓民隐瘼，不翅己戚休。大意师长公，尚德践智谋。谈文及谈政，俪美襄与修。

二

吾闻霹雳手，刮决靡停留。彼哉刑名家，腊晦方报囚。烹鲜贵不扰，劾鼠呵可羞。恕斋仁满腔，圄空吏沐休。清静有古意，正大无阴谋。乍可免京兆，安能媒蹇修。

判词是法官最好的名片。吴恕斋就留下了许多脍炙人口的判词。据刘克庄《恕斋平心录》云："其门生故吏，汇其历官拟笔判案曰《平心录》，为十四卷，补遗一卷，凡民负抑、胥舞文、世吏俯首受欺，曲董狐之笔，高下伯州犁之手者，公一览如镜见像，汤沃雪，是是非非，两造厌服。夫人情予之则恩，夺之则怨，赏之则喜，罚之则怒。

至于夺人邑而伯氏不怨，废人终身而为李平、廖立所思，惟诸葛能之。公何以使人至此哉？平其心而已矣。”就《清明集》所保存下来的恕斋判词来看，刘克庄此言绝非溢美之词。

首先来看“已卖而不离业”判。本案的争点是，阿章早年将住房两间并地基卖与徐麟，两年之后，徐十二依据“亲邻之法”的规定，出钱赎回并成为自己的产业。又过九年，阿章提起诉讼，诉称当年只是将房屋出典给徐麟，不曾绝卖，诉请赎回。但究竟是出典还是绝卖，究竟是可赎还是不可赎，未免扑朔迷离。一开始，昌化县令作出判决，令徐十二交钱还业。徐十二不服，上诉于临安府。临安知府吴恕斋审查之后认为，虽则“律之条令，阿章固不当卖，徐麟亦不当买。但阿章一贫彻骨，他无产业，夫男俱亡，两孙年幼，有可鬻以糊其口者，急于求售，要亦出于大不得已也”。可是后来，“徐十二又有词于府”，且拿来原买赤契三道以为证据。吴恕斋未敢怠慢，“切详此讼”，认为“阿章既有卖与徐麟赤契，分明该载出卖二字，谓之不曾卖，不可也。”而且，“经隔十有余年，若以寡妇、卑幼论之，出违条限，亦在不应受之域。向使外姓辗转得之，在阿章已断无可赎之理。”说到此，似乎原判要被推翻了，但吴恕斋又不免参酌起人情：

> 阿章与徐十二为从嫂叔，其可赎不可赎，尚有二说。据阿章供称，见与其孙居于此屋，初不曾离业。倘果如此，则徐十二合念其嫂当来不得已而出卖之意，复幸其孙克自植立，可复旧物，以为盖头之地。楚人亡弓，楚人得之，何忍迫之外出，而使一老二孤无所归乎！此阿章所以为尚可赎也。

宋代官府特别注重保护孤幼的合法权益，吴恕斋上述一番话，即可见于一斑。不过事情并未到此为止，紧跟着又是一行但书：“但又据徐十二供，阿章离业已久，只因徐麟挟雠，教唆兴词。”这样一来，又使吴恕斋陷入担心：“若果如是，则又难堕小人奸计，以滋无根之讼。”怎么办呢？吴恕斋这时讲了一番法理：“大率官司予决，只有一可一否，不应两开其说。”吴恕斋到底是可还是否了呢？结局是未置可否：“但本府未审阿章果曾离业与否，难以遽为一定之论。今两词并不到府，暑天又不欲牵连追对，宗族有争，所合审处。欲牒昌化佐官，更与从公契勘，限五日结绝。”

这道判词写得颇为曲折，可谓一波三折，一唱三叹。但却丝毫不觉得吴恕斋优柔寡断，首鼠两端，相反，却是思虑缜密，照应周全。既有对事证的稽核，又有对动机的审察；既有对律条的熟稔，又有对人情的参酌；既有对历史的尊重，又有对现状的照顾；既有对寡老孤幼的体恤，又有对教唆兴词的警觉。穿梭往复，比对权衡。虽然最终只是发回更审，但绝非推诿扯皮，矛盾下交，相反，却是出于防民之苦——“暑天又不欲牵连追对”。同时，也是遵从“宗族有争”的特点——令地方限期解决，似更便于“审处”。就指令而言，尽管只是简单一句“从公契勘”，但判词中论及的各番情事，不啻为一幅思维导图，已然为再审指明了方向。

在“执同分赎屋地”判中，吴恕斋提出了“法意人情，两不相碍”的观点。本案的简要案情是，“毛永成典卖屋宇田地与陈自牧、陈潜，皆不止十年”，十年之后，“毛永成执众存白约，乃欲吝赎于十年之后”。吴恕斋开头就讲了一个原则：“理诉交易，自有条限。”这样看来，原判“援引条限，坐永成以虚妄之罪，在永成亦可以退听”。但是，“今复经府，理赎不已”，吴恕斋觉着其中必有原由，通过“详阅案卷，考究其事”，认为“于法意人情，尚有当参酌者”。原来，问题的症结在于，典卖与陈潜的桑地内有毛永成祖坟一所。

吴恕斋指出："他地他田，不许其赎可也，有祖坟之地，其不肖者卖之，稍有人心者赎而归之，此意亦美，其可使之不赎乎？此人情也。"他提出的处理方案是，"有祖坟桑地一亩，照原价仍兑还毛永成为业"，其余各地块并听买主照契管业。既尊重了奉祖之美意，又维护了交易之稳定，可谓"法意人情，两不相碍"。"从公区处"之余，吴恕斋还适时对当事人进行了劝谕："陈自牧、陈潜既为士人，亦须谙晓道理，若能舍此些小屋地，非特义举，亦免争诉追呼之扰，所失少而所得多矣。"

吴恕斋虽重人情，却并不废法意。在"抵当不交业"判中，开头就援引关于抵当的律条："在法：诸典卖田宅并须离业。又诸典卖田宅投印收税者，即当官推割，开收税租。必依此法，而后为典卖之正。"但法律规定是一回事，具体案件则是不一而足。通过对本案实际履行情况的分析，吴恕斋就得出了"所典非正典"的结论。同时还点破，"嗜利何时而已"才是原告妄状兴讼的实际企图。对于原判，一方面认可其实体处理"已为允当"，另一方面也不客气地指出其未尽妥适之处："起初不合以其抵当为正典，前后累判，并不曾剖析子政不过税，不过业，其为抵当，本非正条，无以杜绝其希觊之心，故子政尚敢固执己私，紊烦官府。"意在说明，即使实体处理允当，亦合人情，但若法律剖断不当，亦会留下后患。

在宋朝，田宅买卖抵当非常活跃，与此相关的诉讼亦是多发，吴恕斋无疑是审理此类纠纷的行家里手。在"以卖为抵当而取赎"判中，开篇便云："乡民以田地立契，权行典当于有力之家，约日尅期，还钱取契，所在间有之。为富不仁者因立契抵当，径作正行交易投税，便欲认为己物者亦有之。但果是抵当，则得钱人必未肯当时离业，用钱人亦未敢当时过税，其有钱、业两相交付，而当时过税离业者，其为正行交易明，绝非抵当也。"这类一般性的论说，毋宁是审判

高罗佩绘听讼图

经验的归纳总结，不仅可以作为处理同类案件的准的，也为引出本案的具体案情提供了一个关照。这种写作方法在《清明集》中很为流行。

接着便是叙述案情的前后经过，以及知县最初所作判决的情况。知县似乎是一个能够参酌人情的人，但他认定此案是抵押，却引起一方当事人何太应的强烈不满，坚决不服退赎的决定。起初吴恕斋也怀疑何太应是个健讼之人，但他还是对案卷进行了反复研究，觉着何太应的诉请并非没有道理。于是，他又以“官司理断交易，且当以赤契为主，所谓抵当，必须明辨其是非”这样一段一般性的规则，引出对于事实和法律的具体分析，最终认定，这是十分清楚的正当买卖交易。推翻原判，还何太应以清白，自不在话下；而判词最后的这一番表白，更让我们在千百年之后犹自叹服：

> 富者多怀贪图之私，所当诛心；贫者每有屈抑之事，尤当加念。然官司亦惟其理而已。此必罗坞之山昔荒而今辟，昔童而今茂，嗣祐雅欲复还青毡。然正行立契，既已年深，过税离业，又已分晓，倘意其为抵当，而徇其取赎之请，将恐执契者皆不可凭，驾浮词者颇萌侥幸。乡井有一等教唆之徒，哗然生事，而官司亦不胜其扰矣。

怜弱恤贫，人同此心，但人情不能违背法律，不能以牺牲契约精神和法律关系稳定为代价，否则，“将恐执契者皆不可凭，驾浮词者颇萌侥幸”。这又是吴恕斋在处理情理法方面给我们树立的一个典范。

“交争田地，官凭契书。”这是吴恕斋在“王直之朱氏争地”判开头所言。在“叔侄争”判中，其又谓：“察推谓予夺田地之讼，所据在契照，所供在众证，此说极是。”由此可以知道，吴恕斋断案，不仅能够情法两宜，亦有着极强的证据意识。研究者认为，中国史籍中首次出现“证据”一词，乃是《后汉书·缪肜传》：“而肜独证据其事。”但这里的“证据”二字尚非专有词汇，到了《名公书判清明集》，证据法意义上的“证据”一词方得以广泛使用。范西堂有一道判词，标题就叫“无证据”，我们会在另文介绍。这里先品读一道吴恕斋的“争山”判，以感受宋代司法官对于证据的实际运作。

牛大同乃钱居茂之婿，钱孝良乃钱居洪之子，居茂、居洪嘉定六年置立分书，异居析产，已三十年。淳祐二年，大同葬其母于居茂祥禽乡之山，孝良乃称大同伪作居茂遗嘱，强占山地，有词于县。县不直之，再词于府。今官合先论其事理之是非，次考其遗嘱之真伪。照得大同所葬之山，居茂之山也。居茂虽死，其妻汪氏、其子孝忠见存。大同若果是伪作遗嘱，强占山地，汪氏、孝忠诉之可也。今汪氏、孝忠俱无词，而孝良有何干涉，乃指为伪而诉之。此无他，小人无知，因其造坟，疑可为风水，始欲含糊沮挠，继于状词栽埋亲邻取赎之说，惟欲觊觎而攘之。殊不知同分之产，若卖与外人，则亲邻可以吝赎，今大同为居茂之婿，居茂既以遗嘱与之，而汪氏、孝忠俱不以为非，孝良其何词乎？况将遗嘱辨验，委是居茂生前摽拨，与女舍娘充嫁资，其词鄙俚恳切，虽未为当理，却是居茂亲笔书押，与嘉定年间分书比对，出于一手，真正自无可疑。又况居茂、居洪今同分书内该载，极是分晓，居茂得山而不得田，居洪得田而不得山，孝良虽欲觊觎，无一可也。欲连契案帖县，令牛大同凭遗嘱管业，庶几是非别白，予夺分明，乡村小人，各安其分，不致嚣讼，重伤亲谊。

在这道判词中，争议焦点固然是遗书之真伪，但吴恕斋并非一开始就着手证据的辨别，而是先着眼于更高层次的问题，即“事理之是非”：立遗嘱人钱居茂所处分的山地，属于自己的山地，如果其婿大同果真是伪作遗嘱，强占山地，真正有资格起诉的也是钱居茂之妻汪氏、之子孝忠。如今汪氏、孝忠都不说什么，与你孝良有什么干涉呢？究其用心，无非是“欲觊觎而攘之”而已。接着才是对证据真伪的辨验，委是居茂生前亲笔书押，验证的方法就是与嘉定年间所立分书进行比对，结果是“出于一手，真正自无可疑”。打官司就是打证据，既然关键书证真实可信，合该驳回了，但吴恕斋还不作罢，既然当年的分书也翻出来了，那就看看分书的记载，“居茂得山而不得田，居洪得田而不得山”，分书的记载“极是分晓”。这样一来，不仅遗嘱非是作伪，立遗嘱人有权处分山地，也被证明确凿无疑，一张证据之网就此织成。常见当今裁判，证据分析一味罗列，与适法说理两不相涉，面对吴恕斋此等“水乳交融”之作，真有些相形见绌。

叁拾

别宅子
無證據
饒操無子養應申以
親子不自撫育併
非人情也今李三

别白是非有范公

《名公书判清明集》固以民事裁判居多，但也不乏经典刑事判牍，这当中，范应铃是值得说说的一个。在《清明集》中，他的判词署名范西堂，那是他的号。按《宋史·范应铃传》所记，“范应铃字旂叟，丰城人，方娠，大父梦双日照庭，应铃生。稍称，厉志于学，丞相周必大见其文，嘉赏之。”范应铃开禧元年举进士，仕途的第一站是永新县尉。甫一出道，即出手不凡。“有大姓与转运使有连，家僮恣横厉民，应铃笞而系之狱。郡吏庭辱令，应铃执吏囚之，以状闻。”自那以后，范应铃历知永新、崇仁县，通判抚州、蕲州，知吉州，又任广西、浙东提点刑狱，官至大理少卿。

范应铃的决狱之术很早即已名闻遐迩，《宋史》本传称：“应铃开明磊落，守正不阿，别白是非，见义必为，不以得失利害动其心。”“所至无留讼，无滞狱”。“夙兴，冠裳听讼，发擿如神，故事无不依期结正，虽负者亦无不心服。”“家居时，人有不平，不走官府，而走应铃之门；为不善者，辄相戒曰：‘无

范应铃像

使范公闻之。'”对此，我们从《清明集》收录的“郡吏借补权监税受赃”判也可以感受到一些儿。有一个叫作李俊明的，原系郡吏，因罪罢官，但随后又乘补缺摄取了监税官一职，肆为荼毒，被害良多，有欲陈诉，无异登天。经从此地的范应铃熟知利害，派遣官员对其追究审问，给予了严惩。

范应铃的家乡丰城，还出过一位名人，叫作徐鹿卿。《宋史》本传称赞他：“居官廉约清峻，豪发不妄取，一庐仅庇风雨。”徐鹿卿曾有一段话送给应铃：“经术似兒宽，决狱似隽不疑，治民似龚遂，风采似范滂，理财似刘晏，而正大过之。”这个评价听起来有些不得了，但当我们品读了范应铃的判牍，也不免连说“信哉斯言”。《宋史》本传说，范应铃的断讼语曾结集为《对越集》四十九卷，只可惜今已失传。幸有《名公书判清明集》存其判词二十四道，尚可尝鼎一脔。

范应铃断狱，不仅确有隽不疑之风，巧的是，在他的一道判词中，还真的提到了隽不疑。这道判词题为“无证据”，收录于《清明集》卷八“户婚门”之“别宅子”类。“别宅”，旧指无正式夫妻关系而同居的妇女。又称外妇、外妻。“别宅子”则是别宅所生之子。这个案件的原告李五，就自称是一位别宅子。他说他的生母怀着他时，被生父饶操赶出家门，嫁给饶操的仆人李三。饶操死后，李五提起诉讼，要求回归饶氏家族。范应铃的判词这样开头：

饶操无子，养应申以为子，傥果有庶出之亲子，不自养育，

> 并母逐去，以嫁其仆李三，非人情也。今李三之子李五，谓其母怀孕而出，以嫁李三，自陈归宗，何所据而然也。准法：诸别宅之子，其父死而无证据者，官司不许受理。李五生于李三之家，年逾二十，父未尝以为子，其无证据也决矣。

要言不烦地说清案件原由，同时也委婉地指出：就事论事的话，倘饶操真的是“有庶出之亲子，不自养育，并母逐去”，不合人情是显而易见的。但是，空口无凭，是否如你所言必须要拿出证据来，因为法律规定得很明确：“诸别宅之子，其父死而无证据者，官司不许受理。”就本案而言，“其无证据也决矣”。既然没有证据，还有什么需要多说呢？按照一般人的做法，驳回其起诉就是了，但范应铃没有就此住手，接着说了很多话：

> 李三，饶操之仆也，二十年间，往来饶操家，不知其几，必严主仆之分，欲为子者果如是乎？据李五所供，谓是生母之出，母实逐之，理固有此，第母死十年之后，饶操身故十年之久，非一朝夕，饶操胡为一并弃逐。初母死而不持母丧，今父死而欲分父之业，夫岂可行！越年二十，明居李三之家，而阴为饶操之子，天下岂有无父之国哉？夫父子，天性也，不可以强合，纵是其己之所出，而父不认，亦无可强之理，矧为伪乎？

虽说李五拿不出过硬证据，但他仍有他的说辞，有必要进行辨析，以别真伪。上面这段话，就是范应铃的回应。你李五不是说生母之出是因为主母把她赶出去的吗？可是主母身故之后十年饶操才亡故，十年的时间不短了，饶操为什么一直对你弃之不顾？再者，当初主母死的时候你不为主母守丧，现在父亲死了却要分他的产业，有这个道理吗？还有更重要的，父子之情本属天性，不能强合，即使如你所说是其亲生，但父亲不认，你也没有强合之理呀。这一连串的追问，句句皆从人情事理出发，一步步揭露出李五的主张不合常理。接下来，范应铃甚至还援引了隽不疑早在西汉年间就做出的一个先例：

> 昔卫太子归诣北阙，公车以闻，是否未可知也，众方艰于区处，京尹隽不疑乃叱从吏收缚，谓太子得罪先帝，亡不即死，今来自诣，是罪人也，诏狱而竟得其伪。夫大义所在，古今不易之理，家国虽异，其理则同，以义断之，何所容喙。

隽不疑是汉武帝任命的京兆尹，他曾经智断疑案，识破冒充汉武帝嫡长子卫太子的奸诈之徒。据《汉书·隽不疑传》记载，那名男子乘着黄犊车来到北阙时，吏民聚观者数万人。丞相御史等都莫敢言。隽不疑来后，立即叱从吏将其收缚。经过隽不疑的审问，那人如实招供：其本夏阳人也，姓成名方遂，以卜筮为事。只因有人说“子之貌甚似卫太子”，便起了冒充早已死在外面的卫太子的歹心。后来廷尉还招来他的乡里辨认，结果“皆识知之”。现在范应铃重提旧事，意在说明，“夫大义所在，古今不易之理，家国虽异，其理则同”，冒充太子与冒充别宅子，其伪则一。即使是真的，“以义断之”，也是罪人。

就李五案而言，不排除族人之家因为饶操过房应申而怀不平，故意出来为李五作旁证的，对此范应铃亦未尝留下漏洞，判词接着就对此进行了分析：“如果你们是崇笃族义，主持公道，那么在饶操在世的时候为何不使他们正父子之名，以绝纷争之祸于他日呢？干嘛要在饶操身死之后才想起这一出呢？”在明辨真伪的基础上，范应铃还对“族义之薄”进行了教谕，并且指出：“今之为政，非曰知之艰，必须行之果也，及至无讼，家已用丧，卒堕族人之奸。”道出了处理此类案件的裁判之道，那就是：必须果断拒之门外，不使诉讼进行下去，否则，等官司打完，家产也会丧尽，最终堕入了族人之奸。判词是这样写的：

缘李五出没于族人之家，往往多有主之者，若问族长，必有出而证其实。大槩饶操过房应申，族多不平，乘机诋巇，令得以骋。若果崇笃族义，其行以公，当操存日，何不俾正父子之名于一时，绝纷争之祸于他日。胡为操死之后，遽相扶持，以图终讼，族义之薄，莫甚于此。郡县所断，反复辩证，如见肺肝。今之为政，非曰知之艰，必须行之果也，及至无讼，家已用丧，卒堕族人之奸。李五勘杖一百，编管邻州。李三本是饶操地客，押出县界，有词决配。

由“无证据”判，我们对范应铃如何发擿如神、别白是非，有了一个直观的了解。给我们的最大启发是：审查证据从来不是一件孤立的工作，必须充分结合人情事理，“以义断之”。要想收到令人心服口服的效果，简单的一句“不合法”也是做不到的，只有鞭辟入里，才能让人无话可说。

法官者，适法之官也。要想正确适用法律，必须对法律有着深切的理解，必须具备熟练地解释法律的本领。解释法律的过程，既是明辨是非的过程，也是说服当事人的过程。在这方面，范西堂亦有过人之处。且举“漕司送下互争田产”判为例。案件由来是：

宝庆元年，余焱有状经县，讼黄子真盗买叔余德庆户土

> 名东陂、小陂田产，合用亲邻收赎。黄子真执状出头，谓余德庆原买黄文万土名东陂、小陂田产，今复卖与本家，自是祖产，不应更问亲邻。

可见，该案涉及亲邻之法的适用。两造之间，一曰应予适用，一曰不应适用。范西堂抓住争议焦点，首先对亲邻之法的立法目的进行了解读：

> 然律之于法，诸典卖田宅，具帐开析四邻所至，有本宗缌麻以上亲，及墓田相去百步内者，以帐取问。立法之初，盖自有意，父祖田业，子孙分析，人受其一，势不能全，若有典卖，他姓得之，或水利之相关，或界至之互见，不无扞格。曰亲曰邻，止有其一者，俱不在批退之数，此盖可见。墓田所在，凡有锄凿，必至兴犯，得产之人倘非其所自出，无所顾藉，故有同宗，亦当先问。两姓有墓，防其互争，则以东西南北为次，尤为周密。二者各有所主，非泛然也。

范西堂行文，略显古奥。这段话若翻译成白话，更能感知他解释法律的韵味："不过按照法律规定，凡是典卖田宅，应当置备账册列名四周毗邻。如有同宗缌麻以上亲属，以及有墓地相距百步以内的相邻者，则应当按账册书面征询其是否有收赎意向。当初制定这一规范，自有其立法目的。这是考虑到：父祖田业，子孙分割，每个人只能继承其中一部分，势必不能完整继承。如果有人典卖其中一部分，外人购得，或者水利系统相互关联，或者田产边界相互交错，都会有所抵触。无论是亲属还是相邻者，只要是其中之一，都不在放弃先赎权之列，这是显而易见的。坟地所在之处，但凡使用锄具挖凿，定会产生冒犯，得到田产的人如果不是墓葬之人的后代，就会无所顾忌，因此如有同宗，也应当先询问其是否赎买。如果是不同姓的两家各有坟地，为防止他们互争，则以东西南北为顺序依次询问，这一规定尤为周密。总之，田产、坟地二者各有不同，并非泛泛规定。”

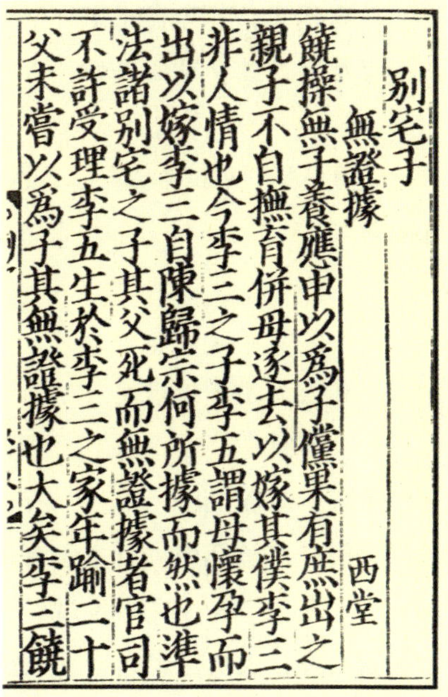
別宅子
無證據　西堂
饒操無子養應中以爲子儻果有庶出之
親子不自撫育併母逐去以嫁其僕李三
非人情也今李三之子李五謂母懷孕而
出以嫁李三自陳歸宗何所據而然也準
法諸別宅之子其父死而無證據者官司
不許受理李五生於李三之家年踰二十
父未嘗以爲子其無證據也大矣李三饒

范西堂判词书影

解释完法意，则是对本案情形的具体分析：

今置黄文万之田者余俊明，俊明之子曰德庆，复卖与元业之孙黄子真。今赎德庆之田者余德广，德广之父曰俊民，与俊明之后略不相干。别位田产，典卖入户，本非一家之业，既无交互，辄以亲邻收赎，殊失立法之本意。且黄氏自有祖坟在侧，据所画图，高、曾以下凡十一所，纵未必皆实，只照余德庆元所立契，明言东至黄子真墓为界，即合墓田相去百步之法。德庆所卖，若非黄之祖业，亦合先行取问，况是元来祖户坟山，子孙得之，反以年限隔远，不许为主，乌有此理？

说到此，又对立法本意做了进一步解读：

墓田之与亲邻两项，俱为当问，然以亲邻者，其意在产业，以墓田者，其意在祖宗。今舍墓田，而主亲邻，是重其所轻，而轻其所重，殊乖法意。

以上只是“小试牛刀”，范西堂真正的“代表作”还是他的“因奸射射”。

祖宗立法，参之情理，无不曲尽。傥拂乎情，违乎理，不可以为法于后世矣。

开篇一句筋节语，即已“先声夺人”。这段论述情理法的语录，经典之极，广被征引。日本学者佐立治人就在《〈清明集〉的“法意”与“人情”》一文中说过：“认为法律是在充分考虑人情的基础上制定的，人情已经包含在法律之中，表明了审判官对制定法的信任感。”这一理念，在随后的判词中得到充分展现。这也是南宋审判官的共识：“审判官的信念是：正因为制定法具有那样的性质，所以应该依据制定法作出判决，而绝不能越过法律直接以人情作为判断的基准。”接着来看范应铃对于案情的简述：

临桂黄渐，窃衣缝掖，以小斆为生，侨寓永福，依于陶氏之家，携妻就食，贫不获已，此已可念。寺僧妙成与主人陶岑互相衣物，遂及其妻，因谓有奸。尉司解上，县以黄渐、陶岑与寺僧妙成各杖六十，其妻阿朱免断，押下军寨射射。

读到这里，案情已明，先要解释一下的是何谓“押下军寨射射”。所谓“射射”，是宋代一项有趣的法律制度，是指将犯了淫荡罪行的妇女押到军营，由军士以射箭方式竞标，胜者娶之。在本案，既然阿朱与陶岑、妙成均谓有奸，合该射射，维持县判也在情理之中，但范应铃却没有简单从事，一句“此何法也？”拉开了对县判一顿猛批的序幕。

> 此何法也？黄渐有词，县司解案，并追一行供对，与所诉同。如此断事，安能绝讼。在法：诸犯奸，徒二年，僧道加等。又法：诸犯奸，许从夫捕。又法：诸妻犯奸，愿与不愿听离，从夫意。今黄渐不曾以奸告，只因陶岑与寺僧交讼，牵连阿朱，有奸与否，何由得实。捕必从夫，法有深意。黄渐即非愿离，县司押下射射。淫滥之妇，俾军人射以为妻，此固有之。当职昔在州县，屡尝施行。第三人以上方为杂户，或原来无夫，或夫不愿合，无可归宿之人，官司难以区处，方可为此。未闻非夫入词，而断以奸罪，非夫愿离，而强之他从，殊与法意不合。若事之暧昧，奸不因夫告而坐罪，不由夫愿而从离，开告讦之门，成罗织之狱，则今之妇人，其不免于射者过半矣。

县判看似合法，其实只是合了其中一条。“诸犯奸，徒二年，僧道加等”，固然是法律的明确规定，但是，法律还规定：“诸犯奸，许从夫捕”，也就是说，奸情属于自诉案件，丈夫“既未有词”，“则官司不必自为多事”。而本案的情形是，“黄渐不曾以奸告”。更何况，“只因陶岑与寺僧交讼，牵连阿朱，有奸与否，何由得实。”法律还规定：“诸妻犯奸，愿与不愿听离，从夫意。”黄渐并未表示不要阿朱，所以才急急上诉，县判径直判其“射射”，未免孟浪。法律规范是一个体系，顾此失彼，则必“与法意不合”。孟浪执法，其后果必会“成罗织之狱”。范应铃在法律适用方面给县官上了一课。

紧接着，范应铃还有“参之情理”的考虑。

况阿朱有子，甫免襁褓，使之分离，遂绝天亲，夫岂忍为！数岁之子，贫而无侍，虽曰从公，焉保其生。以政事杀民，此其一耳。

原判在量刑方面还存在“重其所当轻，而轻其所当重”的错误，范应铃亦进行了分析。

寺僧犯奸，加于常人可也，今止从杖罪。妇人和奸，从徒二年可也，今乃免断。妇断，寺僧减降，不妨从厚，胡为黄渐与之同罪？胡为阿朱付之军人？重其所当轻，而轻其所当重，为政如此，非谬而何？

问题出在哪里呢？范应铃指出：“舍法而参用己意”是错误的根源。他指出：县判的所谓“己意”，是所谓的“礼运之说”，但是，礼与法的功用毕竟不同，“圣王垂训，所以经世，祖宗立法，所以治讼，二者须并行而不悖也。”断天下之讼，成于礼法并用；“断天下之讼，尽于舍法而用礼”。判词是这样表述的：

守令亲民，动当执法，舍法而参用己意，民何所凭？家人一卦，古今不可易之理也。凡人有家，当日置于座侧。然必于天下之家道，尽合乎易之家人，比屋可封矣，岂复有男女之讼更至官府。礼运之说，亦前圣之格言，夫人食味，别声，被色，而生斯世，岂容不知。然断天下之讼，尽于舍法而用礼，是以周公、孔子之道，日与天下磨砻浸灌，为羲皇之世矣。

两造具备，岂复有人。敕令格式之文不必传，详定一司之官不必建，条法事类之书不必编，申明指挥之目不必续，文人儒士固愿为之，何待武弁始知有此。圣王垂训，所以经世，祖宗立法，所以治讼，二者须并行而不悖也。

县司此断，悉由簿尉，非长官而受白状，非所司而取草款，俱为违法。行下取问承吏张廕、刘松，必有取受，本合送勘，今且免行，各从杖一百。阿朱付元夫交领，仍责立罪状，不许再过永福，如违，先从杖一百。妙成照本县已行，押下灵川交管。

县判不仅“不如法”，违人情，甚至还存在“非长官而受白状，非所司而取草款”的程序违法，这一切都没能逃过范应铃的法眼。他甚至还怀疑“承吏张廕、刘松，必有取受”，因此，判决主文首先是对这些承吏予以惩戒；犯奸的寺僧妙成，自应按律治罪，维持原判也不在话下；对于阿朱，则是“付元夫交领”。不过，毕竟其有失检点，出于警示，给其追加了一个“缓刑”：如果今后再犯，绝不客气，必有杖刑伺候，这也是宋人处理教化与刑罚的惯常做法。

这样一个裁判，让我们充分领略了范应铃对于法意、礼义、人情以及三者关系的省察与把握，让我们充分体会了何为“守令亲民，动当执法”，何为“重其所当重，而轻其所当轻”，也让我们明白了为何“人有不平，不走官府，而走应铃之门；为不善者，辄相戒曰：‘无使范公闻之。’”有道是：冠裳听讼真如神，别白是非有范公。

叁壹

吴雨岩的哀矜观

> 听讼之法，公则平，私则偏。所谓私者，非必惟货惟来也，只缘忿嫉多而哀矜少，则此心私矣，所以不能作平等观。

这是南宋法官吴雨岩在“母子兄弟之讼当平心处断”判的开头所说的一段话，当中提到的“哀矜”观，非常值得细细体会。所以，就拿它作了本篇的标题。

吴雨岩，名势卿，字安道，号雨岩，建安人。淳祐元年进士。宝祐中，知处州。又曾为军器监。景定二年淮东总领，景定三年浙西转运副使，官至朝奉大夫。《名公书判清明集》收其判词凡二十五道，算得上重镇之一。

一说，吴雨岩曾任江东提点刑狱。相关记载很难查寻，倒是在他的几篇判词中，找到一些蛛丝马迹。提点刑狱司是宋代首创的掌管一路司法、监察等事务的重要路级机构，其长官的全称是“提点某路刑狱公事”，例如吴雨岩，就是“提点江南东路刑狱公事”。

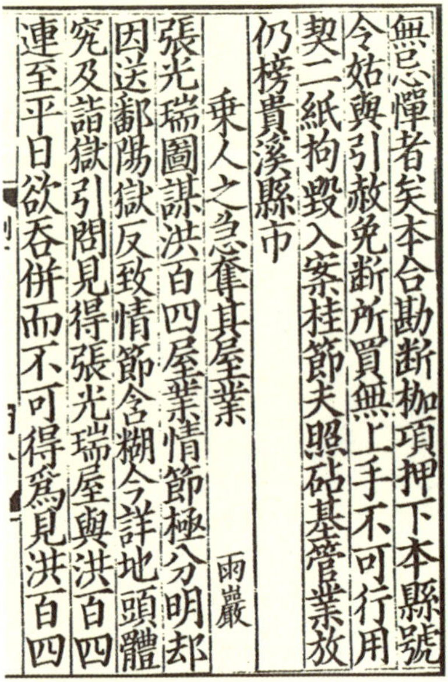

無忌憚者矣本合勘斷枷項押下本縣號
令姑與引赦免斷所買無上手不可行用
契二紙拘毀入案桂節夫照砧基管業放
仍榜貴溪縣市
乘人之急奪其屋業　　雨巖
張光瑞圖謀洪百四屋業情節極分明却
因送鄱陽獄反致情節含糊今詳地頭體
究及詣獄引問見得張光瑞屋與洪百四
連至平日欲吞併而不可得爲見洪百四

吴雨岩判词书影

江南东路提刑司的治所在饶州、信州，即今江西省上饶市一带。吴雨岩“治推吏不照例禳祓”判就曾云：“本路狱事之多，莫如饶、信。”这道判词，描述了他到任之初整治狱事的情况，面对“官司不以狱事为意，每遇重辟名件，一切受成吏手，一味根连株逮，以致岁月奄延，狱户充斥”的状况，吴雨岩“到任初，首先出榜禁戢，又且夙夜不敢怠，每狱事大情已定者，简径断决。幸而饶州两狱岁首狱空。”在这个判决中，他就对两名“枉法受财，出入生死”的头名推吏进行了惩治，并且“长枷榜示各狱前，使往来观看，举手加额，道一声称快”。

另有一道“狱官不可取受”判，同样是涉及狱官贪腐，但吴雨岩却高抬贵手。究竟是什么情况，来看判词：

县尉若谓蝇矢之玷既磨，蛇杯之疑可释，此拟未敢闻命，原案特归过于下耳。本司所以不欲尽行者，为见县尉笔端才气尽有余，一眚难以累其终身。今从所乞，牒报还印纸。狱货非宝，惟府辜功。今为狱官，切望深以为戒。前辈谓掷金者，不如不顾者之为优，当时县尉留会于几格间，续方推出，便使不曾取受，此亦何啻瓜田李下。前程万里，敢以巡规，请本备示。

在这个案件中，被指控受贿的县尉申辩：“蝇矢之玷既磨，蛇杯之疑可释。”吴雨岩对此并不认可，他说：“之所以对其不予深究，主要是欣赏他的笔端才气，不想因其一时的过失而累其终身。”因此，最后判决“牒报还印纸”，也就是宣告无罪，官复原职。做出这一宽大处理，并非任意袒护，主要还在于县尉的过失尚属“蛇杯之疑”，因为当时他只是在几格间停留得久了一些，有“瓜田李下”之嫌，是否真的取受，并无确证。吴雨岩还认为：疑罪从无固然是法律准则，但对于一个官员来讲，还应当有更高的要求，不能就这样简单结案就算完事。于是又讲了这样一段语重心长的话，令其“深以为戒”：“狱官受贿，必遭重罚”，这是最低限度的要求。按照古人所讲，拾到金子又丢掉，远不如从一开始就不看金子一眼。为官者如果企图“前程万里”，就连瓜田李下的嫌疑都不应当允许。在这道判词里，虽然已经隐约有了一些“哀矜”的味道，但真正展现这一司法理念的，还是那道“母子兄弟之讼当平心处断”判：

> 听讼之法，公则平，私则偏。所谓私者，非必惟货惟来也，只缘忿嫉多而哀矜少，则此心私矣，所以不能作平等观。韩应之、韩闳，均许氏之子也。韩应之妻子之情深，则子母之爱衰；若韩闳则所谓阿奴常在目前者也。母爱小子，恨不衰长益少。韩应之乃不能胜，乃挟阿奴自刎之事以操持之，欲胜弟，是欲胜母也。应之自有罪，然挟母诉兄，谁实先之？为政者但见诬论可恶，锻炼使服，而不知此三人者，母子也，兄弟也，天伦也，奈何而不平心邪？当是之时，兄为官司所囚禁，虽欲哀告其母，拊循其弟，而其辞不得以自致，母与弟又自有哗徒主持，虽欲少贷其子，少全其兄，而其事不得以自由。外证愈急，而狱辞愈刻以深。于是不孝诬告之罪，

上闻于省部矣。若使信凭断下，应之死则死矣。许氏杀子，韩闵杀兄，以刃与讼，有以异乎？许氏何以为怀，韩闵又何以自全于天地间？幸而疏驳，当职遂得以选择好同官，俾之引上三人作一处审问。然后母子得以相告语，兄弟得以相勉谕，而哗徒不得以间隔于其间。融融怡怡，翻然如初，为政者先风化，刑杀云乎哉！财产乃其交争祸根，今已对定。若论韩应之、韩闵之罪，则应之难竟坐以不孝之罪，然亦有不友之罪；若韩闵则亦难免不悌之罪矣。然皆非本心也。最是前申谓应之不合谓其母不是我娘，欲坐以极典，但未审小弁之怨，孟子反以为亲亲，此一段公案又合如何断？今以应之、闵各能悔过，均可置之不问。但应之以阿奴自刎资给诬告一节，终难全恕。既全其天伦，合去其人伪，申省取自指挥，所有二据先照给。

开篇的一段话，提纲挈领，法理韵味十足。“惟货惟来”，语出《尚书·吕刑》：“五过之疵：惟官、惟反、惟内、惟货、惟来，其罪惟均。”货，贿赂也；来，干请也。都是造成听讼之私的重要因素。但吴雨岩认为，“所谓私者，非必惟货惟来也，只缘忿嫉多而哀矜少，则此心私矣，所以不能作平等观。”意思是说：徇私枉法，未必只有贿赂和干请才能导致。一味气冲霄汉，缺乏怜悯之心，亦是一种私心，亦能导致判案不公。在此案中，母子三人争讼，一时不可开交，其交争祸根不过是“财产”耳，但其母子兄弟关系却不因此而有改变。如果“为政者但见污论可恶”，机械适法，各加惩处，可能招致相互嫉恨，家破人亡。吴雨岩却不是这样做，而是“选择好同官，俾之引上三人作一处审问。然后母子得以相告语，兄弟得以相勉谕，而哗徒不得以间隔于其间。”结果当然是“融融怡怡，翻然如初”。

裁判之道，终究是“化干戈为玉帛”，而不是小事闹大。于家事人伦之争，更当如此。

吴雨岩提到的“哀矜”观，非常重要，我们有必要再展开说一说。“哀矜”一说，见于《论语·子张》：“孟氏使阳肤为士师，问于曾子。曾子曰：‘上失其道，民散久矣。如得其情，则哀矜而勿喜。’”士师就是古代的法官，阳肤做了法官，向曾子请教法官之道，曾子不说别的，只是让他“哀矜而勿喜”。可见“哀矜”对于法官是如何重要。“哀矜”的另一个说法是“钦恤”，见于《尚书·舜典》：“钦哉，钦哉，惟刑之恤哉！”朱熹对此疏解曰：“虽入于五刑而情可矜、法可疑，与夫亲贵、勋劳而不可加以刑者，则以此而宽之也。”与之相近的还有“仁恕”。例如沈家本在《寄簃文存·法学盛衰说》中谓：“不偏重于法，然亦不能废法而不用。”问题的关键是——如何用？他举秦“二世而亡”的例子说：“自商鞅以刻薄之资行其法，寡恩积怨而人心以离，李斯行督责之令而二世以亡，人或薄法学为不足尚。然此用法之过，而岂法之过哉。”所以他提出：“用法而行之以仁恕之心，法何尝有弊。”由沈家本的话我们可以体会到，“仁恕”属于法官的用法之道，不同的用法之道，决定了用法者的高下优劣。汉宣帝在划分“文吏”与贪酷之吏时，就是以

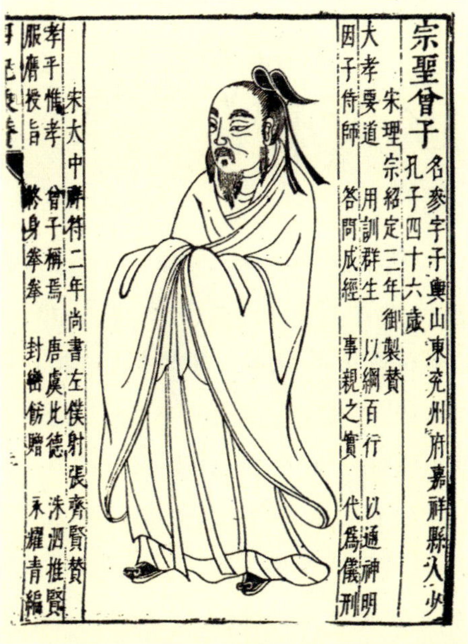

曾子像

韩舍人妻

"用法"作为标准："狱者万民之命，所以禁暴止邪，养育群生也，能使生者不怨，死者不恨，则可谓文吏矣。""今则不然，用法或持巧心，析律贰端，深浅不平，增词饰非，以成其罪。"

史籍当中，不乏"哀矜"之例。《汉书·吴祐传》讲过这样一个故事："安丘男子毋丘长白日杀人，以械自系，祐问长有妻子乎？对曰：有妻未有子。即移安丘，逮长妻，妻到，解其桎梏，使同宿狱中，妻遂怀孕。至冬尽行刑，长泣谓母曰：妻若生子，名之吴生。"清朝著名师爷汪辉祖亦擅此道，他在《学治续说·法贵准情》中说："余昔佐幕，遇犯人有婚丧事，案非重大，必属主人曲为矜恤，一全其吉，一愍其凶。多议余迂阔。比读《辍耕录》'匠官仁慈'一条，实获我心。匠官者，杭州行金玉府副总管罗国器世荣也。有匠人程限稽违，案具，吏请引决。罗曰：'吾闻其新娶，若责之，舅姑必以新妇不利，口舌之余不测系焉，姑置勿问。后或再犯，重加惩治可也。'此真仁人之言。"但也有不懂哀矜一味惨刻的官吏，汪辉祖接着就讲了一个反面的故事：

> 乾隆三十一二年间，江苏有干吏张某治尚严厉，县试一童子怀挟旧文，依法枷示。童之姻友环跽祈恩，称某童婚甫一日，请满月后补枷。张不准，新妇闻信自经。急脱枷，童子亦投水死。

汪辉祖感叹说："夫怀挟宜枷，法也。执法非过，独不闻律设大法，礼顺人情乎？满月补枷，通情而不曲法，何不可者，而必以此立威，忍矣！后张调令南汇，坐浮收漕粮，拟绞勾决。盖即其治怀挟一事，而其他惨刻可知。"

《旧唐书》中记载过一则康买得救父杀人致死案，也提到过"哀矜"。原文如下：

> 二年四月，刑部员外郎孙革奏："京兆府云阳县人张莅，欠羽林官骑康宪钱米。宪征之，莅承醉拉宪，气息将绝。宪男买得，年十四，将救其父。以莅角觝力人，不敢撝解，遂持木锸击莅之首见血，后三日致死者。准律，父为人所殴，子往救，击其人折伤，减凡斗三等，至死者，依常律。即买得救父难是性孝，非暴；击张莅是心切，非凶。以髫丱之岁，正父子之亲，若非圣化所加，童子安能及此？《王制》称五

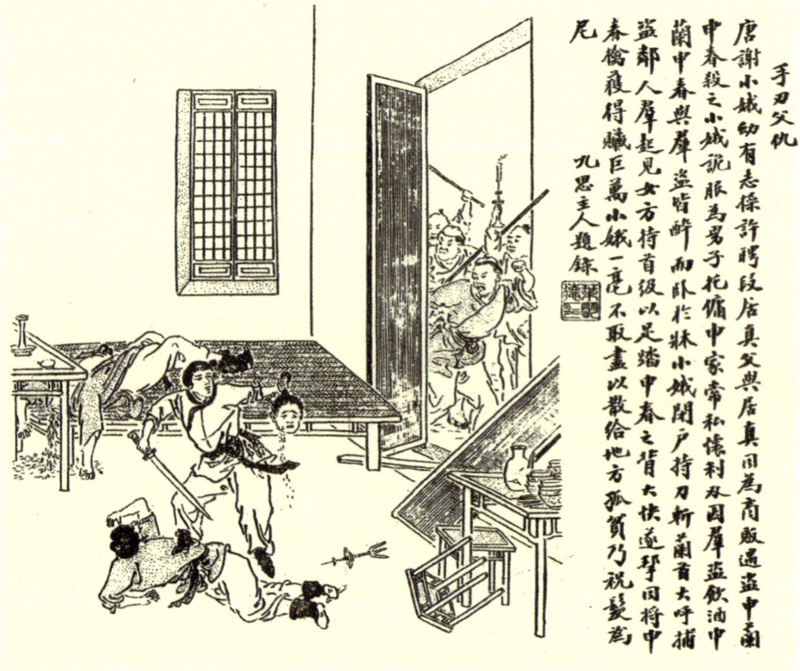

手刃父仇

刑之理，必原父子之亲以权之，慎测浅深之量以别之。《春秋》之义，原心定罪。《周书》所训，诸罚有权。今买得生被皇风，幼符至孝，哀矜之宥，伏在圣慈。臣职当谳刑，合分善恶。”敕：“康买得尚在童年，能知子道，虽杀人当死，而为父可哀。若从沉命之科，恐失原情之义，宜付法司，减死罪一等。”

这个故事也说明，若要“哀矜”，就须“原情”。所谓“原情”，也就是“原其本情”。所谓“本情”，法史学者江玉林谓：“乃是就一切与系争狱案的情状有所关联的各种因素，其中不仅包括了行为事实、类型、手段、行为发生的条件等各种客观的因素，还包括了行为人内心的动机、目的，以及甚至是行为人的性格等主观的因素。”以康买得救父杀人案为例，皇上之所以亲自批准“减死罪一等”，就是考虑到了以下诸般情事：死者张莅欠钱不还；张莅首先承醉拉宪，致其“气息将绝”；“买得尚在童年”；系“父为人所殴，子往救”；“救父难是性孝，非暴；击张莅是心切，非凶”。总之，“幼符至孝”，方得“哀矜之宥”；反之，“若从沉命之科，恐失原情之义”。

吴雨岩在判词中明确提出“哀矜”观，也与宋朝尤重“哀矜”的大背景有关。建国初，太宗于雍熙三年九月八日发出的一道诏书就提到了“哀矜”。诏曰：夫刑法者，理国之准绳，御世之衔勒。重轻无失，则四时之风雨弗迷。出入有差，则兆人之手足何措。念食禄居官之士，皆亲民决狱之人。苟金科有昧于详明，则丹笔若为于裁处。用表哀矜之意，宜行激劝之文。宋太宗在另一道诏书中还使用了“钦恤”的概念：“庶政之中，狱讼为切，钦恤之意，何尝暂忘。盖郡县至广，械系者众，苟有冤抑，即伤至和。”

“哀矜”观在宋代官吏中可说深入人心，例如曾知全州、饶州，做过两浙转运判官的胡太初在《昼帘绪论·临民篇第二》中云：“爱民之要，尤先于使民远罪。……其或有犯，到官哀矜而体察之，照法所行与杀一等，亦忠厚之德也。若悉欲尽法施行，则必流于酷矣。昔卓茂为密令，谕其民曰：‘我以礼教汝，汝必无怨恶；以律治汝，汝何所措其手足乎？’吁！此仁人之言也，凡为令者，宜写一通，寘之座右。”欧阳修的父亲也做过法官，欧阳修曾在《泷冈阡表》里这样写他的父亲：“尝夜烛治官书，屡废而叹。吾问之，则曰：‘此死狱也，我求其生不得尔。’”许倬云在《九堂中国文化课》里提到了这个故事，并说：“这就是哀矜而勿喜。”他更进一步解读说：

欧阳修像

很多人认为，找到案情，把案子破了，是大好的事情，但案子破了应该是哀矜的，是悲痛的。为什么有人要犯天之大不韪，做出这种事情？所以即便破了案，心里仍是难过的。欧阳修的《泷冈阡表》表达出他理想中真正的好法官就是他的父亲这样的。法律不是权威，是春风，所以要以人情为先，和为贵。法律惩罚人，是件令人难过的事情，总是要求其生而不得，在不得已情况下才求其死。

“半亩方塘一鉴开，天光云影共徘徊。问渠那得清如许，为有源头活水来。”宋朝法官爱讲“哀矜”，也跟宋代法理学发达不无关系。许倬云说：“近代以来，中国一直搞不出法理学。”但中国古代是曾经有法理学的，“法理学出现于宋代。”为什么会出现于宋代？这是因为，“真的要讲中国的法理学，要从儒家上面思考。”而“宋朝是中国儒生最得势的时代”，理学家出了一大批。所以，“南宋的判例里，儒家的精神渗透非常深，法理学出来了。”南宋最大的理学家朱熹也曾反复讲到“钦恤”，但他的长处是并不执于一端，强调不能一味讲钦恤而徇情废法。他说：“所谓钦恤者，欲其详审曲直，令有罪者不得免，而无罪者不得滥刑也。”他进一步解释说：“人命至重，官司何故斩之于市？盖为此人曾杀那人，不斩他，则那人之冤无以伸，这爱心便归在被杀者一边了。然古人‘罪疑惟轻’、‘与其杀不辜，宁失不经’，虽爱心只在被杀者一边，却又溢出这一边些子。”

当时也有一些法官，“惑于钦恤之说”，“当斩者配，当配者徒，当徒者杖，当杖者笞”，“殊不念死者之为无辜”。朱熹认为，这根本不是“钦恤”，实乃“卖弄条贯，舞法而受赇者耳”。许月卿《百官箴·提典刑狱箴》指出：“仁于恶人，弗仁于善，以是为仁，违仁甚远。”这一理念，在吴雨岩的司法实践中也是得到贯彻的，他虽然强调“哀矜”，但对于罪大恶极者却是“不容不与严行”。“宗室作过押送外司拘管爪牙并从编配”判就是如此：

> 刑故无小，三细不宥，以细罪小罪，犯至于三，事出于故，犹且不宥，何况罪大恶极。有如赵若陋，若不痛惩，则哗徒无所忌，奸民无所惧，而善良不得以安其居矣。赵若陋者，专置哗局，把持饶州一州公事，与胥吏为党伍，以恶少为爪牙，以至开柜坊，霸娼妓，骗胁欺诈，无所不有。然亦官司有以纵之，今不暇尽述其过恶。谓如鲁海，被若陋粧造胁诈，以致死于非命，当时为地，只决竹篦三十，此一次漏网也。前政郡守知其奸恶，因教艾氏挂幡述冤事，方行追究，若陋奉身鼠窜，竟追不到，此二次漏网也。去秋士子群集秋试，若陋輙将夏斗南凶打，士子不甘，欲求直于有司，一时士子虽婉转争竞，然事有所因，官司乃痛治士子，而不问若陋，是又数数为恶，不止漏网而已。昨者之窜，犹有惧心，既而来归，已怀玩意。当职到司之初，得于咨访，谓此州不去此恶，则善良有不得其死者，非特不得安其居而已。然区区之意以人治，人改而止。遂因监赃钱判云：余人赃钱并放，若陋赃若不监，更监何人。所以露意者，正望其改过。輙敢于除夜因赌局打人，略无忌惮，

则是非惟不畏州郡，视监司如无矣。法不行于近，何以及远，耳目所及，犹置不问，则一道之哗徒奸民相视而动，岂不重为一道害，不容不与严行。若陋罪如山积，郡狱刻木，皆其党与，所勘百不及一，然合州士民之所愿痛治者，事既从众，允合人心。申省及宗司，将若陋押送外宗拘管，并移其家。所有陈念三、陈万三并系其爪牙，亦自有司置柜坊本罪。内陈念三系已配逃回，又占据娼妓一家二人，牒州将陈念三决脊杖十三，填刺押回原配所。其王四姐并妹，并付官牙，改嫁从良。陈万三追上杖一百，送邻州编管。余人候再有犯到官，追上断刺。

“事既从众，允合人心”。司法裁判只有顺应了人民的共同意愿，人民才会交口称赞，额手相庆。

叁贰

一生拗性旧秋崖

《清明集》里还有一位判词高手，唤作秋崖。秋崖是号，本姓方，名岳，字巨山，祁门人。却说这方岳，本色竟是一位诗人，有《秋崖小稿》行于世。钱锺书《宋诗选注》一口气选了他三首，并有这样的评价：

> 南宋后期，他的诗名很大，差不多比得上刘克庄。看来他本来从江西派入手，后来很受杨万里、范成大的影响。他有把典故成语组织为新巧对偶的习惯，例如元明以来戏曲和小说里常见的“不如意事常八九，可与语人无二三”这一联，就是他的诗。

钱锺书说的那首诗叫做《别子才司令》，全文是这样的：“不如意事常八九，可与语人无二三。自识荆门子才甫，梦驰铁马战城南。”写这首军旅诗时，方岳出道不久，担任兵部侍郎、淮东制置使兼知扬州赵葵的幕下干官。端平二年，窝阔台率蒙古大军南侵，

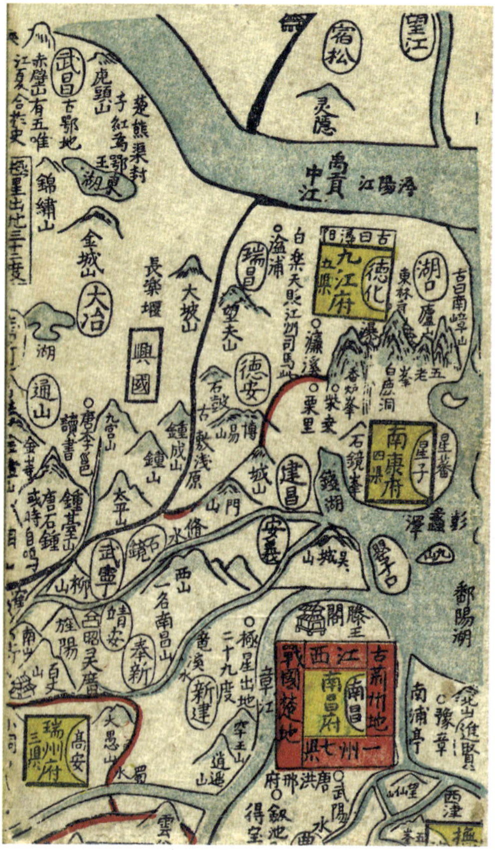

南康及其周边

两淮边防亦紧，高邮就爆发了军哄事件，方岳受命平定其变，“戮首恶数人，一城帖然”。赵葵曰：“儒者知兵，吾巨山也。”

不过给我印象最深的，是另一首《甘蔗》，其诗云：“老境于我渐不佳，一生拗性旧秋崖。笑人煮箦何时熟，生啖青青竹一排。”“一生拗性”，真是活脱脱画出他的性格。有意思的是，方岳的“拗性”，还专爱冲着当朝丞相去撒。第一个撞上枪口的是史弥远。据洪焱祖《方吏部岳传》讲，“岳七岁能赋诗”，长入郡庠，“文章气概名天下”，不意在科举考试中因为语侵史弥远，吃了大亏。方回在《跋方秋崖壬戌书》中讲：“邵定壬辰，秋崖别省第一人，殿试本亦第一，以语侵弥远，为甲第第七人。”

史弥远之后是史嵩之。《方吏部岳传》云：“先是，史嵩之在鄂渚，王楫划江协和，嵩之主和议。秋崖代葵稿书，责嵩之，以此取怒。”后来嵩之入相，方岳乃遭挟嫌报复，致使在家闲居四年之久。

四十九岁时，好不容易才又东山再起，除知南康军，但他仍旧脾性不改，又在此任上与另一权相、时任京湖制置使兼湖广总领的贾似道大干一场。《方吏部岳传》记此事甚详：

知南康军，郡当杨澜左蠡之冲，风涛险恶，置闸以便泊舟。湖广总领所纲梢，据闸口，邀民钱万，始得入闸。民船有覆溺者。取纲梢榜之百。京湖阃兼总领贾似道怒，谓无体统，移文令岳具析。岳怒谓：湖广总领所，岂可于江东郡寻体统？大书判数百语，有曰："岂不知天地间有一方岳。"

乾隆时人陈淼说："观其复贾似道书，有曰'岂不知天地间有一方岳'，斯言非惟使当日权奸丧魄，虽千载而下，读之犹觉凛凛然有生气。"方岳复贾似道书的全文，周密《齐东野语》有记载，读来真是荡气回肠。

总领虽大，湖广之尊；南康虽微，江东列郡。当职奉天子命，来牧是邦，初非总领之幕客，亦非湖广之属郡。军无纪律，骚动吾民；国有常刑，合从断遣，此首臣职也，于都吏何与焉？

据说，"贾公得牒，不胜其愤，遂申朝廷，乞行按劾。于是朝廷俾岳易邵武以避之。去郡日，有士人作大旗，书一诗以送之，曰：'秋崖秋壑两般秋，湖广江东事不侔。直到南康论体统，江西自隔两三州。'"

所谓"秋崖秋壑两般秋"，秋崖自不待说，秋壑则是贾似道的号。"两般秋"，一秋是君子，一秋是小人，但君子与小人斗，败下阵来的总是君子。所谓"直道难行而诡遇易售，正不足以胜邪，大抵

贾似道弄权居葛岭

然也”。但方岳所要面对的小人，后面还有，也是一位国相，蓝面奸臣丁大全是也。那是在宝祐四年，得右相程元凤举荐，方岳出知袁州，不久，丁大全为右相兼枢密使，“以书属事”，令方岳为他“差船”、“买钉”，以造私宅，方岳“不从”。丁大全乃嗾使江州制置副使袁玠劾罢方岳官职，甚至夺其考功印历，逼其“售田业偿之”。方岳于印历之上忿然题诗：“一钱太守今贪吏，五柳先生歙富民。”自此再无出仕之意，年六十四卒于故里荷嘉坞。

许多年后，清代一位叫李汎的，还在为秋崖的“禾生于莠”不胜唏嘘：

呜呼！先生之道虽晦于当时，先生之文则显于今日，不亦慰哉！虽然，诵其诗，读其书，不知其人可乎！观其不与相使之求，廉也；不应客将之请，重也；不入淮阃之幕，介也；不准荆阃具析而还其文，刚也；鞞舟横境而榜之百，严也；廷对不讳，鲠也。特此屡挫而气不挠，虽困而节不移，屹然壁立，不可以犯，非自孟氏泰山岩岩中来邪！此尤为后人者之所当法。

这样一种刚介执拗、不畏强权的性格，天生就是做法官的材料。方岳仕途虽然短暂，但在历任南康、邵武、袁州太守期间，充分展现了他理讼治狱的非凡才能。《名公书判清明集》选录他的判词不算最多，但质量很高，独具特色。有意思的是，这些判词一反他“拗性”的本色，处处可见力透纸背的宽恕与仁厚。方岳亦是理学家，私淑朱子之学。巧合的是，他作为地方主官的第一个治所南康军，亦曾是朱熹做太守的地方。更巧的是，他们俩都是四十九岁那年入境南康。像他的前任一样，他也倡导仁政，关心民瘼，“圣朝本仁厚，鼠辈亦吾儿”，“天与君王共一仁，只将仁与物为春”，是他的治世理想。移风易俗，教化为先，在他的判词中历历可观。例如在袁州任上，他有一道“惩教讼”判，立誓“为尔袁一洗之”，追回韩愈任太守时的淳厚风俗：

袁自韩文公时，称为民安吏循，守理者多，则其风俗淳厚，盖已久矣。不知何时有此一等教讼之辈，不事生业，专为嚣嚣，遂使脑后插笔之谣，例受其谤。为长吏者，要当为尔袁一洗之。太守入境之初，犹未交印，纷然遮道，谕遣复前，已厌其为喜讼矣。有一髫者，试呼而问之：“年几何？”曰：“十二。”“能书乎？”曰：“不能。”“则状谁所书也？”

曰："易百四郎。"心已知其为教讼之人，不可不追。问所以，则又有甚焉。盖易从书铺也，岂不知年尚幼，法不当为状首，而教之讼，其罪一。陈念三，后夫也，法不当干预前夫物业，而教之讼，其罪二。新知县方到，未给朱记，法不当为人写状，而教之讼，其罪三。初开杖封，政当断以奸猾，以厚风俗。从轻杖一百，枷项本州，其四县各令众五日，镂榜晓谕。后有教讼，非杖一百所能断也。勉自改业，毋犯有司。

又有一道"禁赌博有理"的榜文，也是从整治民俗出发：

四民之所不收，百害之所必至，始而赌博，终而盗贼；始而嬉戏，终而斗殴；始而和同，终而必争。败事丧家皆由此始，固官司之所必禁也。然禁戢者有司之责，信必者当职之令，有敢狃于习俗，视为故常，官有明条，决脊无容恕。备榜晓谕：输钱人自首，特原其本罪，追还其钱，却将赢钱人依条断令。

在这道榜文中，一方面明确宣布对于赌博恶习"官有明条，决脊无容恕"；另一方面，又给足从宽政策，申明如果"输钱人自首"，不仅可以"原其本罪"，政府还帮其"追还其钱"，只是"将赢钱人依条断令。"

在具体个案中，"亦可谓极其宽恕矣"的例子亦比比皆是。例如"进纳补官有犯以凡人论"判：

既是曾仕宦，必知上下之分、宾主之礼、朝廷之法也。一监税见州郡，礼固有数，乃敢大庭广众极口肆骂。入公门鞠躬如也，固如是乎？刘监税虽小官，然而袁州见任也，奉命守职，开锁放船，而乃两人露巾扭拽，以至州衙，殊骇闻听。据诸仆所供，乃知是妄。一进纳、七色补官，有犯以凡人论，而敢猖狂至于此乎！且其自书曰承信郎，而诸仆以为进武校尉，则是诈称官呼矣。张指使观其酒如已醒，请来问。

一个通过交纳钱粮买取官爵的小吏，不仅撕扯履行职务的官员的官服，甚至大闹郡府，经讯问他的仆人，还存在“诈称官呼”的问题。方岳虽然觉着“殊骇闻听”，但却没有急着发威，因见其是酒后生事，便吩咐张指使待他酒醒后再加审问。案子查清楚了，结果却是放人，背后究竟是如何考量？方岳在“免缴出身文字断仆讫申曹司并申部照会”判中写得非常清楚：

鬻爵多财，士类所不齿。然既已从仕，便当循规守矩，顾乃猖狂妄行，自同小辈。当职虽不肖，然袁州朝廷之一部，入公门如不容，而大声疾呼，略无忌惮，是无州郡也。刘监税奉州郡之命，点放船只，有司之守也。何物小吏，敢毁其冠、裂其衣，通都大衢，观瞻甚骇，是无有司也。朝廷爵级，所以励世磨钝，岂容妄自增加。校尉也而辄称承信，是无朝廷也。无州郡可也，无有司可乎？无有司可也，无朝廷可乎？本合缴出身文字，申朝廷、取指挥，又念千钧之弩，不为鼷鼠发机。案以绫纸责还，令其逐项交领。其点到客货客船亦一并还之，并取领附案，两仆佥厅决二十，放。当职所以待之，亦可谓极其宽恕矣，然观此辈，必一小人，道遇洪都，安知其不妄有陈溷。备具本末申漕司，并申部照会。

方岳手下留情的主要考虑是:“本合缴出身文字,申朝廷、取指挥,又念千钧之弩,不为鼷鼠发机。”通俗一些讲,就是“杀鸡焉得用牛刀”。酒后失态，大闹府衙，说大也大，说不大也不大。方岳的判词，规矩讲得不能再明白了，他觉着这也就够了，法律之弩，还是留待射向那些更值得一射的豪横奸徒罢。

得饶人处且饶人，不是遑顾是非，不是放弃原则，不是徇情枉法，而是有着更为宽广的仁厚之念。来看一道“诉族人行盗”判：

骆伯友诉所失，不过锡瓶、布袋耳，而搜之族，则功缌之亲也。昔人有遭盗者，曰：“幸深夜无人知，吾若执尔，遂使尔终身受盗贼之名，吾不忍也。”彼于凡人尚能如此，而况同曾大父之叔姪乎！遂使干连者数人，缭绳者数月，学者不如此也。学司除学籍，余人放。

“吾若执尔，遂使尔终身受盗贼之名，吾不忍也。”古人的这一理念颇为发人深思。盖刑罚之具，在于惩恶扬善，维护良好的社会秩序，但若“锡瓶、布袋”者流，动辄送狱，狱满为患不说，那人也一日为贼，终身为贼，遂为社会之对立面矣。尤可恐怖之处在于，其背后例有受其牵连之亲故，则负面情绪难保不会以几何级数无限放大。此维稳乎？此为不稳乎？

方岳之为方岳，决非一意从宽，而是当宽者必宽，不当宽者毫不含糊。而在这宽与不宽之间，则透出厚人伦、美教化的鲜明导向，成风化人，润物无声。这方面的经典之作，当推“祖母生不养死不葬反诬族人”判：

阿王生而孤老，所当供养者其子孙也；死而葬埋，所当经理者其子孙也。子孙零落，独有一胡师琇尚存，乃飘弃出家不顾。祖母生则族人养之，死则族人葬之，为师琇者，尚何面目立天地之间哉！族人裒金而葬，以其不利也而迁焉，与其他发掘塚墓不可同年而同语也。使当职处此，迁葬者本自无罪可科。今所司既为将两人勘锢，监迁原处，为师琇者亦可已矣，至经上台，嚣讼不休。然则养其祖母，葬其祖母者，乃师琇之仇人邪？不可谓知恩报恩者矣！此盖贩卖丘中之骨未满其意。亲死之谓何？又因以为货，不孝者也。在法：“供养有缺者，徒二年。”此师琇祖母在时之刑也。“骨肉相弃，死亡不躬亲葬敛者，于徒二年上重行决配。”此师琇祖母死时之刑也。罪在“十恶”之地，从轻杖一百，编管邻州，申，照会。

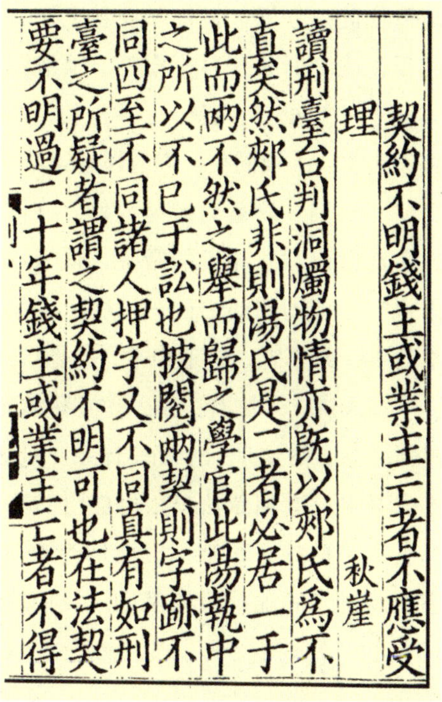
契約不明錢主或業主亡者不應受理　　秋崖
讀刑臺台判洞燭物情亦既以鄭氏爲不直矣然鄭氏非則湯氏是二者必居一于此而兩不然之舉而歸之學官此湯執中之所以不已于訟也披閱兩契則字跡不同四至不同諸人押字又不同真有如刑臺之所疑者謂之契約不明可也在法契要不明過二十年錢主或業主亡者不得

方秋崖判词书影

生不养死不葬，律有明条，罪有应得。被诬的族人，正是生则养其祖母，死则葬其祖母之辈，“自无罪可科”。本案的难点，在于做善事的族人因为觉着不吉利，又将其祖母的坟墓迁葬。胡师琇正是抓住此点，以“发掘”坟墓之罪将其诉至官府。祖墓神圣，不可侵犯，法之所禁，自古而然。《清明集》中，亦不乏此类讼争。蔡久轩“一视同仁”判就云：“岂特姨妳坟不可动，虽古墓亦不可动也。国家法律，一视同仁，岂有所轻重哉！”族人毕竟动了人家的祖墓，具备“发掘”坟墓的行为要件，换作一般官吏，当会依律定罪，但方岳却做出截然相反的裁决，认为“与其他发掘塚墓不可同年而同语也”。他的高明之处，就在于不是只盯着法律的具体条款，而是本其事，原其志，轻重相举，以德坊民。

古人讲：“法有正条，理宜科结。”但法律绝不仅仅只是指某个具体条款，法律是一个完整体系。只知其一，不知其二；攻其一点，不及其余，看似依法，很可能恰与法律的精神背道而驰。方岳无疑具备很强的体系思维，这也是他能够“不畏浮云遮望眼”，法理事理情理理理相通的重要基础。我们此前说到过的“契约不明，钱主或业主亡者不应受理”判，就是一个突出例证：

> 读刑台台判，洞烛物情，亦既以郑氏为不直矣。然郑氏非，则汤氏是，二者必居一，于此而两不然之，举而归之学官，此汤执中之所以不已于讼也。披阅两契，则字迹不同，四至不同，诸人押字又不同，真有如刑台之所疑者，谓之契约不明可也。在法：契要不明，过二十年，钱主或业主亡者，不得受理。此盖两条也。谓如过二十年不得受理，以其久而无词也，此一条也。而世人引法，并二者以为一，失法意矣！今此之讼，虽未及二十年，而李孟传者久已死，则契之真伪，谁实证之，是不应受理也。合照不应受理之条，抹契附案，给据送学管业。申部照会。

能将“法意”融会贯通，此其一也；能够将“法意”准确完美地表达出来，此又一也，二者缺一不可。方岳族裔方谦尝云：“文岂易言哉，亦岂易传哉！”方岳的诗词文章能够代代相传，除了性格为人之“雄才奇气”，文字本身之“以意为之，语或天出”，也是一个重要因素。秋崖之好，好就好在不仅诗好，词也好，判词更好。这道“寺僧争田之妄”判，就具有“天出”之美，那一连十“妄”，既营造出一股排山倒海之势，又有如一根丝线，将纷纷然诸般情状，串联得井然有序：

妙缘院可谓无理而嚣讼者矣。执出砧基，独无结尾一板，安知非经界以前之废文，去其岁月，以罔官府之听乎？其妄一也。以此难之，则曰绍兴十九年，江西经界已成，此其年之砧基也。既无岁月，何凭为绍兴十九年之砧基乎？其妄二也。假如其说真为经界文书，而吴承节公据，又在绍兴三十年，如此则前十年之文书，久已为废纸矣，其妄三也。吴承节公据，乃官司备坐敕旨，将没官户绝田出卖，明言：“承买妙缘院违法田产”，时则此田，乃没官之田，非常住之业，其妄四也。出卖没官之田，乃是绍兴二十八年指挥后之公据，请买之时，岁月正合，而谓之强占，其妄五也。吴氏纳钱于官，初非买田于寺，而谓寺院香火不绝，断无卖之理，其妄六也。自绍兴三十年，至淳祐十二年，凡九十三年为吴氏之业，而一日兴词，其妄七也。合而言之，此田乃妙缘院违法没官之田，官司之所召卖者，于寺僧何与焉？违法于百年之前，嚣讼于百年之后，其妄八也。批阅案卷，凡经五断，而章司户所拟，特为明允。寺僧敢污以货，谓之怨断，其妄九也。以“交易法”比类言之，“契要不明，而钱业主死者，不在受理。”

今经百年，吴氏为业者几世，寺僧无词者几传，而乃出此讼，其妄十也。僧中罗刹，非斯人也而谁？本合重科，以赦漏网。吴承节执据管业，妙缘砧基批凿给付，如敢顽讼，则讼在赦后，幸不可再矣！门示。

明朝的时候，盛时选将出按辽左，临行前见到张四维自《永乐大典》撮录之《名公书判清明集》，取而阅之，谓“读律者必知此，庶几谳拟不谬”，遂携入辽。谳拟，也就是我们所说的撰写裁判文书。又是许多年过去了，当我们今天知道了方岳以及方岳同僚们的这些判词，庶几也会有所收获罢。

图版目录

壹　判词之萌芽

贰　老狱吏与五经博士

叁　董仲舒这样决事比

肆　引经断狱有回响

伍　科举与判词的繁荣

拾壹　乱七八糟的五代

拾贰　从《疑狱集》到《棠阴比事》

拾叁　唐宋变革与有唐余波

拾肆　苏东坡、秦观、王安石

拾伍　你一定要看《清明集》

拾陆　故事里的事

贰陆　名与节，久轩久

贰柒　刘克庄剖决如神

贰捌　是法医鼻祖，亦是判词高手

贰玖　吴恕斋情法两宜

叁拾　别白是非有范公

叁壹　吴雨岩的哀矜观

叁贰　一生拗性旧秋崖

引用和参考书目

B

《包公案》,(明)无名氏编撰,台北,三民书局股份有限公司2008年版。

《包拯集校注》,(宋)包拯撰,杨国宜校注,黄山书社1999年版。

《包拯年谱》,孔繁敏编,黄山书社1986年版。

《白居易》,王拾遗著,上海人民出版社1957年版。

《白居易文集校注》,谢思炜校注,上海人民出版社2011年版。

《白樂天》,[英]Arthur David Valey著,[日]花房英樹訳,株式會社みすず書房1988年版。

《白乐天的世界》,[日]下定雅弘著,李寅生译,凤凰出版社2017年版。

《白居易评传》,刘维崇著,台北,台湾商务印书馆股份有限公司1996年版。

《白氏长庆集》,(唐)白居易撰,上海古籍出版社1994年版。

《北宋文化史论》,陈植锷著,中华书局2019年版。

《病榻梦痕录/双节堂庸训/吴中判牍》,(清)汪辉祖、(清)蒯德模撰,梁文生、李雅旺校注，江西人民出版社 2012 年版。

《博古叶子》，袁剑侠主编，河南美术出版社 2016 年版。

《伯希和北京日记》，萧菁译，广西师范大学出版社 2017 年版。

《伯希和西域探险日记》，［法］伯希和著，耿昇译，中国藏学出版社 2014 年版。

C

《蔡氏九儒》，祝熹著，海峡书局 2015 年版。

《蔡元定、蔡沈父子易学思想阐释》，庹永著，中国社会科学出版社 2017 年版。

《蔡元定：闽学干城》，祝熹编著，福建人民出版社 2017 年版。

《藏书家陆心源》，徐桢基著，陕西人民教育出版社 2007 年版。

《朝野佥载辑校》，（唐）张鷟撰，郝润华、莫琼辑校，山东人民出版社 2018 年版。

《陈洪绶版画》，陈传席编著，河南大学出版社 2007 年版。

《程树德讲汉律考》，程树德著，河海大学出版社 2020 年版。

《传统中国法律的理念与实践》，柳立言主编，台北，中央研究院历史语言研究所 2008 年版。

《传统中国的犯罪与刑罚：以〈水浒传〉为素材》，张学亮著，北京大学出版社 2020 年版。

《传统中国法的精神》，［英］马若斐著，陈煜译，中国政法大学出版社 2013 年版。

《词及其周边》，［日］中原健二著，陈文辉译，上海古籍出版社 2019 年版。

《从诉讼档案出发》，［美］黄宗智、尤陈俊主编，法律出版社 2009 年版。

D

《大汉学家高罗佩传》，[荷兰]C.D. 巴克曼、H. 德弗里斯著，施辉业译，海南出版社 2011 年版。

《大宋清官周敦颐》，黄新姿著，中国方正出版社 2016 年版。

《大潭乡贤》，刘建著，海峡书局 2015 年版。

《大英博物馆里的中国史》，霍吉淑著，顾雯、谢燕译，台北，联经出版事业股份有限公司 2020 年版。

《家庭故事》，[英] 丹宁勋爵著，刘庸安译，法律出版社 2000 年版。

《狄仁杰奇案》，[荷兰] 高罗佩著，新加坡南洋出版社 2020 年版。

《狄仁杰传》，林文玉著，商务印书馆 2019 年版。

《东洋的古代》，[日] 宫崎市定著，[日] 砺波护编，马云超、张学锋、石洋译，中信出版社 2018 年版。

《东洋的近世》，[日] 宫崎市定著，[日] 砺波护编，张学锋、陆帅、张紫毫译，中信出版社 2018 年版。

《董仲舒》，韦政通著，台北，东大图书公司 1996 年版。

《董仲舒》，周桂钿、吴锋著，吉林文史出版社 1997 年版。

《窦娥冤》，关汉卿撰，王星琦校注，台北，三民书局股份有限公司 2020 年版。

《敦煌藏经洞史话》，沙武田编著，甘肃人民出版社 2019 年版。

《敦煌古代法律制度略论》，李功国主编，中国社会科学出版社 2021 年版。

《敦煌吐鲁番唐代法制文书考释》，刘俊文著，中华书局 1989 年版。

《敦煌学百年史述要》，高国藩著，台北，台湾商务印书馆股份有限公司 2013 年版。

《敦煌学概论》，姜亮夫著，香港中和出版有限公司 2020 年版。

F

《法律的故事：中国人的法律智慧》，刘峰著，中国法制出版社 2017 年版。

《法律的故事》，[美]赞恩著，于庆生译，中国法制出版社 2014 年版。

《法律史解释》，[美]罗斯科·庞德著，邓正来译，商务印书馆 2013 年版。

《发现藏经洞》，[英]奥雷尔·斯坦因著，姜波、秦立彦译，广西师范大学出版社 2020 年版。

《法意与人情》，梁治平著，广西师范大学出版社 2021 年版。

《范仲淹》，吴季桓著，台北，名人出版事业股份有限公司 1982 年版。

《范仲淹评传》，芦荻著，香港荣誉出版有限公司 2000 年版。

《范仲淹全集》，（宋）范仲淹撰，李勇先、刘琳、王蓉贵点校，中华书局 2020 年版。

《樊山政书》，樊增祥著，中华书局 2007 年版。

《非常说法：中国戏曲小说中的法文化》，郭建著，中华书局 2007 年版。

《风雅宋：看得见的大宋文明》，吴钩著，广西师范大学出版社 2018 年版。

《枫窗小牍·黄氏日抄·古今纪要逸编》，商务印书馆 1939 年版。

G

《高加索灰阑记》，贝托尔特·布莱希特著，张黎译，上海译文出版社 2012 年版。

《高罗佩事辑》，严晓星编，西泠印社出版社 2019 年版。

《高罗佩传》，[荷兰]C.D. 巴克曼、H. 德弗里斯著，施辉业译，海南出版社 2011 年版。

《皋陶与六安》（第一集），何超主编，黄山书社 1993 年版。

《皋陶与六安》（第二集），何超、孟世凯主编，黄山书社 1997 年版。

《耕织图》，袁剑侠主编，河南美术出版社 2016 年版。

《公牍学史·牍髓》，许同莘著，河南人民出版社 2016 年版。

《古代判词三百篇》，陈重业辑注，上海古籍出版社 2009 年版。

《古代判词选》，高潮主编，群众出版社 1981 年版。

《古典文学版画》，张满弓编著，河南大学出版社 2004 年版。

《古今画谱》，袁剑侠主编，河南美术出版社 2016 年版。

《古文旧书考》，［日］岛田翰撰，杜泽逊、王晓娟点校，上海古籍出版社 2017 年版。

《癸辛杂识》，（宋）周密撰，吴企明点校，中华书局 1988 年版。

《国宝流散——藏经洞纪事》，王冀青著，甘肃教育出版社 2017 年版。

《国史大纲》，钱穆著，商务印书馆 2017 年版。

《国学概论》，章太炎讲演，曹聚仁整理，中华书局 2009 年版。

H

《哈佛极简中国史》，［美］阿尔伯特·克雷格著，李阳译，中信出版社 2016 年版。

《海遗丛稿（初编）》，牟润孙著，广西师范大学出版社 2020 年版。

《汉唐法制与儒家传统》，黄源盛著，中华书局 2009 年版。

《话说大宋提刑官》，黄瑞亭、陈新山著，军事医学科学出版社 2011 年版。

《华夏图志》，方曦闽著，江苏人民出版社 2020 年版。

《淮海居士长短句》，（宋）秦观著，徐培均校注，上海古籍出版社 1985 年版。

《黄榦传》，黄家鹏著，团结出版社 2019 年版。

《黄榦：朱子学第一传人》，路漫编著，福建人民出版社 2017 年版。

《黄勉斋先生文集》，黄榦撰，商务印书馆 1936 年版。

《黄勉斋学术研究文集》，福建省姓氏源流研究会黄氏委员会 2000 年编印。

J

《寄簃文存》，沈家本著，商务印书馆 2015 年版。

《建阳蔡氏九儒研究文选》，建阳市地方志编纂委员会、建阳蔡氏九儒学术研究会 1997 年版。

《简牍法制论稿》，李均明著，广西师范大学出版社 2011 年版。

《剑桥中国宋代史》，［英］崔瑞德、［美］史乐民编，宋燕鹏等译，中国社会科学出版社 2020 年版。

《剑桥中国文学史》，孙康宜、宇文所安主编，台北，联经出版事业股份有限公司 2016 年版。

《近思录》，（宋）朱熹、吕祖谦撰，斯彦莉译注，中华书局 2011 年版。

《经典常谈》，朱自清著，中华书局 2009 年版。

《静嘉堂文庫藏名公書判清明集》，古典研究会 1964 年版。

《九朝律考》，程树德著，中华书局 2006 年版。

《九堂中国文化课》，许倬云著，广西师范大学出版社 2020 年版。

K

《科举》，［日］宫崎市定著，宋宇航译，浙江大学出版社 2018 年版。

《科举史话》，李尚英著，社会科学文献出版社 2011 年版。

《孔圣家语图·孔门儒教列传》，上海古籍出版社 1994 年版。

L

《历代周敦颐文集序跋目录汇编》，粟品孝编，上海古籍出版社 2020 年版。

《理念与行止：黄榦研究》，单晓娜著，中国社会科学出版社 2014 年版。

《理与法：法的历史连接（修订本）》，马小红著，北京大学出版社 2017 年版。

《两汉语类文献生成及文体研究》，夏德靠著，中华书局 2019 年版。

《梁启超论中国法制史》，梁启超著，商务印书馆 2012 年版。

《刘克庄的文学世界——晚宋文学生态的一种考察》，侯体健著，复旦大学出版社 2013 年版。

《刘克庄评传》，詹淑海著，海峡文艺出版社 2017 年版。

《刘克庄：宋末文坛领袖》，詹淑海著，福建人民出版社 2017 年版。

《刘克庄与南宋后期文学研究》，王述尧著，东方出版中心 2008 年版。

《刘克庄与南宋学术》，王宇著，中华书局 2007 年版。

《刘克庄文化研究》，刘汉清主编，厦门大学出版社 2019 年版。

《龙筋凤髓判校注》，（唐）张鷟撰，田涛、郭成伟校注，中国政法大学出版社 1996 年版。

《鲁迅藏汉画珍赏》，方清刚编著，辽宁美术出版社 2020 年版。

《论语译注》，杨伯峻译注，中华书局 2018 年版。

《吕思勉讲中国史》，吕思勉著，张耕华编，中华书局 2019 年版。

M

《名公書判清明集》，梅原郁訳注，同朋舍 1986 年版。

《名公书判清明集》，中国社会科学院历史研究所隋唐五代辽金元史研究室点校，中华书局 1987 年版。

《〈名公书判清明集〉词汇研究》，许浩著，人民出版社 2013 年版。

《名公书判清明集：官吏门・赋役门・文事门》，周名峰校释，法律出版社 2019 年版。

《名公书判清明集・户婚门》，周名峰校释，法律出版社 2020 年版。

《名公书判清明集：人伦门・人品门・惩恶门》，周名峰校释，法律出版社 2020 年版。

《名公宋慈书判研究》，黄瑞亭、胡丙杰、刘通编著，线装书局 2020 年版。

《明镜高悬：中国法律文化的多维观照》，徐忠明著，广西师范大学出版社 2014 年版。

《明刻历代帝贤像》，钟年仁编，天津人民美术出版社 2003 年版。

《明刻历代列女传》，天津人民美术出版社编，天津人民美术出版社 2004 年版。

《梦溪笔谈》，（宋）沈括著，金良年点校，中华书局 2015 年版。

《孟子译注》，杨伯峻译注，中华书局 2018 年版。

《木简竹简述说道古代中国——书写材料道文化史》，［日］富谷至著，刘恒武译，中西书局 2021 年版。

N

《南宋法制史》，戴建国、郭东旭著，人民出版社 2011 年版。

O

《欧阳修诗文集校笺》，（宋）欧阳修著，洪本健校笺，上海古籍出版社 2009 年版。

《欧阳修传》，王水照、崔铭著，人民文学出版社 2019 年版。

P

《判词的故事》，周恺著，中国法制出版社 2018 年版。

《判词例话》，李广宇著，法律版社 2021 年版。

《判词语体论》，刘愫贞著，巴蜀书社 2009 年版。

Q

《钱穆讲中国社会经济史》，叶龙编录，商务印书馆（香港）有限公司 2016 年版。

《钱穆讲中国通史》，叶龙编录，商务印书馆（香港）有限公司2017年版。

《钦定书经图说》，（清）孙家鼐编著，天津古籍出版社1997年版。

《秦观资料汇编》，周义敢、周雷编，中华书局2001年版。

《秦汉法制史研究》，[日]大庭脩著，徐世虹等译，中西书局2017年版。

《秋崖诗词校注》，方岳撰，秦效成校注，黄山书社2014年版。

《瞿同祖论中国法律》，瞿同祖著，商务印书馆2014年版。

《全宋笔记》，上海师范大学古籍整理研究所编，大象出版社2015年版。

《全元曲》，徐征、张月中、张圣洁、奚海主编，河北教育出版社1998年版。

R

《人间词话》，王国维著，徐调孚校注，中华书局2009年版。

《任熊版画》，陈传席编著，河南大学出版社2007年版。

《日本访书志》，杨守敬撰，张雷校点，辽宁教育出版社2003年版。

《日本学者中国法制史论著选·先秦秦汉卷》，杨一凡、[日]寺田浩明主编，中华书局2016年版。

《日本学者中国法制史论著选·魏晋隋唐卷》，杨一凡、[日]寺田浩明主编，中华书局2016年版。

《日本学者中国法制史论著选·宋辽金元卷》，杨一凡、[日]寺田浩明主编，中华书局2016年版。

《容斋随笔》，（宋）洪迈撰，穆公校点，上海古籍出版社2015年版。

《儒家伦理与法律文化》，林端著，中国政法大学出版社2014年版。

S

《莎士比亚全集》，人民文学出版社1978年版。

《尚书集释》，屈万里著，台北，联经出版事业股份有限公司1983年版。

《尚书注疏校议》，杜泽逊撰，中华书局 2018 年版。

《绍兴师爷汪辉祖的法律生涯》，王其林著，吉林文史出版社 2019 年版。

《水浒寻宋》，虞云国著，上海人民出版社 2020 年版。

《〈说文解字〉法律语域词语与中国古代法律文化》，李清桓著，上海古籍出版社 2017 年版。

《守望和谐的法文明》，马小红、庞朝骥等著，北京大学出版社 2009 年版。

《丝绸之路与唐帝国》，［日］森安孝夫著，石晓军译，光明日报出版社 2020 年版。

《四书人物》，仇德哉著，台北，台湾商务印书馆股份有限公司 1985 年版。

《宋》，吴钩著，广西师范大学出版社 2015 年版。

《宋慈》，梁杰著，海峡书局 2015 年版。

《宋慈大传》，王宏甲著，中译出版社 2016 年版。

《宋慈断案集》，王宏甲著，海峡文艺出版社 2016 年版。

《宋慈说案》，黄瑞亭、陈新山编著，科学出版社 2017 年版。

《宋慈〈洗冤集录〉法律思想研究》，梁杰、梁彦著，海峡文艺出版社 2019 年版。

《宋慈与洗冤集录研究》，刘通著，海峡文艺出版社 2016 年版。

《宋代的法律与秩序》，［美］马伯良著，杨昂、胡雯姬译，中信出版集团 2010 年版。

《宋代的家庭和法律》，柳立言著，上海古籍出版社 2008 年版。

《宋代的家族与社会》，黄宽重著，台北，东大图书股份有限公司 2020 年版。

《宋代的宗教、身份与司法》，柳立言著，中华书局 2012 年版。

《宋代法律文明研究》，王晓龙、郭东旭著，人民出版社 2016 年版。

《宋代官箴书五种》，（宋）李元弼等撰，闫建飞等点校，中华书局 2019 年版。

《宋代社会与法律——〈名公书判清明集〉讨论》，宋代官箴研究会编，台北，东大图书股份有限公司 2001 年版。

《宋代司法文化中的“人文精神”》，张利著，河北人民出版社 2010 年版。

《宋代司法制度》，王云海主编，河南大学出版社 1992 年版。

《宋代提点刑狱司制度研究》，王晓龙著，人民出版社 2008 年版。

《宋：风雅美学的十个侧面》，邓小南等著，生活 · 读书 · 新知三联书店 2021 年版。

《宋会要辑稿 · 刑法》，马泓波点校，河南大学出版社 2011 年版。

《宋辽金元史新论》，陶晋生著，香港，中国史学社出版。

《宋明理学》，陈来著，北京大学出版社 2020 年版。

《宋明理学概述》，钱穆著，九州出版社 2020 年版。

《宋仁宗：共治时代》，吴钩著，广西师范大学出版社 2020 年版。

《宋史》，脱脱等撰，刘浦江等标点，吉林人民出版社 1995 年版。

《宋史：文治昌盛与武功弱势》，游彪著，台北，三民书局 2009 年版。

《宋诗选注》，钱锺书选注，人民文学出版社 1958 年版。

《宋史翼》，（清）陆心源撰，吴伯雄点校，浙江古籍出版社 2017 年版。

《宋刑统校证》，（宋）窦仪等详定，岳纯之校证，北京大学出版社 2015 年版。

《宋学研究》（第一辑），龚延明主编，浙江大学出版社 2017 年版。

《宋元文艺思想史》，张毅著，中华书局 2019 年版。

《宋元学案》，（清）黄宗羲原著，全祖望补修，陈金生、梁运华点校，中华书局 2017 年版。

《宋之新文化》，［日］佐伯富编著，陈健成译，四川人民出版社 2021 年版。

《搜神记（插图本）》，（晋）干宝编著，凤凰出版社 2012 年版。

《搜神记：探索古人奇幻世界东起源》，（东晋）干宝著，台北，大旗出版社 2020 年版。

《苏东坡传》，林语堂著，湖南文艺出版社 2018 年版。

T

《潭阳蔡氏九儒书》，福建省建阳市蔡氏九儒学术研究会、福建省蔡襄学术研究会济阳柯蔡委员会 2000 年版。

《潭阳七贤》，余贤伟著，海峡书局 2015 年版。

《谈艺录》，钱锺书著，中华书局香港分局 1986 年版。

《唐代基层文官》，赖瑞和著，中华书局 2008 年版。

《唐代科举与文学》，傅璇琮著，台北，文史哲出版社 1994 年版。

《唐代拟制判决中的法律发现》，夏婷婷著，中国社会科学出版社 2012 年版。

《唐代判词选注》，李世进、张昌红校注，中南大学出版社 2016 年版。

《唐代文化史研究》，罗香林著，台北，台湾商务印书馆股份有限公司 1996 年版。

《《唐律疏议》，（唐）长孙无忌撰，刘俊文点校，中华书局 1983 年版。

《唐律通论》，徐道隣著，台北，中华书局 2017 年版。

《唐宋传奇选》，张友鹤选注，人民文学出版社 1964 年版。

《棠阴比事》，（宋）桂万荣编著，朱道初译注，浙江古籍出版社 2018 年版。

《棠阴比事选》，（宋）桂万荣著，（明）吴讷删正、续补，陈顺烈校注、今译，群众出版社 1983 年版。

《图解诗经》，高侪鹤著，台北，联经出版事业股份有限公司 2020 年版。

《图像晚清：〈点石斋画报〉》，陈平原、夏晓红编注，东方出版社 2014 年版。

《图像晚清：〈点石斋画报〉之外》，陈平原著，东方出版社 2014 年版。

W

《晚笑堂画传》，上官周绘，胡佩衡选订，人民美术出版社 2016 年版。

《文体序说三种》，（明）吴讷等著，黄志辉校笺，台北，台大出版中心 2016 年版。

《文天祥》，汤丽如著，台北，名人出版事业股份有限公司 1982 年版。

《文天祥评传》，修晓波著，南京大学出版社 2002 年版。

《文天祥全集》，刘德清、刘菊芳、刘菊萍校点，江西人民出版社 2020 年版。

《文学种子》，王鼎钧著，生活 · 读书 · 新知三联书店 2014 年版。

《〈文苑英华〉史话》，李致忠著，国家图书馆出版社 2014 年版。

《文章辨体序说 · 文体明辨序说》，吴讷著，于北山校点；徐师曾著，罗根泽校点，人民文学出版社 1962 年版。

《文章例话》，周振甫著，江苏教育出版社 2006 年版。

《文章修养》，唐弢著，香港文学研究社出版。

《我国判词语体流变研究》，田荔枝著，中国政法大学出版社 2011 年版。

《我们为什么爱宋朝》，贾冬婷、杨璐编著，中信出版集团 2018 年版。

《武梁祠——中国古代画像艺术帝思想性》，［美］巫鸿著，柳扬、岑河译，生活 · 读书 · 新知三联书店 2015 年版。

《无双谱名人传》，周殿富编著，安徽人民出版社 2013 年版。

《无双谱》，（清）金古良撰并绘，（清）朱圭刻，广陵书社 2017 年版。

《武溪集校笺》，（宋）余靖撰，黄志辉校笺，天津古籍出版社 2000 年版。

《武溪集》，（宋）余靖原稿，仲荀编辑，台北，新文丰出版股份有限公司 1976 年版。

《吴友如画宝》，（清）吴友如绘，中国青年出版社 1998 年版。

X

《溪上人物》，童银舫主编，慈溪市地方志办公室编，浙江古籍出版社2016年版。

《西域考古图记》，［英］奥雷尔·斯坦因著，中国社会科学院考古研究所主持翻译，广西师范大学出版社2019年版。

《洗冤集录》，宋慈著，台北，新文丰出版公司1983年版。

《洗冤集录今释》，黄瑞亭、陈新山编著，科学出版社2020年版。

《洗冤集录译注》，（宋）宋慈著，高随捷、祝林森译注，上海古籍出版社2008年版。

《西周法制史》，胡留元、冯卓慧著，陕西人民出版社1988年版。

《夏商西周法制史》，胡留元、冯卓慧著，商务印书馆2006年版。

《贤臣大儒真德秀传》，余奎元编著，福建省地图出版社2016年版。

《现代法理学视野下的春秋决狱》，续晓梅著，中国政法大学出版社2019年版。

《孝经传说图解》，（清）金柘岩辑，戴莲洲绘，中国书店2014年版。

《新编宋才子传笺证》，傅璇琮主编，辽海出版社2017年版。

《新译尚书读本》，吴玙注释，台北，三民书局股份有限公司1980年版。

《性别、宗教、种族、阶级与中国传统司法》，柳立言主编，台北，中央研究院历史语言研究所2013年版。

《修辞学发凡》，陈望道著，上海教育出版社1979年版。

《修辞学视阈下的古代判词研究》，赵静著，巴蜀书社2008年版。

《徐道隣法政文集》，徐道隣著，清华大学出版社2017年版。

《绚烂的世界帝国：隋唐时代》，［日］气贺泽保规著，石晓军译，广西师范大学出版社2014年版。

Y

《叶昌炽集》，王立民、徐宏丽整理，中华书局 2019 年版。

《叶昌炽诗集》，刘效礼点校，华东师范大学出版社 2012 年版。

《一代名幕汪辉祖》，鲍永军著，杭州出版社 2014 年版。

《一纸判决》，周恺著，中国法制出版社 2018 年版。

《〈夷坚志〉史话》，许逸民著，国家图书馆出版社 2019 年版。

《艺文中的政治——南宋士大夫的文化活动与人际关系》，黄宽重著，北京大学出版社 2020 年版。

《疑狱集》，（五代）和凝、和㠓撰，中国书店 2018 年版。

《疑狱集·折狱龟鉴校释》，杨奉琨校释，复旦大学出版社 1988 年版。

《印刷传媒与宋诗特色——兼论图书传播与诗分宋唐》，张高评著，台北，里仁书局 2008 年版。

《〈游仙窟〉及其研究》，政协甘肃省永靖县委员会编。

《游仙窟校注》，（唐）张文成撰，李时人、詹绪左校注，中华书局 2010 年版。

《游仙窟玉梨魂合刊》，（唐）张鷟，徐枕亚著，黄瑚、黄珅校注，台北，三民书局股份有限公司 2007 年版。

《余靖》，黄志辉著，广东人民出版社 2008 年版。

《余靖谱传志略》，易行广编著，暨南大学出版社 1993 年版。

《余靖思想与禅宗》，赖井洋、赖敏涵著，暨南大学出版社 2018 年版。

《余靖研究论文选》，龙思谋主编，香港新闻出版社 2001 年版。

《于越先贤传》，袁剑侠主编，河南美术出版社 2016 年版。

《御珠案》，［荷兰］高罗佩著，张凌译，上海译文出版社 2020 年版。

《元人杂剧概说》，［日］青木正儿著，隋树森译，中国戏剧出版社 1957 年版。

《元杂剧包公戏评注》，范嘉晨评注，齐鲁书社 2006 年版。

《元稹集》，（唐）元稹撰，冀勤点校，中华书局 2015 年版。

《元稹传》，王拾遗著，宁夏人民出版社 1985 年版。

《云溪友议校笺》，（唐）范摅撰，唐雯校笺校，中华书局 2017 年版。

Z

《张乖崖集》，（宋）张咏著，张其凡整理，中华书局 2000 年版。

《〈折狱龟鉴〉选译》，（宋）郑克著，文古、齐欣选译，河北人民出版社 1986 年版。

《〈折狱龟鉴〉译析》，白焕然著，北京燕山出版社 1997 年版。

《折狱龟鉴译注》，（宋）郑克编撰，刘俊文译注点校，上海古籍出版社 1988 年版。

《真德秀〈大学衍义〉研究》，钟文荣著，黑龙江人民出版社 2011 年版。

《贞观政要——天可汗的时代》，雷家骥编撰，台北，时报文化出版企业股份有限公司 2012 年版。

《真西山先生集》，（宋）真德秀撰，商务印书馆 1937 年版。

《正义的历史映像》，赵明著，法律出版社 2007 年版。

《知宋：写给女儿的大宋历史》，吴钩著，广西师范大学出版社 2019 年版。

《知中 · 了不起的宋版书》，罗威尔主编，中信出版集团 2017 年版。

《中国版画：从唐代至清代》，［日］小林宏光著，吕顺长、王婷译，上海书画出版社 2020 年版。

《中国裁判书》，李昌道主编，上海人民出版社 2001 年版。

《中国传统法律解释的技术、意蕴与近代转型》，王志林著，中国书籍出版社 2018 年版。

《中国传统法律文化十二讲》，张晋藩著，高等教育出版社 2018 年版。

《中国传统诉讼艺术》，胡平仁著，北京大学出版社 2017 年版。

《中国传统诉讼艺术案例》，胡平仁编著，湘潭大学出版社 2009 年版。

《中国的思维世界》,［日］沟口雄三著,刁榴、牟坚等译,生活·读书·新知三联书店 2014 年版。

《中国法律的传统与近代转型》，张晋藩著，法律出版社 2019 年版。

《中国法律史：比较法观点》，陈惠馨著，台北，元照出版有限公司 2020 年版。

《中国法律思想导论：故事与观念》，刘星著，法律出版社 2008 年版。

《中国法律思想史》，杨鸿烈著，商务印书馆 2017 年版。

《中国法律思想史》,马小红、姜晓敏著,中国人民大学出版社 2010 年版。

《中国法律与中国社会》，瞿同祖著，台北，里仁书局 1984 年版。

《中国法学史（第一、二、三卷）》，何勤华著，法律出版社 2006 年版。

《中国法学史纲》，何勤华著，商务印书馆 2012 年版。

《中国法律形象的一面——外国人眼中的中国法》，张中秋编，中国政法大学出版社 2012 年版。

《中国法史导论》，黄源盛著，广西师范大学出版社 2014 年版。

《中国法制史》，［日］仁井田陞著，牟发松译，上海古籍出版社 2018 年版。

《中国法制史》，程树德编，河南人民出版社 2016 年版。

《中国法制史》，李甲孚著，台北，联经出版事业公司 1988 年版。

《中国法制通史》，张晋藩主编，中国法制出版社 2021 年版。

《中国封建社会——周代社会组织》，瞿同祖著，台北，里仁书局 1984 年版。

《中国公法史讲义》，聂鑫著，商务印书馆 2020 年版。

《中国古代的告状与判案》，吕伯涛、孟向荣著，商务印书馆 2013 年版。

《中国古代法理学》，王振先著，山西人民出版社 2015 年版。

《中国古代法制丛钞》，蒲坚编著，光明日报出版社 2001 年版。

《中国古代法制的思想世界》，何永军著，中华书局 2020 年版。

《中国古代判词研究》，汪世荣著，中国政法大学出版社 1997 年版。

《中国古代判例研究》，汪世荣著，中国政法大学出版社 1997 年版。

《中国古代史史料学》，陈高华、陈智超等著，中华书局 2016 年版。

《中国古代司法制度》，陈光中著，北京大学出版社 2017 年版。

《中国古代诉讼法·中国诉讼法溯源》，徐朝阳著，吴宏耀、童友美点校，中国政法大学出版社 2012 年版。

《中国古代诉讼制度研究》，［日］籾山明著，李力译，上海古籍出版社 2018 年版。

《中国古代文体概论褚斌杰》，祖伟著，北京大学出版社 1984 年版。

《中国古代刑制史研究》，［日］宫宅洁著，杨振红等译，广西师范大学出版社 2016 年版。

《中国古代证据制度及其理据研究》，祖伟著，法律出版社 2013 年版。

《中国古典文学图志》，杨义著，生活·读书·新知三联书店 2006 年版。

《中国家族法原理》，［日］滋贺秀三著，张建国、李力译，商务印书馆 2013 年版。

《中国历代名人画像谱》，中国历史博物馆保管部编，海峡文艺出版社 2003 年版。

《中国历代名人手迹》，高知见编著，台北，康乃馨出版社 1983 年版。

《中国历代判词选注》，马建石等主编，中国政法大学出版社 1989 年版。

《中国历代著名法官评传》，郝铁川著，山东人民出版社 1998 年版。

《中国历史风云录》，［日］陈舜臣著，陈亚坤译，广西师范大学出版社 2009 年版。

《中国历史人物像传》，郭磬、廖东编，齐鲁书社 2002 年版。

《中国民法史》，叶孝信主编，复旦大学出版社 2021 年版。

《中国人文小史》，叶鋆生著，浙江人民美术出版社 2019 年版。

《中国式法律传统》，范忠信、郑定、詹学农著，商务印书馆（香港）

有限公司 2013 年版。

《中国史通论》，［日］内藤湖南著，夏应元、钱婉约等译，九州出版社 2018 年版。

《中国史新论·法律史分册》，柳立言主编，台北，中央研究院、联经出版事业股份有限公司 2008 年版。

《中国史学入门》，顾颉刚著，何启君整理，香港中和出版有限公司 2020 年版。

《中国社会政治史·宋元明卷》，萨孟武著，生活·读书·新知三联书店 2019 年版。

《中国思想与宗教代奔流：宋朝》，［日］小岛毅著，何晓毅译，广西师范大学出版社 2014 年版。

《中国诉讼社会史研究》，［日］夫马进编，范愉、赵晶等译，浙江大学出版社 2019 年版。

《中国文化与中华法系——陈顾远法律史论集》，范忠信等编校，中国政法大学出版社 2006 年版。

《中国刑法史讲义：先秦至清代》，王宏治著，商务印书馆 2019 年版。

《中国早期文体观念的发生》，吴承学著，三联书店（香港）有限公司 2019 年版。

《中华的崩溃与强大：魏晋南北朝》，［日］川本芳昭著，余晓潮译，广西师范大学出版社 2014 年版。

《中华帝国的法律》，［美］卜德、克拉伦斯·莫里斯著，朱勇译，中信出版集团 2016 年版。

《中华法系与儒家思想》，高明士编，台北，台大出版中心 2014 年版。

《周敦颐集》，（宋）周敦颐著，陈克明点校，中华书局 2009 年版。

《周敦颐著作释译》，周良英、周仁、周义编著，华南理工大学出版社 2017 年版。

《朱熹》，梁杰著，海峡书局2015年版。

《朱熹的历史观：天理视域下的历史世界》，赵金刚著，生活·读书·新知三联书店2018年版。

《朱熹画像考略与伪帖揭秘》，方彦寿著，华东师范大学出版社2013年版。

《朱熹：孔子之后第一儒》，杨天石著，东方出版社2019年版。

《朱子门人》，陈荣捷著，华东师范大学出版社2007年版。

《朱子门人与朱子学》，邓庆平著，中国社会科学出版社2017年版。

《朱子新探索》，陈荣捷著，台北，台湾学生书局1988年版。

《祖宗之法：北宋前期政治述略》，邓小南著，生活·读书·新知三联书店2014年版。